Muammad Ibn Sad, Eduard Sachau

Biographien Muhammeds

Verlag
der
Wissenschaften

Muammad Ibn Sad, Eduard Sachau

Biographien Muhammeds

ISBN/EAN: 9783957005274

Auflage: 1

Erscheinungsjahr: 2015

Erscheinungsort: Norderstedt, Deutschland

Hergestellt in Europa, USA, Kanada, Australien, Japan
Verlag der Wissenschaften in Hansebooks GmbH, Norderstedt

IBN SAAD

IBN SAAD

BIOGRAPHIEN

MUHAMMEDS, SEINER GEFÄHRTEN UND DER SPÄTEREN TRÄGER DES ISLAMS BIS ZUM JAHRE 230 DER FLUCHT.

IM AUFTRAGE
DER KÖNIGLICH PREUSSISCHEN AKADEMIE
DER WISSENSCHAFTEN

IM VEREIN MIT

C. BROCKELMANN, Königsberg; J. HOROVITZ, Aligarh; J. LIPPERT, Berlin; B. MEISSNER, Breslau; E. MITTWOCH, Berlin; F. SCHWALLY, Giessen, und K. V. ZETTERSTÉEN, Upsala,

HERAUSGEGEBEN

VON

EDUARD SACHAU

BUCHHANDLUNG UND DRUCKEREI
vormals
E. J. BRILL
LEIDEN. — 1909

IBN SAAD

BIOGRAPHIEN

MUHAMMEDS, SEINER GEFÄHRTEN UND DER SPÄTEREN TRÄGER DES ISLAMS BIS ZUM JAHRE 230 DER FLUCHT.

BAND II
THEIL I

DIE FELDZÜGE MUHAMMEDS.

HERAUSGEGEBEN

VON

JOSEF HOROVITZ

BUCHHANDLUNG UND DRUCKEREI
vormals
E. J. BRILL
LEIDEN. — 1909

VORWORT.

Die Erzählungen von der Jugend Muhammads und seinem Leben vor der Flucht sind im wesentlichen Legende. Viele von ihnen übertragen die in den Ländern des Orients umlaufenden Wundergeschichten von Heiligen auf den Stifter der neuen Religion; vor allem den Bedürfnissen der neubekehrten Muslims nichtarabischer Abstammung musste Rechnung getragen und der Prophet ihnen als Wunderthäter dargestellt werden. Die Überlieferung über die Ereignisse nach der Flucht, besonders die über die Feldzüge dient anderen Interessen. Es fehlt freilich schon in den ältesten uns erhaltenen Büchern, welche die einzelnen Überlieferungen zu sammeln und z. T. auch zusammenzufassen unternehmen, nicht an wunderbaren Episoden, wie sie einzelne bekannte Erfinder von Legenden zu berichten lieben; aber sie erscheinen doch im Zusammenhang des ganzen als phantastische Unterbrechungen des sonst realistischen Berichtes. Die Erzähler sind oft die Kampfgenossen selbst, die lebendig von dem berichten, was sie mitangesehen oder auch vollbracht haben; dass jeder dabei bestrebt ist, seine eignen Heldentaten oder die anderer Mitglieder seiner Familie oder seines Stammes in das rechte Licht zu setzen, versteht sich von selbst. Solchen Angaben merkt man die Tendenz leicht an; es giebt aber auch viele andere, scheinbar ganz unverfänglichen Inhalts, denen man nicht gleich ansieht, dass sie eine ganz bestimmte Absicht verfolgen. Wenn wir z. B. bei Wāqidī (ed. Kremer p. 257) lesen, der Prophet habe dem Perser Rušaid, der sich im Kampf ausgezeichnet hatte, zugerufen »das hast du gut gemacht. Abū ʿAbdallāh", (obwohl Rušaid gar keinen Sohn hatte) so ist das kaum auf den ersten Blick als šuʿūbitische Erfindung zu erkennen. Und doch ist es eine: den Gebrauch der Kunja, die als ehrenvolle Bezeichnung galt, wollten exclusiv arabische Kreise den Muslims nichtarabischer Herkunft nicht zugestehen (Goldziher, Muhammedanische Studien I 257); die Šuʿūbiten hatten daher ein Interesse daran nachzuweisen, dass der Prophet selbst ausdrücklich einen Perser mit der Kunja angeredet hatte.

Die Maġāzī-Bücher enthalten viel Material, das mit der angeblichen oder wirklichen Geschichte der kriegerischen Ereignisse nichts zu tun hat; zahlreiche Überlieferungen geben nur Anweisungen über die richtige Art, Bestimmungen des islamischen Gesetzes auszuführen. Namentlich die Kapitel über die »Ḥaǵǵat al-wadā'" sind voll von solchen Traditionen.

Wenn wir den arabischen Quellen Glauben schenken, so hat es eine grosse Anzahl von Büchern über die »maǵāzī" gegeben, welche jetzt verloren sind. Von mehreren wie von dem des Abū Ma'šar und dem des Mūsā Ibn 'Uqba, lassen sich aus den historischen Werken zahlreiche Fragmente zusammenstellen; von Mūsā Ibn 'Uqba's Buch hat sich auch ein Auszug erhalten (s. Sachau, Das Berliner Fragment des Mûsâ Ibn 'Uḳba 1904). In anderen Fällen aber müssen wir uns mit den Angaben der bibliographischen Werke begnügen. Als Verfasser von Maǵāzībüchern vor Ibn Sa'd werden genannt:

Abān Ibn 'Uṯmān † 105 (s. Sachau, Einleitung zu Ibn Sa'ad III Teil I, p. XVIII).

'Urwa Ibn az-Zubair † 94 (ib.).

Wahb Ibn Munabbih † 110 (Ḥaǵǵi Khalfa 12464).

Šuraḥbīl Ibn Sa'd † 123 (Sachau l. c. p. XIX).

az-Zuhrī † 124 (ib. p. XIV und XX).

Mūsā Ibn 'Uqba † 141 (s. o.).

Ma'mar Ibn Rāšid † 153 (s. Fihrist p. 94).

Abū Ma'šar † 170 (Sachau l. c. p. XXV, s. auch den Artikel in der Encyclopaedie des Islam).

Jaḥjā Ibn Sa'īd Ibn Abān † 194 (Ḥ. Kh. 12464, Wüstenfeld, Geschichtsschreiber N⁰. 38).

al-Wāqidī † 207 (s. Sachau l. c. XXVII).

'Adarrazzāq Ibn Hammām Ibn Nāfi' as-Sam'ānī † 211 (Fihrist 228).

al-Madāinī † 225 (Fihrist 101 wird unter der Überschrift »Kutubuhu fī aḫbār an-nabī" nicht nur ein »Kitāb al-maǵāzī", sondern auch ein »Kitāb as-sarājā" und ein »Kitāb sarājā an-nabī" angeführt).

Aḥmad Ibn Muḥammad Ibn Ajjūb † 228 (Wüstenfeld, Geschichtsschreiber, Abū'l-Maḥāsin II, 678) *).

Von einigen der in dieser Liste Genannten muss man bezweifeln, dass sie ein eigentliches »Buch" über »maǵāzī« verfasst haben, aber auch wo das nicht der Fall ist, ist es manchmal fraglich, ob das betreffende Buch sich ausschliesslich mit den Maǵāzī befasste. Wir wissen, dass vor Wāqidī der Ausdruck »maǵāzī" auch für Darstellungen des ganzen Lebens des Propheten gebraucht wurde (s. Sachau, Das Berliner Fragment p. 4); dass andrerseits Wāqidī selbst auch die Be-

---

*) Ueber Kitāb al-maǵāzi als Titel von Ibn Isḥāq's Buchs vgl. Westasiatische Studien (Mitteilungen des Seminars für Orientalische Sprachen) 1907 S. 14/15.

zeichnung »sīra" für »maġāzī" anwandte, ergiebt p. ١٨ Zeile 12 des vorliegenden Bandes. Das einzige ältere uns erhaltene Werk, das sich ausschliesslich mit den »maġāzī" beschäftigt, ist das des Wāqidī. Dies Buch ist die Hauptquelle des hier veröffentlichten Bandes von Ibn Sa'ds Werke. Ibn Sa'd verhält sich in diesem Teile seines Werks zu Wāqidī, wie dieser sich zu Ibn Isḥāq verhält: nachdem er eine zusammenfassende Liste der Autoritäten gegeben hat, zieht er die verschiedenen, von seinem Vorgänger gesammelten Hadīṯe zu einem Hauptbericht zusammen und fügt dann als Nachträge immer mit ihren besonderen Isnaden von seinem Vorgänger nicht aufgenommene Traditionen an. Diese Nachträge fallen freilich bei Ibn Sa'd lange nicht so reichlich aus, wie die welche Wāqidī zu Ibn Isḥāqs Werk beigebracht hatte. Ein anderer wesentlicher Unterschied besteht darin, dass Wāqidī bekanntlich Ibn Isḥāq, den er am meisten benutzt hat, niemals nennt, während Ibn Sa'd kein Hehl daraus macht, dass sogar ein Teil seiner Nachträge auf seinen Lehrer zurückgeht. Gelegentlich erwähnt er, dass er eine ihm von andrer Seite zugekommene Tradition dem Wāqidī vorgelegt habe (s. Anm. 7 p. ٧٣ Zeile 6). Nach seiner eignen Angabe (s. p. ٢ Zeile 11) hat Ibn Sa'd neben Wāqidī auch die Bücher des Ibn Isḥāq, Abū Ma'šar und Mūsā Ibn 'Uqba seiner Haupterzählung zu Grunde gelegt; aber ein Vergleich mit Wāqidī zeigt, dass er doch dessen Kitāb al-maġāzī als Hauptquelle, die anderen dagegen nur selten benutzt (s. z. B. p. ٣٩ Zeile 1). Er hält sich meist genau an den Text Wāqidīs, den er verkürzt wiedergiebt, hin und wieder ein Wort durch ein Synonym ersetzend. In der Verkürzung geht er manchmal so weit, dass sein Text für den, der nicht seine Quelle einsieht, kaum verständlich ist (s. z. B. Anm. zu ٤٣ Zeile 27, ٧١ Zeile 10, ٧٨ Zeile 23, ٩٧ Zeile 12). In anderen Fällen versucht er von einander abweichende Traditionen Wāqidīs mit einander auszugleichen (s. Anm zu ٩٥ Zeile 1). In der Chronologie und der Anordnung der Feldzüge hält er sich fast immer genau an Wāqidī; eine Ausnahme bildet die Datierung der Ermordung des Abū Rāfi' (s. Anm. zu ٩٩ Zeile 5). Auch kommt es vor, dass er detailliertere chronologische Angaben macht als sein Vorgänger (s. Anm. zu ٢٤ Zeile 17 und Wāq.-Wellh. p. 100). Erweiterungen gegenüber dem Text des Wāqidī zeigen sich innerhalb des Hauptberichts namentlich in den geographischen Angaben, wie auch die Fragen, wer während eines Feldzugs als Stellvertreter in Medina zurückblieb und wer das Banner trug, regelmässig beantwortet werden. Zwei Feldzügen, die Wāqidī überhaupt nicht kennt, widmet Ibn Sa'd einen besonderen Abschnitt (s. Anm. zu ٩٨ Zeile 3 ١١٨ Zeile 22).

Eine besondere Tendenz, die Ibn Sa'd bei der Auswahl seiner Nachträge zu den Berichten seiner Vorgänger geleitet hätte, lässt sich nicht erkennen. Muir (The Life of Mahomet Vol. I, p. XLIX note) hat eine Stelle aus Ibn Sa'd angeführt, welche »ein extremer Schiit nicht geduldet hätte"; und Sarasin (Das Bild 'Alīs bei den Historikern der Sunna p. 28) *) stellt fest, Ibn Sa'd wende sich »entschieden gegen schiitische Anschauungen". In unserem Band dagegen findet sich ein Ḥadīṯ, der deutlich schiitischer Herkunft ist (s. Anm. zu ١٢٧ Zeile 27), und das ist umso beachtenswerter als Ibn Sa'd eine entsprechende Tradition auch bei Wāqidī vorfand, aber nicht in ihrer schiitischen Umformung.

Bei der Bearbeitung des vorliegenden Teiles stand mir nur eine Handschrift zu Gebote, die des India Office (O), die schon von Sachau (Einleitung zu III Teil 1 p. XL) beschrieben worden ist. Bei dem Abhängigkeits-Verhältnis, in welchem dieser Teil von Ibn Sa'ds Werk zu Wāqidīs Kitāb al maġāzī steht, war es wünschenswest den Text auch mit dem der Londoner Handschriften von Wāqidīs Werk zu vergleichen, wozu ich vor einigen Jahren Gelegenheit hatte. Auch die späteren Werke wie die des Dijarbakrī und Ḥalabī sind oft herangezogen worden, da sie vielfach Fragmente von Ibn Sa'ds Buch enthalten.

Der Druck hat sich lange hingezogen und die Correctur konnte manchmal nur unter erschwerenden Umständen vor sich gehen. Was mir an Versehen und Druckfehlern noch nachtäglich aufgefallen ist, habe ich in den Anmerkungen berichtigt. In den Anmerkungen selbst bitte ich noch die folgenden Druckfehler zu berichtigen:

Zu ٣١ Zeile 10 lies »umher" für »umber"; zu ٣٦ Zeile 11 lies انتبى für أتنبى; zu ٣٩ Zeile 25 lies اعنوا für عنوا; zu ٣٩ Zeile 25 schiebe ein nach »submissive" »27" und lies »639,14" und ثقفوا für (das zweite) قتلوا; zu ٤٩ Zeile 12 lies »13" für »12"; zu ٥٩ Zeile 3 lies »erfreut" für »erfrent"; zu ٧٩ Zeile 21 lies مَرّ für مُرّ und füge nach مرور ein »vgl. Dozy s. v."; zu ٩٠ Zeile 25 lies »saftigem" für »saftigen"; zu ١٢٧ Zeile 2 lies الحجّ für الحِجّ; zu ١٣٢ Zeile 23: am Ende der Zeile ist »mit" ausgefallen; zu ١٣٤ Zeile 2 lies احفظ für اجفظ (Seite 41).

---

*) Bei der Erörterung der Stellung Wāqidīs zu 'Alī hat Sarasin (p. 24 und 29 Anm 4) die Angabe des Fihrist über Wāqidīs schī'itische Gesinnungen ganz übersehen (vgl. die Anm. zu ١٢٧ Zeile 27). Seite 24 Anm. 2 beachtet Sarasin nicht dass Ṭabarī eine andere Recension von Ibn Isḥāq's Buch benutzt als die des Ibn Hišām.

JOSEF HOROVITZ.

Aligarh 22 Februar 1909.
M. A. O. College.

LISTE DER FELDZÜGE.

INHALTSANGABE.

Seite.

Ġazwat Ḏī'l-Ušaira im Ǵumāda II. Bannerträger war Ḥamza, Stellvertreter in Medina Abū Salima Ibn ʿAbdalasad. 150 oder 200 Kämpfer nahmen teil nebst 30 Kamelen. In Ḏū'l-ʿUšaira erfuhr der Prophet, dass die Karavane der Quraiš, die er überfallen wollte, schon einige Tage vorher auf dem Wege nach Syrien vorbeigezogen war; dieselbe Karavane war es, die er später, als sie von Syrien zurückkehrte, bei Badr angriff. ʿAli erhielt den Beinamen Abū Turāb. Vertrag mit den Banū Mudliǵ.

٥ Zug des ʿAbdallāh Ibn Ǵaḥš nach Naḫla im Raǵab mit 12 Muhāǵirūn. Die Karavane der Quraiš, der sie auflauern sollten, wurde zuerst misstrauisch, aber dann in Sicherheit gewiegt, da die Muhāǵirūn sich wie Pilger benahmen. Die Muhāǵirūn im Zweifel, ob sie sich im Raǵab befänden oder nicht, griffen die Karavane an, töteten einen Mekkaner, machten zwei Gefangene und bemächtigten sich des Weines, des Leders und der Rosinen, die die Karavane aus Ṭāif brachte. Die ganze Beute übergaben sie dem Propheten; einer der Gefangenen nahm den Islam an. — Saʿd Ibn Abī Waqqās und ʿUtba waren auf der Suche nach ʿUtbas Kamel, das sich auf dem Weg nach Naḫla verlaufen hatte, und beteiligten sich so nicht an dem Kampf. — Nach einigen verteilte ʿAbdallah die Beute unter seinen Genossen und gab dem Propheten das Fünftel.

٦ Ġazwat Badr im Ramaḍān. Ṭalḥa Ibn ʿUbaidallah und Saʿīd Ibn Zaid ausgesandt, Kundschaft über die Karavane, die von Syrien zurückkehren sollte, einzuholen, wurden hingehalten; in Medina angelangt, hörten sie, Muḥammad sei bereits ausgezogen. Viele zogen nicht mit aus; niemand ward deshalb getadelt, da es sich nur um Erbeutung, nicht um Kampf handelte. Datum des Auszuges Sonnabend 12 Ramaḍān. Zum ersten Mal nahmen auch Anṣār teil. Zahl der Teilnehmer 305, davon 74 Muhāǵirūn. 8 Mann, die wegen Krankheit zurückblieben, erhielten Anteil an der Beute; ihre Namen. ٧ Zahl der Kamele und Pferde. Zwei Kundschafter brachten dem Propheten Nachricht. Die Mitglieder der Karavane von Muḥammads Plan unterrichtet, baten in Mekka um Hilfe. Abū Sufjān gelangt mit der Karavane nach Badr, merkte dass Muḥammads Spione schon da waren, liess Badr links liegen und zog schnell weiter. Das inzwischen ausgerückte mekkanische Heer nahm Abu Sufjans Rat, umzukehren, nicht an. In al-Hadda

Seite.

erreichte der mekkanische Bote den Abū Sufjān und benachrichtigte ihn von dem Vordringen der Quraiš. Route des Propheten. Furāt Ibn Haijān, der Bote der Mekkaner an Abū Sufjān ٨ wurde später bei Badr verwundet. Die Banū Zuhra unter al-Aḫnas kehrten bei al-Ǵuḥfa wieder um, auch die Banū ʿAdij nahmen nicht an der Schlacht teil. Als der Prophet die Muslims benachrichtigte, dass die Mekkaner ausgezogen seien, erklärte Saʿd Ibn Muʿāḏ für die Anṣār, sie zögen mit ihm, wohin er sie führe. Das Banner der Muhāǵirūn trug Muṣʿab Ibn ʿUmair, das der Ḫazraǵ al-Ḥubāb Ibn al-Munḏir, das der Aus Saʿd Ibn Muʿāḏ. Losungsworte. Die Mekkaner hatten drei Bannerträger. Freitag den 17 Ramaḍān kam Muḥammad nach Badr. Die Wasserschöpfer der Quraiš wurden gefangen genommen und gaben Auskunft über deren Stellung. ٩ Ihre Zahl 950, dazu kamen 100 Pferde. Der Rat des Al-Ḥubāb, günstigeres Terrain zu wählen, wurde von Gabriel empfohlen. Der Regen war günstig für die Muslims, ungünstig für die Heiden. Der Prophet und Abū Bakr blieben Nachts über in einer Hütte. Morgens wurden die Kämpfer in Reih und Glied gestellt. Heftige Winde brachten die drei Erzengel sammt je 1000 Engeln herbei; die Abzeichen der Engel. ʿUmair Ibn Wahb schätzte die Zahl der Muslims richtig ein ١٠ und prophezeite den Quraiš Unheil; auch ʿUtba und Šaiba rieten zur Umkehr, aber Abū Ǵahl stachelte die Mekkaner an. Zweikämpfe; ʿUtba, Šaiba und al-Walīd Ibn ʿUtba ١١ fallen, von ʿAli und Ḥamza niedergemacht. ١١ Sure 22, 20 44, 15 und 22, 54 offenbart. 14 Muslims fielen als Märtyrer, 6 Muhāǵirūn und 8 Anṣār. 70 Heiden wurden getötet, 70 gefangen; ihre Namen werden z. T. angegeben. Das Lösegeld für die Gefangenen wurde festgesetzt, dem Abū ʿAzza blieb es erlassen. Die Beute wurde von ʿAbdallāh Ibn Kaʿb beaufsichtigt und in Sajar verteilt; Muḥammad nahm für sich das Schwert Ḏu'l-Fiqār. ١٢ Die Beute wurde an alle Teilnehmer und die acht Entschuldigten verteilt. Wer die Siegesnachricht nach Medina und wer den Mekkanern die Trauerbotschaft brachte. Die Schlacht fand statt am Morgen des Freitag 17 Ramaḍān. Einzelne Traditionen: über die Zahl der Genossen, die mitgekämpft hatten; es war die gleiche wie die der Genossen des Ṭālūt ١٣ Weiteres über die Zahl der Muhāǵirūn und der Mawālī; über das Datum der Schlacht; ١٤ Muḥammad hatte mit zwei Genossen zusammen ein Kamel; Zahl der Heiden. Mekkanische, mittellose Gefangene lehrten in Medina

Seite.

die Schreibkunst, um sich loszukaufen. Gabriel über die Behandlung der Gefangenen. ١٥ Abū'l-Baḫtarī. Der Fluch Muḥammads erfüllte sich an mehreren Mekkanern. Zweikämpfe des ʿUtba und Šaiba mit Ḥamza und ʿAlī; die Zahl der Pferde auf Seite der Muslims und der Mekkaner. ١٦ Woraus Abū Sufjān erkannte, dass Kundschafter Muḥammads in Badr waren. ʿIkrima über ʿUtbas Warnung und ʿUmairs und Ibn al-Ḥumām's Teilnahme am Kampfe, Sure 8, 11 und 54, 45 ١٧ Sure 8, 26; 8, 15; 8, 1. Abu Ǵahl's Leiche. Lösegeld der Gefangenen. Muḥammads Gebet. Ḏū'l Fiqār. Abzeichen der Engel. Gabriels Besuch nach der Schlacht. ١٨ Sure 8, 43. Ibn Umm Maktūm, Muḥammads Stellvertreter in Medina. Muḥammads Gebet für die Toten. Der Name Badr.

ʿUmair Ibn ʿAdī ermordete ʿAṣmā Bint Marwān in der Nacht des 25 Ramaḍān, weil sie Muḥammad geschmäht und den Islām getadelt hatte. Er riss das Kind, das sie an der Brust hatte, weg und durchbohrte sie mit dem Schwert. Des Propheten Ausspruch: „keine zwei Ziegen werden sich deshalb in die Hörner fahren." Der blinde ʿUmair wurde „al-baṣīr" genannt.

١٩ Salim Ibn ʿUmair ermordete den 120 jährigen Abū ʿAfak al-Jahūdī, der Verse gegen Muḥammad gerichtet hatte, im Sawwāl in einer heissen Nacht, als dieser im Hofe schlief.

Ġazwat Banī Qainuqā am Sonnabend den 15 Sawwāl. Die Qainuqā brachen nach Badr den Bund mit Muḥammad. Sure 8, 60. Ḥamza war Bannerträger, Abu Lubāba Stellvertreter in Medina. In ihren Festungen 15 Tage belagert, ergaben sie sich. Ihre Habe übergaben sie. Auf Fürsprache ihres Bundesgenossen ʿAbdallah Ibn Ubaij, wurden sie nicht hingerichtet, aber ٢. aus Medina verbannt. ʿUbāda Ibn as Ṣamit bewachte ihren Auszug; sie liessen sich in Aḏriʿāt nieder. Der Prophet behielt von ihren Waffen 3 Bogen, 2 Panzer und 3 Schwerter; deren Namen. In ihren Burgen wurden viele Waffen und Goldschmiedearbeit gefunden. Zum ersten Mal seit Badr wurde „das Fünftel" der Beute abgesondert.

Ġazwat as-Sawīq Sonntag den 5. Ḏū'l-Ḥiǵǵa. Stellvertreter in Medina war Abu Lubāba. Abu Sufjan, der sich das Salben verschworen hatte, bis er sich an Muḥammad gerächt hätte, zog mit 200 — nach anderen mit 40 — Reitern nach Medina. Ḥujajj Ibn Aḫṭab weigerte ihm die Aufnahme, Sallām Ibn Miškam aber nahm

Seite.

ihn auf und informierte ihn über den Propheten. Am Morgen tötete Abū Sufjān in ʿUraiḍ — 3 Meilen von Medina — einen Mediner und dessen Tagelöhner und verbrannte Häuser und Stroh. Damit glaubte er sein Gelübde erfüllt und floh. Muḥammad verfolgte ihn mit 200 Mann, ohne ihn einzuholen. Bedeutung des Namens ġazwat as-sawīq. 5 Tage war der Prophet unterwegs.

٢١ Ġazwat Qarqarat al-Kudr am 15 Muḥarram des Jahres 3. Bannerträger war ʿAlī, Stellvertreter in Medina Ibn Umm Maktūm. Die in al-Kudr vermuteten Sulaim und Ġaṭafān fanden sie nicht; ein dort aufgegriffener Hirte Jasār wusste nichts über sie. So kehrte Muḥammad zurück mit einer Beute von 500 Kamelen, die in Ṣirār verteilt wurden. Das Fünftel nahm der Prophet; von den 200 Teilnehmern bekam jeder 2 Kamele. Jasār fiel dem Propheten zu, der ihn freiliess, da er ihn beten sah.

Ermordung des Kaʿb Ibn al-Ašraf 14 Rabīʿ I. Er hatte Spottverse wider Muḥammad verfasst und war nach der Schlacht von Badr nach Mekka gezogen, die Quraiš aufzureizen. Auf eine Andeutung des Propheten hin, zog Muḥammad Ibn Maslama mit mehreren Genossen aus, ihn zu ermorden. ٢٢ Muḥammad erlaubte ihnen, den Kaʿb zu täuschen. Kaʿbs Milchbruder Abū Nāila log ihm vor, er und seine Genossen beabsichtigten, sich von Muḥammad, der ihnen nur Schaden gebracht, loszusagen; es sei ihre Absicht, von Kaʿb gegen ein Pfand Nahrungsmittel zu kaufen, das Pfand würden sie später bringen. Dem Propheten erzählten sie, was sie getan, er empfahl sie Gottes Segen. In der mondhellen Nacht kehrten sie nach seiner Burg zurück und riefen den Kaʿb. Er ging hinunter, nach kurzer freundlicher Unterhaltung packte ihn Abū Nāila am Haar und Muḥammad Ibn Maslama stiess ihm ein Messer durch den Bauch; sein Haupt brachten sie zu Muḥammad, der ihnen befahl, alle Juden so zu töten, deren sie habhaft werden könnten. — Az-Zuhrī's Bericht: Sure 3, 183. ٢٣ ʿIkrimas Bericht: die Verhandlungen über das Pfand, Rolle des Abū ʿAbs.

Ġazwat Ġaṭafān oder Ḏū Amarr im Rabīʿ I. Auf die Nachricht, eine Schar von den Banū Ṯaʿlaba und Muḥārib hätten sich bei Ḏū Amarr unter Duʿṯūr vereinigt, zog Muḥammad ٢٤ am 12 Rabīʿ I ihnen mit 450 Mann entgegen. Stellvertreter in Medina war ʿUṯmān. In Ḏū'l-Qaṣṣa wurde Ġabbār, einer von den Banū Ṯaʿlaba, angetroffen, der dem Propheten sagte, was er von ihnen wusste

Seite.

und Muslim wurde. Die Feinde hatten sich in den höchsten Teil des Bergs geflüchtet. Den nackten Propheten, der seine vom Regen durchnässten Kleider zum Trocknen aufgehängt hatte, überfiel Duʿṯūr; Gabriel stiess ihn aber vor die Brust, so dass sein Schwert zu Boden fiel. Darauf wurde er Muslim. — Sure 5, 14. Elf Tage war der Prophet abwesend.

Ġazwat Banī Sulaim am 6 Ǵumādā I. Stellvertreter in Medina war Ibn Umm Maktūm. Muḥammad zog mit 300 Mann wider die Sulaim, die sich in Baḥrān gesammelt hatten. Bei seiner Ankunft hatten sie sich schon zerstreut.

Zaid Ibn Ḥāriṯas Zug nach al-Qarada im Gumāda II. Er sollte
٢٥ der mekkanischen Karavane entgegenziehen, bei der sich Ṣafwān Ibn Umajja u. A. befanden, und die grosse Kostbarkeiten mit sich führte. Die Karavane fing er auch ab, die angesehensten Quraiš aber entkamen; Furāt Ibn Ḥajjān der gefangen wurde, nahm den Islam an. Das „Fünftel" betrug 20000 Dirham.

Ġazwat Uḥud Sonnabend den 7 Šawwāl. Auf Rat der vornehmsten Quraiš wurde für den Gewinn, den Abū Sufjāns Karavane eingebracht hatte, ein Heer gegen Muḥammad ausgerüstet. Sure 8, 36. Auch einige Beduinen zogen mit aus, sowie 15 mekkanische Frauen, welche die Kämpfer anfeuern sollten. Al-ʿAbbās machte dem Propheten Mitteilung von allem. Abū ʿĀmir mit 50 Mann zog ebenfalls mit. Das Heer bestand aus 3000 Mann, von denen 700 eine Rüstung trugen; die Zahl der Pferde betrug 200, die der Kamele 3000. ٢٦ Mehrere Spione berichteten dem Propheten über ihr Vorrücken. In einem Traum sah Muḥammed den Misserfolg voraus und wollte in Medina bleiben. In der gemeinsamen Beratschlagung drang aber die Kampfeslust der Jungen, die Badr nicht mitgemacht hatten und sich nach dem Martyrium sehnten, wider Muḥammads Meinung, der die Aelteren beitraten, durch. Während der Prophet seine Rüstung anlegte, hielten Saʿd Ibn Muʿaḏ und Usaid Ibn Huḍair den kampflustigen Genossen vor, sie hätten Muḥammad, der doch seine Offenbarungen vom Himmel erhalte, widersprochen und ihn zum Kampf gezwungen. Da wollten sie die Entscheidung wieder in des Propheten Hand legen. Als Prophet konnte er aber nun die Rüstung nicht wieder ablegen, die er angetan hatte. ٢٧. Die 3 Bannerträger. Stellvertreter in Medina war Ibn Umm Maktūm. In aš-Šaiḥan schickte Muḥammad jüdische Bundesgenossen des Ibn Ubajj zurück, solche ungläubigen

Seite.

Mitkämpfer wolle er nicht. Die Nachtwache übernahm Muḥammad Ibn Maslama, bei den Quraiš ʿIkrima Ibn Abī Ǵahl. Am Morgen kehrte Ibn Ubajj mit 300 Mann um, da Muḥammad nicht ihm, sondern den Jungen gefolgt sei. Schlachtordnung der Muslims; 50 Bogenschützen unter ʿAbdallāh Ibn Ǵubair sollten den Rücken schützen und sich nicht von ihrer Stellung auf dem Berge rühren. Schlachtordnung der Quraiš, ihr Bannerträger ٢٨
Zuerst trat Abū ʿĀmir mit 50 seiner Leute vor, floh aber vor den Steinwürfen; Verse der Frauen, mit denen sie die Quraiš anspornten. Flucht der Hawāzin vor den Schützen. Zweikampf zwischen Ṭalḥa und ʿAlī, in welchem Ṭalḥa fiel. Nach ihm trug ʿUṯmān Ibn Abī Ṭalḥa das Banner der Quraiš; er und acht andere Quraišiten, die dann nacheinander das Banner trugen, wurden alle niedergemacht ٢٩ Die Quraiš flohen, die Muslims plünderten das Lager. Wider Muhammads ausdrücklichen Befehl verliessen nun die Schützen — bis auf wenige, die bei ʿAbdallāh Ibn Ǵubair standhielten — ihre Stellung, um an der Plünderung teilzunehmen. Ḫālid sah den Berg, auf dem sie gestanden hatten, fast entblösst, machte mit den Reitern einen Angriff auf die wenigen Schützen, die noch auf dem Berge standen, und hieb sie nieder. Die muslimischen Reihen gerieten in Unordnung, der Wind drehte sich, Iblīs rief „Muhammad ist gefallen"; in der Verwirrung kämpften Muslims gegen Muslims; Muṣʿab, der Bannerträger, fiel, ein Engel, der seine Gestalt annahm, trug das Banner; Engel erschienen, kämpften aber nicht mit. Die Muslims flohen fast alle, viele von ihnen wurden getötet. Der Prophet mit einem Häuflein von 14 Mann schoss unaufhörlich Pfeile, und als sein Bogen zersplittert war, warf er Steine. Er wurde verwundet und Ibn Qamia drang mit dem Schwerte auf ihn ein, wurde aber von Talḥa abgewehrt; Ibn Qamias Ausruf, er habe den Propheten getötet, veranlasste die Panik. Namen von Muslims, die bei Uḥud fielen ٣٠. Von den Anṣār fielen 70, von den Quraiš 23. Abū ʿAzza war bei Badr gefangen und damals freigelassen worden; als er nun bei Uḥud wieder gefangen genommen wurde, liess der Prophet ihn hinrichten. Über die Bestattung, der als Märtyrer gefallenen Muslims. ٣١ Klage der Anṣār über ihre Toten, Muḥammad befahl den Klagenweibern, den Ḥamza zu beweinen; heute noch ist es in Medina Sitte vor dem Toten Ḥamza zu beklagen. Einzelne Ḥadīṯe: bei Uḥud hat der Prophet zum

Seite.

ersten Mal List geübt; die Wunden des Propheten: Sure 3, 123: Ḥudaifas Vater wurde in der Verwirrung von Muslims getötet; Muḥammads Traum ٣٢ und die Reue derer, die zum Auszug geraten hatten; die Verwundung des Propheten; Sure 3, 123: der Ruf, Muḥammad sei gefallen, Sure 3 138; der Prophet machte bei Uḥud sein Wort wahr, er werde den Ubajj Ibn Ḫalaf auf seinem Pferde töten; ٣٣ wie die 30 Märtyrer in den Kampf gingen. Bericht des al-Barā über das Verhalten der Bogenschützen und wie Abu Sufjan den Propheten, Abū Bakr und ʿUmar für tot hielt, weil sie — auf des Propheten Befehl — auf seine Frage, wo sie seien, nicht antworteten, bis schliesslich ʿUmar nicht mehr an sich halten konnte. ٣٤ Wie Faṭima die Wunden des Propheten pflegte; wie Muḥammad den ʿAbdallāh Ibn Ubajj mit 600 Qainuqā zurückschickte, da er die Hilfe von Ungläubigen nicht wolle.

Ġazwat Ḥamrā al-Asad am Sonntag den 8 Šawwāl. Am Morgen verkündete Bilāl den Befehl des Propheten, die Feinde zu verfolgen; nur wer an der Schlacht von Uḥud teilgenommen hatte, durfte mitziehen mit einziger Ausnahme des Ġabir. Das Banner trug ʿAli oder Abū Bakr. Der Prophet ritt sein Pferd trotz seiner vielen Wunden ٣٥ Drei Kundschafter wurden voraus geschickt, von denen zwei in Ḥamrā al-Asad von den Quraiš getötet wurden. Die Quraiš zogen dann weiter; als Muḥammad in Ḥamrā al-Asad ankam, waren sie schon fort. Die beiden Kundschafter wurden begraben und 500 Feuer angezündet. Nach 5 Tagen kam Muḥammad nach Medina zurück. Stellvertreter in Medina war Ibn Umm Maktum.

Zug des Salima Ibn ʿAbd al-Asad nach Qaṭan am 1. Muḥarram des Jahres 4. Er zog mit 150 Mann gegen die Banū Asad, die — wie es hiess — die Absicht hatten, den Propheten anzugreifen. Bei Qaṭan erbeutete er ihre Herde und nahm drei Hirten gefangen. Die Übrigen flohen und brachten den Asad die Kunde, worauf diese sich zerstreuten.

Zug des ʿAbdallah Ibn Unais wider Sufjān Ibn Ḫālid Montag den 5 Muḥarram. ٣٦ Sufjan hatte in ʿUrana Scharen wider den Propheten gesammelt. ʿAbdallah sollte ihn töten; der Prophet gab ihm als Kennzeichen an, er werde erschrecken, wenn er ihn sehe, und erlaubte ihm eine Lüge zu erfinden. So gab er sich als Ḫuzaʿiten aus und sagte dem Sufjan, er wolle mit ihm wider

Seite

Muḥammad ziehen. Nachts erschlug er ihn dann in seinem Zelte, nahm sein Haupt mit, floh und verbarg sich in einer Höhle, über welche eine Spinne ihr Netz spannte. Tags hielt er sich verborgen, Nachts zog er weiter. In Medina warf er Muḥammad den Kopf des Sufjān zu Füssen; zum Lohn erhielt er einen Stab, auf den er sich auch im Paradiese stützen könne und der ihm später mit ins Leichentuch gewickelt wurde.

Zug des al-Mundir Ibn ʿAmr nach Bir Maʿūna im Ṣafar. ʿĀmir Ibn Mālik al-Kilābī hatte den Propheten aufgefordert, Glaubensboten zu seinem Volke zu schicken, er verbürge sich für deren Sicherheit. Der Prophet schickte darauf 70 „Qurrā" ٣٧ unter al-Mundir Ibn ʿAmr. In Bir Maʿūna angelangt, schickten sie Ḥarām Ibn Milḥān mit des Propheten Brief zu ʿĀmir Ibn aṭ-Ṭufail, der ihn aber tötete. Die Banū ʿĀmir, die er aufforderte, mit ihm zu ziehen, wollten Abū Barā's Schutz nicht zu Schanden werden lassen und so wandte sich ʿĀmir an die Sulaim, Uṣajja, Riʿl und Dakwān, die mit ihm wider die Muslims zogen. Diese wurden niedergemacht; ihren letzten Gruss überbrachte Gabriel dem Propheten. Al-Mundir Ibn ʿAmr blieb am Leben, liess sich nach der Stelle führen, an der Ḥarām ermordet worden war, kämpfte und fiel. Den ʿAmr Ibn Umajja, seinen Gefangenen liess ʿĀmir frei, da seine Mutter gelobt hatte, einen Sklaven freizulassen. Unter den Toten vermisste er ʿĀmir Ibn Fuhaira; der war vor den Augen der Feinde zum Himmel gefahren und Ǵabbār, der ihn getötet hatte, wurde, als er das sah, Muslim. Muḥammads Fluch über die Mörder; nie war Muḥammad über einen Mord so betrübt; ein Qurānvers wurde offenbart, der nachmals abrogiert wurde. ʿAmr Ibn Umajja kehrte zu Fuss zurück ٣٨ und erschlug zur Rache zwei Kilabiten, nicht wissend dass der Prophet ihnen Sicherheit gewährt hatte; dieser zahlte ihren Leuten das Blutgeld. — Einzelne Traditionen: nach Anas Ibn Mālik hätten die Riʿl u. s. w. den Propheten um Hilfe gebeten und als er die 70 Anṣār sandte, diese erschlagen. — Die „Leser" holten süsses Wasser und sammelten Holz für den Propheten, Nachts beteten sie. — Tod des al-Mundir Ibn ʿAmr; Rückkehr des ʿAmr Ibn Umajja; ʿĀmir Ibn Fuhaira wurde getötet, aber sein Körper nicht gefunden. Der abrogierte Quranvers. ٣٩ Die Trauer des Propheten —

Zug des Martad Ibn Abī Martad nach al-Raǵīʿ im Ṣafar. — Abū Hurairas Bericht: die ʿAḍal und Qāra baten um Muslims,

Seite

sie zu belehren, Muḥammad sandte 10 Mann zu ihnen; deren Namen. In ar-Raǵīᶜ aber überfielen sie die Muslims, die sogleich ihre Schwerter zogen. Darauf erklärten sie, sie wollten nicht mit ihnen kämpfen, sondern sie nur für gutes Geld an die Mekkaner verkaufen; einige wollten davon nichts wissen und kämpften, bis sie fielen, die anderen drei liessen sich gefangen nehmen. Das Haupt des gefallenen ᶜĀṣim wollten sie an Sulāfa verkaufen, die gelobt hatte daraus zu trinken, weil er bei Uḥud ihre Söhne getötet hatte. Bienen aber beschützten es vor Berührung f. und Nachts schwemmte es ein Wadi weg. Die drei Gefangenen wurden alle getötet, ᶜAbdallāh Ibn Ṭāriq unterwegs gesteinigt, Ḫubaib und Zaid in Mekka hingerichtet. Wünsche des Ḫubaib an Mauhab; Erstaunen der Mekkaner über die Liebe des Zaid zu seinem Propheten.

Ġazwat Banī an-Naḍīr im Rabīᶜ I. Am Sonnabend ging Muḥammad mit mehreren Genossen zu den Banū an-Naḍīr und forderte sie auf, mit zur Zahlung des Blutgeldes für die beiden Kilabiten beizutragen. Sie erklärten sich bereit, aber ᶜAmr Ibn Ǵihāš sagte dann, er wolle von oben einen Stein auf Muḥammad werfen fl Sallām Ibn Miškam warnte sie, das sei ein Bruch des Vertrages und Muḥammad werde Kunde erhalten. Gott teilte es dem Propheten auch wirklich mit, und er liess die Naḍīr durch Muḥammad Ibn Maslama auffordern, binnen 10 Tagen die Stadt zu verlassen. Da Ibn Ubajj ihnen seine Hilfe zusagte, beschlossen sie, Muḥammads Befehl nicht zu folgen. So zog der Prophet wider sie, das Banner trug ᶜAlī; Ibn Umm Maktūm blieb als Stellvertreter zurück. Von ihren Bundesgenossen verlassen, ergaben sich die Naḍīr nach 15-tägiger Belagerung. Das Leben wurde ihnen geschenkt, aber ihre Waffen und Rüstungen mussten sie zurücklassen. Auf 600 Kamelen zogen sie aus mit Weib und Kind unter Aufsicht des Muḥammad Ibn Maslama. Die zurückgelassenen Waffen nahm der Prophet alle für sich, Beute wurde nicht verteilt. Aber mehreren Genossen schenkte er Ländereien. ff Sure 59, 5 —

Ġazwat Badr al-mauᶜid am 1 Ḏu'l-Qaᶜda. Abu Sufjān hatte bei Uḥud Muḥammad zugerufen, übers Jahr wollten sie sich wieder bei Badr aṣ-Ṣafra treffen: als die Zeit herankam, wollte Abu Sufjān nicht ausziehen, liess aber durch Nuᶜaim Ibn Masᶜūd in Medina Nachrichten über seine Vorbereitungen verbreiten, um dadurch Muḥammad Angst zu machen. Der Prophet aber rückte dennoch aus, Stellvertreter in Medina war Abdallah Ibn Rawaḥa, Banner-

Seite

träger ʿAlī. Mit 1500 Mann, 10 Pferden und vielen Waren kamen sie an, — in Badr war Markt — blieben 8 Tage da und ٤٣ machten gute Geschäfte. Abū Sufjān zog bis Marr aẓ-Ẓahrān, dann kehrte er um. Der Zug wurde „Ġazwat as-sawīq" genannt. Ṣafwān machte dem Abū Ṣufjān Vorwürfe, dass er sein Versprechen nicht gehalten habe — Sure 3 167 f —

Ġazwat Ḏāt-ar-Riqāʿ im Muḥarram 5. Auf die Nachricht die Anmār und Taʿlaba sammelten sich wider ihn, zog Muḥammad mit 400 oder 700 Mann aus; ʿUṯmān blieb als Stellvertreter zurück. In Ḏāt ar-Riqāʿ traf er nur Frauen, die er gefangen nahm; die Beduinen waren in die Berge geflohen. Das „Furchtgebet". Dem Ǵābir kaufte der Prophet damals sein Kamel ab und fragte ihn nach den von seinem Vater hinterlassenen Schulden; ٤٤ Ǵiʿāl Ibn Surāqa schickte er nach Medina voraus; der Prophet blieb 15 Tage fort. — Einzelne Traditionen: der Mann, der Muḥammed mit dessen an einen Baum aufgehängten Schwerte bedrohte; Anzahl der Rakʿas beim Gebet. —

Ġazwat Dūmat al-Ǵandal am 25 Rabīʿ I. In Dūma hatten sich Rotten gesammelt, die die Passanten belästigten und sich Medina nähern wollten Mit 1000 Mann zog der Prophet aus — in Medina blieb Sibāʿ Ibn ʿUrfuṭa als Stellvertreter — und nahm den ʿUḏriten Maḏkūr als Führer mit. Ihre Herden nahm er gefangen und auf die Kunde davon zerstreuten sich die Feinde. Ein Mann wurde gefangen genommen, der den Islam annahm. ٤٥ Dem ʿUjaina getattete damals der Prophet, dass er zwischen Taġlamain und Marāḍ weiden dürfe, da sein Land unfruchtbar war.

Ġazwat al-Muraisīʿ am 2 Šaʿbān. Die Balmuṣṭaliq von ihrem Sajjid al-Ḥāriṯ Ibn Abī Ḍirār zum Kampf wider Muḥammad aufgefordert, lagerten in al-Muraisīʿ. Buraida Ibn al-Ḥuṣaib bestätigte dem Propheten die Nachricht. So zog er aus; in seinem Heere waren viele „Heuchler." Stellvertreter in Medina war Zaid Ibn Ḥāriṯa; Abū Bakr und Saʿd Ibn Ubāda waren Fahnenträger. Von den Feinden fielen zehn, die übrigen wurden gefangen genommen; von den Muslims fiel einer. ٤٦ Ibn ʿUmar's Version. Die Verteilung der Beute. Ǵuwairija war dem Ṯābit Ibn Qais zugefallen, der Prophet zahlte für sie die Loskaufsumme und heiratete sie; ihre „ṣadaqa" bestand in der Freilassung aller oder nach anderen von 40 der Gefangenen ihres Stammes. Auslösung der Gefangenen, Streit zwischen Sinān Ibn Wabr und Ǵahǵāh Ibn Saʿīd, der in einen Kampf zwischen Quraiš und Anṣār auszuarten drohte.

Seite

Ibn Ubajj sprach die Hoffnung aus „der Mächtige werde nun den Schwachen austreiben" aus Medina: sein Sohn ʿAbdallāh wollte ihn zwingen zu bekennen, dass Muḥammad der „mächtige" und er selbst der „schwache" sei. Muḥammad aber befahl ihm, ihn zu lassen. Damals wurde Sure 4, 46 und 59 geoffenbart und die „Lüge" wider ʿĀʾiša aufgebracht.

fv Ġazwat al-ḫandaq im Ḏū'l-Qaʿda. Einige der vertriebenen Banū Naḍīr regten die Qurais zu einen Zug gegen Medina an, an dem auch die Ġaṭafān und Sulaim teilnahmen. Das Heer der Qurais bestand aus 4000 Mann, 300 Pferden, 1500 Kamelen; 700 Sulamiten stiessen in Marr aẓ-Ẓahrān zu ihnen, auch die Fazāra, Ašǵaʿ, Murra u. A. vereinigten sich mit ihnen, sodass das Heer im Ganzen 10000 Mann zählte; den Oberbefehl führte Abū Sufjān. Salmān al-Fārisī riet dem Propheten, einen Graben zu ziehen. Die Muslims zählten 3000 Mann. Stellvertreter in Medina war Ibn Umm Maktūm fA In 6 Tagen war der Graben fertig, dessen Teile von den Muhāǵirūn und den verschiedenen medinischen Geschlechtern gezogen worden waren. Am 18 Ḏū'l Qaʿda rückte der Prophet aus; Fahnenträger waren Zaid Ibn Ḥāriṯa und Saʿd Ibn ʿUbāda. Abū Sufjān veranlasste die Banū Quraiẓa ihren Vertrag mit Muḥammad zu brechen. Zum Schutz der Frauen und Kinder, auf die man einen Angriff der Banū Quraiẓa befürchtete, wurden 500 Mann nach der Stadt zurückgeschickt. Einzelne Abteilungen der Verbündeten rückten jeden Tag vor und Saʿd Ibn Muʿāḏ wurde verwundet. Endlich zogen sie alle zusammen aus, konnten aber nicht weiterrücken, f9 bis sie eine Stelle am Graben fanden, an welcher einige von ihnen hinüber gelangen konnten. Im Zweikampf mit ʿAlī fiel ʿAmr Ibn ʿAbd wudd, ebenso fiel Naufal Ibn ʿAbdallah, von az-Zubair Ibn al-ʿAwwām getötet. Am folgenden Tag erfolgte ein hartnäckiger Angriff unter Ḫālid, der erst in der Nacht wieder umkehrte. Im Laufe der Nacht versuchte er dann, die Muslims zu überrumpeln, aber 200 Mann unter Usaid Ibn al-Ḥuḍair bewachten den Graben. Aṭ-Ṭufail Ibn an-Nuʿman wurde von Waḥšī getötet, dann zogen sich die Feinde zurück. Die Gebete, die am Tag versäumt worden waren, wurden nachgeholt. Als die Belagerung schon mehr als 10 Tage gedauert hatte, versuchte Nuʿaim Ibn Masʿūd durch Zwischenträgereien Unfrieden zwischen Quraiẓa, Qurais und Ġaṭafān zu stiften und Misstrauen zu erregen o., was ihm auch gelang. Als nun auch noch ein starker Wind Unheil anrichtete, hielt

Seite

es Abū Sufjān für das beste umzukehren. Ḥudaifa Ibn al-Jamān brachte dem Propheten die Kunde davon, und er erlaubte den Muslims heimzukehren. Tote von al-Ḫandaq. Die Belagerung hatte 15 Tage gedauert. — Einzelne Traditionen: Das Gebet Muḥammads für Anṣār und Muhāǵira beim Graben und die Antwort der Muslims ٥١ Muḥammads Gebet in Raǵazversen. Saʿīd Ibn Ǵubairs kurzer Bericht über al-Ḫandaq und die Offenbarung von Sure 33, 16 und 33, 9. Abū Bišr über Gabriels Ermahnung des Propheten, sogleich gegen die Quraiẓa zu ziehen. Muḥammads Fluch wider die Feinde, die ihn von dem „mittleren Gebet" abgehalten hätten. ٥٢ Über das Nachholen der Gebete. Das Losungswort. Dauer der Belagerung. Der Vorschlag, dem ʿUjaina die Hälfte der Dattelernte zu versprechen, wenn er mit den Ġaṭafān abzöge, ٥٣ wurde nicht angenommen. Sure 33, 25. Muḥammeds Gebet wider die Feinde wurde am vierten Tage erhört. —

Ġazwat Banī Quraiẓa im Ḏu'l Qaʿda. Gabriel befahl dem Propheten, wider die Quraiẓa zu ziehen, als er von „al-Ḫandaq" zurückkehrte. Bannerträger war ʿAlī, Stellvertreter in Medina Ibn Umm Maktūm. Mit 3000 Mann und 36 Pferden zog der Prophet am 23 Ḏū'l Qaʿda aus und belagerte sie 15 Tage. ٥٤ Auf ihren Wunsch schickte ihnen der Prophet den Abū Lubāba, der ihnen voraussagte, Muḥammad werde sie töten, was er später sehr bereute. Sie ergaben sich, ihr Hab und Gut wurde aus ihren Burgen geholt, ihr Schicksal dem Urteil des Saʿd Ibn Muʿāḏ anheimgestellt. Er entschied, die Männer sollten getötet, die Frauen und Kinder gefangen genommen, ihre Habe verteilt werden. Das Urteil wurde von Muḥammad als Gottes Urteil gepriesen. Auf dem Markt in Medina wurden sie hingerichtet, 600 oder 700 Mann. Beuteverteilung; wie das „Fünftel" verwendet wurde. — Einzelne Traditionen: Gabriels Worte an Muḥammad; das Mittagsgebet. ٥٥ Der Prophet ritt auf einem Esel, die übrigen gingen. Gabriels Aussehen; Dauer der Belagerung; Schonung der noch unbärtigen Quraiẓa. Bericht des Ḥumaid Ibn Hilāl über den Auszug gegen die Quraiẓa und ٥٦ Saʿd Ibn Muʿāḏ's Tod.

Zug des Muḥammad Ibn Maslama wider die Quraṭā am 10 Muḥarram des Jahres 6. Mit 30 Reitern zog er aus, tötete einige von ihnen in al-Bakarāt, die übrigen flohen. Die Beute bestand aus 150 Kamelen und 3000 Schafen.

Ġazwat Banī Liḥjān im Rabīʿ I. Muḥammad war sehr betrübt

Seite

über ʿĀṣim Ibn Ṯābits Schicksal. Angeblich auf dem Wege nach aš Šam begriffen ٥٧, zog er in Wirklichkeit mit 200 Mann wider die Banū Liḥjān, seine ermordeten Genossen zu rächen. Stellvertreter in Medina war Ibn Umm Maktūm. Als er Baṭn Ġurān erreicht hatte, hörten die Liḥjān von seinem Herannahen und flohen. Abū Bakr wurde von ʿUṣfan ausgesandt, die Quraiš, zu schrecken. Nach 14 tägiger Abwesenheit kam Muḥammad nach Medina zurück, ohne auf den Feind gestossen zu sein. — Ibn Isḥāqs Bericht über den Zug. — Aussprüche des Propheten.

٥٨ Ġazwat al-Ġāba im Rabīʿ I. 20 Kamelinnen des Propheten weideten in al-Ġāba: Abū Ḏarr war bei ihnen, als ʿUjaina sie mit 40 Reitern überfiel, Abū Ḏarr's Sohn tötete und die Tiere fortführte. Am folgenden Morgen zog der Prophet aus, band das Banner dem al-Miqdād au die Lanze und liess ihn vorausziehen. Stellvertreter in Medina war Ibn Umm Maktūm; eine Wache von 300 Mann unter Saʿd Ibn ʿUbāda wurde in Medina gelassen. Al-Miqdād erreichte die Nachhut der Feinde, von denen mehrere fielen. Ibn al-Akwaʿ zeichnete sich als Bogenschütze aus und als der Prophet in Ḏū Qarad ankam, erbot sich Ibn al-Akwaʿ den Feinden die Tiere abzujagen; schliesslich wurden mit Hilfe der Banū ʿAmr Ibn ʿAuf zehn Kamelinnen gefangen, mit dem Rest entkamen die Feinde. Das Furchtgebet wurde in Ḏū Qarad gebetet und die Kamele geschlachtet. Saʿd schickte von Medina Dattelladungen, ٥٩ die den Propheten in Ḏū Qarad erreichten. Der wirkliche Führer des Zuges war Saʿd Ibn Zaid, al-Miqdād wird als Führer nur deshalb genannt, weil Ḥassān Ibn Ṯabit in einem Verse von den „Reitern des al-Miqdād" spricht; Miqdad hat er aber nur des Reimes wegen gewählt. — Bericht des Salama Ibn al-Akwā über seine Taten bei al-Ġāba.

٦١ Zug des ʿUkkāša Ibn Miḥṣan nach al-Ġamr im Rabīʿ I. ʿUkkaša zog mit 40 Mann aus, die Feinde aber waren auf ihrer Hut und flohen, so dass er niemanden fand. Nur einen ihrer Wächter ergriffen seine Leute, mit dessen Hilfe sie 200 Kamele raubten.

Zug des Muḥammad Ibn Maslama nach Ḏū'l Qaṣṣa im Rabīʿ II gegen die Banu Taʿlaba und Banū ʿUwāl. Nachts wurde seine Schar von den Feinden umringt, mit Pfeilen beschossen und schliesslich mit Lanzen angegriffen. Muḥammed Ibn Maslama fiel, seine Leiche wurde von einem Muslim nach Medina gebracht. Abū

Seite

ʿUbaida, der mit 40 Mann nach der Kampfstätte geschickt wurde,
٦١٢ konnte nur Vieh erbeuten, Feinde traf er nicht mehr an.

Zug des Abū ʿUbaida nach D̲ū'l-Qaṣṣa Rabīʿ II. Die T̲aʿlaba und Anmār, in deren Gebiet Dürre herrschte, zogen dem Regen folgend nach al-Marāḍ und beschlossen das Weidevieh der Mediner in Haifā zu plündern. Als Abū ʿUbaida mit 40 Mann nach D̲ū'l-Qaṣṣa kam, flohen sie; ihr Vieh und ihr Gerät wurde erbeutet. Ein Mann von ihnen, den Abū ʿUbaida noch vorfand, nahm den Islam an.

Zug des Zaid Ibn Ḥārit̲a wider die Sulaim im Rabīʿ II. In al-Ǵamūm fanden sie Ḥalīma, eine Frau von den Muzaina, welche sie führte, so dass sie das Vieh der Banū Sulaim erbeuten und Gefangene machen konnten. Unter den Gefangenen war auch der Mann der Ḥalīma; ihr selbst und ihrem Manne schenkte Muḥammad dann in Medina die Freiheit. Vers des Bilāl darüber.

٦١٣ Zug des Zaid Ibn al-Ḥārit̲a nach al-ʿIṣ im Ǵumādā I. Auf die Nachricht, eine Karavane der ʿQuraiš komme von Syrien zurück, wurde Zaid ihr entgegengesandt mit 170 Reitern. Die Karavane die viel Silber, das dem Ṣafwān Ibn Umajja gehörte, mit sich führte, wurde erbeutet und Gefangene wurden gemacht, unter diesen Abū'l-ʿĀṣ Ibn ar-Rabīʿ, dem dann in Medina Zainab, des Propheten Tochter, auf seine Bitte Gastrecht gewährte. Früh Morgens verkündete sie das den Leuten; der Prophet sanctionierte es und gab dem Abū'l ʿĀṣ zurück, was man ihm genommen hatte.

Zug des Zaid Ibn Ḥārit̲a nach aṭ-Ṭaraf im Ǵumādā II wider die Banū T̲aʿlaba. 4 Tage blieb er fort, die Beduinen flohen, aber mit seinen 15 Mann erbeutete er 20 Kamele.

Zug des Zaid Ibn Ḥārit̲a nach Ḥismā im Ǵumādā II. Daḥja war auf der Rückreise von seiner Gesandtschaft an den Qaiṣar von al-Hunaid und seinem Sohne mit einigen Ǵud̲āmiten in Ḥismā ausgeplündert worden. Einige von den Ḍubaib zogen wider die Ǵud̲ām und entrissen ihnen das Geraubte. Als Daḥja nach Medina kam, schickte der Prophet mit Daḥja 500 Mann unter Zaid ٦١٤. Mit Hilfe eines Führers von den Banū ʿUd̲ra überraschten sie die Feinde, töteten den al-Hunaid und andere, nahmen 100 Frauen und Kinder gefangen und erbeuteten 1000 Kamele und 5000 Schafe. Zaid Ibn Rifāʿa al-Ǵud̲āmī eilte mit mehreren Genossen zum Propheten, der früher mit ihnen einen Vertrag geschlossen hatte, und erinnerte ihn an diesen. Daraufhin wurde

Seite

ʿAlī entsandt, der dem Zaid Ibn Ḥāriṯa den Befehl überbrachte, die Gefangenen freizulassen und die Beute wieder herauszugeben.

Zug des Zaid Ibn Ḥāriṯa nach Wādi'l-Qurā im Raǵab unter Zaid.

Zug des ʿAbdarraḥman Ibn Auf nach Dūmat al-Ǵandal im Saʿbān. Er sollte, wenn die Kalb sich bekehrten, die Tochter ihres Königs heiraten: er zog aus, forderte sie zum Islam auf und heiratete Tumāḍir die Tochter ihres Königs, der nebst vielen anderen dem Christentum entsagte und Muslim wurde; ٩٥ andere blieben Christen und zahlten die Ǵizja.

Zug des ʿAlī im Šaʿban wider die Banū Saʿd in Fadak, die sich versammelt hatten, um den Juden von Ḫaibar zu helfen. Einer von ihnen, den sie in Fadak vorfanden, führte sie, nachdem ihm persönliche Sicherheit versprochen worden war, und sie erbeuteten 500 Kamele und 2000 Schafe; die Banu Saʿd aber entkamen. Die Verteilung der Beute.

Zug des Zaid wider Umm Qirfa in Wādi'l-Qurā im Ramaḍān. Zaid war, als er eine Handelskaravane nach Syrien geleitet hatte, von den Banū Badr überfallen und niedergeschlagen und die Karavane war geplündert worden. Wieder zu Kräften gekommen, überbrachte er dem Propheten die Nachricht, der ihn darauf zu einem Rachezug wider sie sandte. Umm Qirfa und ihre Tochter nahmen sie gefangen; die alte Frau wurde grausam hingerichtet, die Tochter dem Propheten übergeben, der sie weiter dem Ḥazn Ibn Abī Wahb schenkte. Auch die beiden Söhne des Masʿada wurden getötet. Zaid wurde ٩٦ bei seiner Rückkehr von Muḥammed umarmt.

Zug des ʿAbdallah Ibn ʿAtīk wider Abu Rafiʿ im Ramaḍān. Abū Rāfiʿ der zu den Naḍīr in Ḫaibar gehörte wollte eine Coalition wider Muḥammad zu Stande bringen; dieser sandte deshalb den ʿAbdallāh mit anderen aus, ihn zu ermorden. Nachts stiegen sie zu ihm hinauf, ʿAbdallah voran, der den jüdischen Dialect sprechen konnte und um Einlass bat, da er Geschenke bringe. Die Frau des Abu Rāfiʿ öffnete, wollte schreien, wurde aber durch das drohende Schwert zum Schweigen gebracht. Ibn Unais durchbohrte dann den schlafenden Abū Rafiʿ mit dem Schwert, worauf alle noch auf ihn einhieben. Als die Mörder fortgegangen waren, schrie die Frau des Abū Rāfiʿ laut auf, und die Mörder wurden von 3000 Mann verfolgt, aber nicht gefunden. Nachdem sie sich zwei Tage verborgen hatten, zogen sie nach Medina zurück. Die Speisereste am Schwerte des Ibn Unais dienten als Beweis, dass er es war, der den Abu Rafiʿ durchbohrt hatte.

Seite

Zug des ʿAbdallāh Ibn Rawāḥa wider Usair Ibn Zārim im Šawwāl. Nach Abū Rāfiʿs Ermordung übernahm Usair die Führerschaft der Juden in Ḫaibar und suchte die Ġatafān und andere zum Kampf wider Muḥammad zu einen. Das hörte dieser und sandte den Abdallāh ٩٧ aus, über Usair Erkundigungen einzuziehen. Als er dem Propheten die gewünschten Auskünfte überbracht hatte, wurde er mit 30 Mann abermals ausgesandt. Sie redeten dem Usair vor, der Prophet wolle ihn über Ḫaibar setzen, er solle mit ihnen zu ihm ziehen. Er und 30 Juden zogen darauf mit ihnen nach Medina, auf jedem Reittier ein Jude und ein Muslim. Unterwegs bekam Usair Reue und suchte zweimal dem Ibn Unais, der hinter ihm sass, dessen Schwert wegzunehmen. Dieser trieb alle anderen Kamele an, so dass nur seines zurück blieb, worauf er den Unais tötete. Ebenso wurden darauf alle anderen Juden bis auf einen getötet; von den Muslims fiel keiner.

Zug des Kurz Ibn Ǵābir gegen die ʿUraina im Šawwāl. 8 Mann von den ʿUraina, die in Medina Fieber bekommen hatten, schickte der Prophet nach Dū'l-Ǵadr, wo seine Milchkamelinnen weideten Als sie wieder gesund waren, führten sie die Kamelinnen fort und töteten grausam den Jasār, der ihnen nachgeeilt war. Kurz wurde dann mit 20 Mann wider sie gesandt und nahm sie gefangen. Auf Befehl des Propheten wurden ihnen Hände und Füsse abgehauen und sie wurden geblendet und gekreuzigt. Später wurde nie mehr jemand geblendet nach Offenbarung von Sure 5, 37. ٩٨ Eine Kamelin, die der Prophet vermisste, hatten die ʿUraina geschlachtet.

Zug des ʿAmr Ibn Umajja und Salima Ibn Aslam wider Abū Sufjān. Dieser hatte in Mekka die Aufforderung ergehen lassen, den Propheten zu ermorden. Ein Beduine meldete sich zur Tat, den er auch ausrüstete. Als er zum Propheten kam, erkannte dieser sogleich, was er vorhabe, und als Usaid ibn am Izār packte, fiel auch wirklich ein Dolch heraus. Darauf erzählte er dem Propheten, dass ihn Abū Sufjān gesandt habe und wurde Muslim. Nun wurden ʿAmr und Salima nach Mekka gesandt, den Abū Sufjān zu ermorden. ʿAmr ward von Muʿāwija erkannt und die Quraiš taten sich wider die beiden zusammen, die daher flohen. ʿAmr tötete aber noch den ʿUbaidallāh Ibn Mālik, einen von den Banū Dil, der sich in einem Vers als Nichtmuslim bekannt hatte, und einen Kundschafter der Quraiš; einen anderen führte er gefangen

Seite

mit sich. Der Prophet lachte, als er die Geschichte des ͨAmr hörte.

٤٩ Ġazwat Ḥudaibija. Am 1 Ḏū'l-Qaͨda zog der Prophet mit seinen Genossen aus, um die ͨUmra zu vollziehen, die Schwerter in den Scheiden und 70 Opfertiere mit führend. Stellvertreter in Medina war Ibn Umm Maktūm. ͨAbbād Ibn Bišr wurde mit mehreren Genossen vorausgesandt. Anzahl der Muslims 1600 oder 1400 oder 1525: auch Umm Salama war mit. Die Quraiš entschlossen, den Propheten fern zu halten, sandten 200 Mann unter Ḫālid nach Kurāͨ al Ġamim. Durch Busr Ibn Sufjān, den er beim Teich von al-Ašṭāṭ traf, wurde der Prophet von allem unterrichtet. Dem Ḫālid stellte sich ͨAbbād entgegen; Mittags wurde das Furchtgebet gebetet. Abends liess Muḥammad das Heer nach rechts schwenken, bis er in der Nähe von al-Ḥudaibija war; als seine Kamelin stürzte und dann nicht weiter wollte, sprach Muḥammad, „der den Elephanten zurückgehalten, hält sie zurück"; v. Lager bei einem Brunnen mit wenig Wasser, den ein hineingesteckter Pfeil Muḥammads überfliessen machte. Budail Ibn Warqā teilte dem Propheten mit, die Quraiš hätten geschworen, ihn nicht nach Mekka zu lassen; der Prophet erklärte, er sei nur gekommen, den Umlauf zu machen. Das teilte Budail den Mekkanern mit, diese sandten den ͨUrwa Ibn Masͨūd und liessen ihm sagen, er möge im folgenden Jahre den Umlauf machen. Weitere Verhandlungen mit Mikraz Ibn Ḥafṣ und al-Ḥulais Ibn ͨAlqama, auf den die verhungerten Opferkamele Eindruck machten. Muḥammad sandte den Ḫiraš Ibn Umajja, dem die Quraiš das Kamel lähmten, darauf sandte er ͨUṯmān; als er die Muslims huldigen liess, vollzog er den Huldigungsact für ͨUṯmān, von dem es hiess, er sei getötet worden. Endlich wurde zwischen Suhail Ibn ͨAmr und Muḥammad ein Vertrag geschlossen: der Kampf solle zehn Jahre ruhen. vl mit beiden Parteien dürfe Verträge eingehen, wer wolle; wer von den Quraiš zu Muḥammad übergehe ohne Erlaubniss seines Walī, solle diesem ausgeliefert werden, die Quraiš aber sollten niemanden auszuliefern brauchen; im folgenden Jahre solle Muḥammad auf drei Tage nach Mekka kommen, nur mit den Waffen des Reisenden versehen. Namen der Zeugen. Das von ͨAlī geschriebene Original erhielt Muḥammad, die Abschrift Suhail. Abū Ǵandal Ibn Suhail kam in seinen Fesseln zu Muḥammad, wurde aber dem Vertrage entsprechend seinem Vater ausgeliefert und von Muḥammad zum Ausharren ermahnt. Die Ḫuzāͨa schlossen ein Bündnis mit Mu-

Seite

ḥammad, die Banū Bakr mit Quraiš. Der Prophet und seine Genossen schlachteten die Opfertiere, und er liess sich von Ḫirāš Ibn Umajja kahl scheren; seine Genossen liessen sich meist kahl scheren, einige sich stutzen, was ebenfalls gebilligt wurde. Nach einer Abwesenheit von 20 Tagen kehrte Muḥammad zurück. Sure 48, 1 — Einzelne Ḥadīte: Angaben verschiedener Genossen über die Anzahl der Muslims. ٧٢ Muḥammad legte seine Hand in ein Wassergefäss, worauf soviel Wasser hervorkam, dass 1500 Mann ihren Durst löschen konnten. — Ein andere Version des Tränkungswunders. — Auf die Mitteilung des Ṭāriq, er habe in der Moschee beim Baum der Huldigung gebetet, erwiderte Saʿīd Ibn al-Musajjib, er wisse von seinem Vater, dass schon die Genossen im folgenden Jahr die Stelle des Baumes nicht mehr gekannt hätten, unter dem die Huldigung stattgefunden hatte. — Verschiedene Angaben über die Person dessen, der damals unter dem Baum der Huldigung einen Zweig von Muḥammads Haupt weggebogen habe. Die Genossen verpflichteten sich damals nur, nicht zu fliehen. — ٧٣ ʿUmar liess den Baum, unter dem angeblich die Huldignug stattgefunden hatte, umhauen, weil die Leute dort Gebete verrichteten. — Wer zuerst gehuldigt hat. — Ǵābirs Bericht über die Huldigung. — „Wer unter dem Baum gehuldigt hat, kommt nicht in die Hölle"; als Ḥafṣa gegen diesen Anspruch Sure 19, 77 anführt, antwortet ihr Muḥammad mit Sure 19, 73. — Al-Barā Ibn ʿĀzib über den Vertrag. — Als die Quraiš ٧٤
wider die Worte „ar-raḥmān ar-raḥīm" Einsprache erhoben, schrieb der Prophet unten auf die Urkunden „wir werden über euch siegen, so wie ihr jetzt über uns siegt" — ʿUmars Entrüstung über die Bedingung des Vertrags, Muḥammad müsse Überläufer ausliefern, die Quraiš aber brauchten es nicht. — Über die Bedingung, die Muslims dürften Mekka nur mit den Schwertern in der Scheide betreten. — Sure 2, 190 bezieht sich darauf, dass die Muslims im selben Monate des folgenden Jahres wiederkommen sollten. — Abū Sufjān über den Vertrag. — Über die Opfertiere —
٧٥ Über die, welche ihr Haar kahl scheren und die, welche es stutzen liessen. — ٧٦ Sure 48. 1 — „Al-Ḥudaibija ist die Eroberung" — Mugammiʿ Ibn Ǵārija über die Offenbarung von Sure 48, 1 und die Verteilung des Gebiets von Ḫaibar an die Teilnehmer von al-Ḥudaibija. — Ibn ʿUmar bezeichnete die Meinungsverschiedenheit der Genossen über den Baum der Huldigung als einen Gnadenbeweis

Seite

Gottes. — Wegen eines linden Regens befahl der Prophet bei al-Ḥudaibija den Leuten, in den Quartieren zu beten.

٧٧ Ġazwat Ḫaibar im Ǵumādā I des Jahres 7. Nur wer für den Glauben kämpfen wolle, sollte mitziehen. Stellvertreter in Medina war Sibaᶜ Ibn Urfuṭa. Umm Salama zog mit. Morgens gingen die Juden mit Schaufeln, Äxten und Körben an ihre Arbeit; als sie aber Muḥammad und sein Heer sahen, flohen sie in ihre Burgen zurück. Wer die „Raja's" und „Liwa's" trug. Aufzählung der Burgen, die erobert wurden. Auffindung des vergrabenen Schatzes der Familie des Abū'l-Ḥuqaiq. 93 Juden wurden getötet, die Namen der angesehensten. Aufzählung derer, die auf des Propheten Seite fielen,
٧٨ im Ganzen waren es 15 Mann. Zainab bint al-Ḥāriṯ setzte dem Propheten ein vergiftetes Schaf vor; einige Genossen starben an dem Gift, der Prophet liess Zainab töten. Die Beute wurde dem Farwa Ibn ᶜAmr unterstellt, ein Fünftel durch Los dem Propheten zugeteilt, die vier übrigen Fünftel verkauft, und der Erlös unter den Genossen verteilt. 1400 Genossen mit 200 Pferden wurden bedacht. Der Prophet machte von seinem Anteil seiner Familie, Verwandten, Waisen und Armen, Geschenke. Die Daus und die Ašᶜar wurden auf Empfehlung des Propheten ebenfalls bei der Beuteverteilung bedacht. Ǵaᶜfar Ibn Abi Ṭālib und seine Genossen kehrten nach der Eroberung von Ḫaibar vom Negus zurück. Die in Ḫaibar gefangene Ṣafijja bint Ḥujajj heiratete Muḥammad. Al-Ḥaǵǵāǵ Ibn ᶜIlāṭ erzählte in Mekka, Muḥammad sei von den Juden gefangen worden, dem al-ᶜAbbās aber teilte er die Wahrheit mit, worauf dieser seine Freude offen kund tat und einen Sklaven frei liess. ٧٩ Einzelne Ḥadīṯe: Abū Saᶜīd al-Ḫudrī giebt den 18 Ramaḍān als Datum des Auszugs an; weder die, welche fasteten noch die das Fasten brachen, wurden getadelt. — Was Muḥammad sagte, als die Juden in ihre Burgen flohen. — ٨٠ Ibn ᶜUmars Bericht über die Friedensbedingungen, die ihnen gewährt wurden: da sie — wider die Bedingungen — einen Schatz verborgen hielten, wurden ihre Frauen gefangen genommen und ihnen nur die Hälfte der Dattelernte belassen. Muḥammads Ausspruch, die Fahne solle ein Mann tragen, der Gott und seinen Boten liebe und den Gott und sein Bote liebe; am folgenden Morgen übergab er dann dem ᶜAlī die Fahne. — ᶜAmir focht gegen den Juden Marḥab, schnitt sich aber dabei mit seinem eignen Schwerte die Sehne durch und starb. Sein Neffe al-Akwaᶜ

Seite

fragte weinend den Propheten, ob wirklich ᶜĀmirs Verdienst dadurch, dass er sich selbst getötet habe, nichtig geworden sei. Der Prophet versicherte ihm, er werde zwei Mal seinen Lohn erhalten; ٨١ schon vorher hatte der Prophet ihm wegen seiner Verse Gottes Gnade zugesichert. Der Prophet übergab dann dem ᶜAlī die Fahne, der dem Marḥab mit dem Schwerte das Haupt spaltete. — Kināna, der Mann der Ṣafijja, und sein Bruder ar-Rabīᶜ wurden hingerichtet, als ihr Schatz, dessen Vorhandensein sie geleugnet hatten, sich fand. — ٨٢ In Folge von Hunger schlachteten einige Genossen Esel, deren Genuss aber der Prophet ihnen verbot, wie auch den anderer Tierarten. — Die Hälfte des Gebietes von Ḫaibar verwandte der Prophet für notwendige Ausgaben, die andere Hälfte verteilte er unter die Genossen; da diese die Felder nicht bebauen konnten, wurden sie von den Juden gegen die Hälfte des Ertrags bearbeitet, ٨٣ bis ᶜUmar sie vertrieb. — Weiteres über die Verteilung. — Ermahnungen des Propheten über die Behandlung gefangener Frauen und die Benutzung erbeuteten Gutes. — Sure 48, 18. 21. — Die Juden hatten ein Schaf vergiftet, ٨٤ aber Muḥammad sagte es ihnen auf den Kopf zu; sie behaupteten darauf, sie hätten ihn prüfen wollen, wenn er ein Prophet sei, könne es ihm ja nicht schaden. — Ṣafijja wurde von Muḥammad als Frau, nicht als Concubine behandelt; Abū Ajjūb wachte Nachts bei des Propheten Zelt, für den Fall dass Ṣafijja etwas verdächtiges gegen den Propheten unternehmen sollte. — Ṣafijja war dem Diḥja zugefallen, aber vom Propheten ihm abgekauft worden; über das Hochzeitsmal. ٨٥ Ṣafijjas ṣadāq war ihre Freilassung.

ᶜUmars Zug mit 30 Mann gegen die Hawāzin in Turaba im Šaᶜbān; als er anlangte, waren sie schon geflohen. —

Abū Bakrs Zug wider die Banū Kilāb im Šaᶜbān. Salimas Bericht über seine Teilnahme am Zug gegen die Fazāra. Eine Frau und ihre Tochter, die er verfolgt hatte, brachte er zu Abū Bakr, der ihm die Tochter schenkte. Er nahm sie mit nach Medina, ٨٦ wo sie bei ihm wohnte, ohne dass er sie berührte. Als Muḥammad ihn zum zweiten Mal gebeten hatte, sie ihm zu geben, überliess er sie dem Propheten, der sie nach Mekka schickte zur Auslösung muslimischer Gefangener.

Bašīr Ibn Saᶜds Zug nach Fadak im Saᶜbān; er wurde mit 30 Mann wider die Banū Murra gesandt. Nachdem er ihre Herden wegge-

Seite

führt hatte, wurde er Nachts von den Murra überfallen und verwundet; die Herden wurden den Muslims wieder abgenommen. ʿUlba Ibn Zaid brachte zuerst die Nachricht nach Medina, dann kam auch der für tot gehaltene Bašīr zurück. —

Zug des Ġālib Ibn ʿAbdallāh nach al-Maifaʿa im Ramaḍān. Er wurde mit 130 Mann gegen die Banū ʿUwāl und Banū ʿAbd Ibn Ṯaʿlaba gesandt. Weidevieh wurde erbeutet und nach Medina gebracht, Gefangene aber nicht gemacht. Damals tötete Usāma einen Mann, der das islamische Glaubensbekenntnis abgelegt hatte.

٨٧ Zug des Bašīr Ibn Saʿd nach Jamn und Ǵabār im Šawwāl. Muḥammad hatte gehört, dass die Ġaṭafān sich wider ihn zusammentäten und auch ʿUjaina Ibn Ḥiṣn sich mit ihnen treffen wolle. Er schickte deshalb den Bašīr mit 300 Mann wider sie, der ihre Herden erbeutete, die Feinde selbst aber nicht mehr vorfand. Zwei Gefangene nahmen den Islam an.

ʿUmrat al-qaḍijja im Ḏū'l-Qaʿda. Der Prophet befahl, dass alle die bei al-Ḥudaibijja mit waren, sich zur ʿUmra nach Mekka begeben sollten. Im ganzen zogen 2000 Mann aus. Stellvertreter in Medina war Abū Ruhm al-Ġifārī. 60 Opfertiere unter Nāǵija Ibn Ǵundab wurden mitgeführt. Die Reiterei wurde unter Muḥammad Ibn Maslama von Ḏū'l Ḥulaifa aus vorausgesandt, ebenso die Waffen unter Bašīr Ibn Saʿd. In Marr aẓ-Ẓahrān wurden Quraišiten von der Reiterei benachrichtigt, dass Muḥammad komme. Die Waffen wurden unter Aus Ibn Ḫaulī mit 200 Mann nach Baṭn Jaǵaǵ gebracht. ٨٨ Die Quraiš verliessen Mekka. Der Prophet, umgeben von den Muslims mit umgegürteten Schwertern, ritt auf seiner Kamelin ein, rief Labbaika und machte den Umlauf; dasselbe taten die Muslims. ʿAbdallah Ibn Rawāḥa, der des Propheten Kamelin führte, sprach Verse, was ihm ʿUmar wehren wollte; der Prophet aber war damit einverstanden. Nach dem siebenten Umlauf schlachtete der Prophet die Opfertiere bei al-Marwa, und er und die Muslims liessen sich kahl scheren. Einige Genossen schickte er nach Jaǵaǵ, um die, welche die Waffen bewachten, abzulösen, damit auch diese die Ceremonien vollziehen könnten. Darauf ging Muḥammad in die Kaʿba, wo er bis Mittag blieb. Drei Tage verweilte der Prophet in Mekka. Am vierten Tage wurde ihm bedeutet, seine Zeit sei um: so verliess er Mekka — er hatte nicht in einem Haus sondern nur in seinem Zelt ge-

Seite

wohnt — und nahm ᶜUmāra Bint Ḥamza mit. Diese wurde dann von Ǵaᶜfar aufgenommen, bei dem auch ihre Tante ٨٩ Asmā wohnte. In Sarif vollzog Muḥammad die Ehe mit Maimūna. — Ibn Abbās: um den Mekkanern zu zeigen, dass seine Anhänger nicht vom Fieber Medinas geschwächt seien, liess Muḥammad sie den Umlauf drei Mal schnell machen. —

Zug des Ibn Abī'l ᶜAuǵāᶜ zu den Banū Sulaim im Ḏū'l-Ḥiǵǵa. Er wurde mit 50 Mann zu den Banū Sulaim geschickt, die aber von einem Kundschafter benachrichtigt wurden und sich rüsteten. Als er sie zur Annahme des Islam aufforderte, wurden die Muslims mit Pfeilen beschossen, bis die meisten fielen. Ibn Abī'l ᶜAuǵā wurde verwundet, konnte sich aber nach Medina zurückschleppen. —

Zuǵ des Ġālib wider die Banū'l-Mulawwiḥ im Ṣafar 8. Ǵundab Ibn Makīṯ al-Ǵuhanī's Bericht: der Prophet sandte den Ġālib Ibn ᶜAbdallāh wider die Banū al-Mulawwiḥ in al-Kadīd ٩. In Qudaid stiess die Expedition auf al-Ḥariṯ Ibn al-Barṣā, der trotzdem er behauptete, Muslim werden zu wollen, einstweilen gefesselt gehalten und bewacht wurde. In al-Kadīd wurde Ǵundab als Kundschafter nach einem Hügel gesandt. Einer der Feinde wollte feststellen, ob, was er da oben sehe, ein Kundschafter sei und schoss ihn zweimal an; als Ǵundab sich nicht rührte, fühlte sich der Mann sicher. Nachts wurde dann das Vieh fortgetrieben und auf dem Rückweg Ibn al-Barṣā mitgenommen; die Feinde setzten ihnen nach, aber der Wadi, der sie trennte, schwoll so stark an, dass die Feinde nicht weiterkonnten. Die Verse eines Kameltreibers. ٩١ Die Losung. —

Zug des Ġālib nach Fadak im Ṣafar. Al-Ḥāriṯ Ibn al-Fudail's, Bericht: der Prophet hatte az-Zubair Ibn al-ᶜAwwām zu einer Expedition nach dem Orte, an dem Bašīr und seine Genossen gefallen waren, aufgefordert; als Ġālib Ibn ᶜAbdallāh dann von al-Kadīd zurückkehrte, übertrug der Prophet diesem den Befehl über die 200 Mann. Vieh wurde erbeutet und einige Feinde erlegt. — Einzelne Teilnehmer an der Expedition werden genannt. Ḥuwajjiṣa's Bericht über seine Beteiligung und des Propheten Ermahnung zum Gehorsam gegen Ġālib; Ḥuwajjiṣa wurde mit Abū Saᶜīd al-Ḫudrī verbrüdert. —

Zug des Šuǵāᶜ wider die Banū ᶜÁmir im Rabīᶜ I. ٩٢ Bericht des ᶜUmar Ibn al-Ḥakam: der Prophet sandte Šuǵāᶜ Ibn Wahb mit 24 Mann wider die Hawāzin in as-Sijj. Vieh wurde erbeutet

Seite

und die Beute in Medina verteilt; ein Kamel wurde bei der Verteilung zehn Schafen gleichgesetzt.

Zug des Kaʿb Ibn ʿUmair nach Ḏāt al-Aṭlāḥ im Rabīʿ I. Az-Zuhri's Bericht: der Prophet schickte Kaʿb Ibn ʿUmair mit 15 Mann nach Ḏāt Aṭlāḥ; die Leute wurden aufgefordert, den Islam anzunehmen. Sie griffen aber die Muslims an, und diese fielen bis auf einen Mann, der für tot liegen gelassen worden war und sich Nachts nach Medina schleppte, wo er dem Propheten die Kunde übermittelte.

Zug nach Muta im Ǵumāda I. Al-Ḥāriṯ Ibn ʿUmair al-Azdī, der vom Propheten mit einem Brief an den König von Buṣrā geschickt worden war, wurde in Muta von Šuraḥbīl Ibn ʿAmr ermordet. 3000 Mann unter Zaid Ibn Ḥāriṯa — als seine eventuellen Nachfolger wurden ١٣ Ǵaʿfar Ibn Abī Ṭālib und dann ʿAbdallāh Ibn Rawaḥa bestimmt — wurden nach dem Ort gesandt, an dem al-Ḥārit ermordet worden war; die Leute dort sollten erst zur Annahme des Islam aufgefordert werden, und nur wenn sie nicht Folge leisteten, sollte der Kampf eröffnet werden. Muḥammad geleitete das Heer bis Ṯanijjat al-Wadāʿ. Vers des ʿAbdallāh Ibn Rawaḥa. Šuraḥbīl hatte von dem Aufbuch des Heeres gehört und brachte mehr als 100 000 Mann zusammen. In Muʿān erfuhren die Muslims, Heraclius stehe in Maāb mit 100 000 Mann von Bahrā, Wāil, Bakr u. s. w. ʿAbdallāh machte den Muslims Mut. Als die Heere zusammenstiessen, fiel Zaid, dann Ǵaʿfar, dessen Körper mit Wunden bedeckt war, endlich ʿAbdallah. Als dann Ḫālid die Führung übernommen hatte, flohen die Muslims und viele wurden niedergemacht. Der Prophet sah alles und als Ḫālid die Führung übernahm, sprach er, „jetzt ist der Ofen heiss geworden". Von den Medinern wurden die Zurückkehrenden geschmäht, aber der Prophet nahm sie in Schutz. ١٤ Abū ʿĀmirs Bericht: auf dem Rückwege von Syrien kam er nach Muta zur Zeit des Kampfes; erst hatte Ǵaʿfar die Führung, dann Zaid, dann ʿAbdallāh. Nach des letzteren Tode erfolgte die Flucht; ein Mediner ergriff die Fahne sammelte Flüchtige um sich und übergab dann die Fahne dem Ḫalid. Dieser machte einen Angriff und jagte die Feinde in die Flucht. Abū ʿĀmir brachte dem Propheten die Nachricht von dem Tod der Führer; erst, als er sie im Paradies einander gegen über sitzen sah, wich die Trauer von ihm; Ǵaʿfar sah er als Engel mit zwei Flügeln. —

Seite

Zug des ᶜAmr Ibn al-ᶜĀṣ nach Ḏat as-Salasil ٩٥ im Ǵumadā II. Muḥammad saudte den ᶜAmr Ibn al-ᶜĀṣ mit 300 Mann wider eine Schar der Quḍāᶜa, die gegen ihn ziehen wollten; die Balī, ᶜUḏra und Balqain, an denen er vorbeikomme, solle er zur Hilfe heranziehen. Als er hörte, die Anzahl der Feinde sei sehr gross, schickte er Rāfiᶜ Ibn Makīṯ zum Propheten, worauf ihm weitere 200 Mann unter Abū ᶜUbaida zu Hilfe gesandt wurden. ᶜAmr fungierte als Imām, da er den Oberbefehl hatte. Nachdem er durch das Gebiet der Balī, ᶜUḏra und Balqain gezogen war, traf er auf eine Schar, die er in die Flucht jagte. ᶜAuf Ibn Mālik wurde mit der Nachricht nach Medina gesandt.

Sarijjat al-Ḫabaṭ im Raǵab. Abū ᶜUbaida wurde mit 300 Mann gegen einen Unterstamm der Ǵuhaina an der Meeresküste gesandt. Da sie Hunger litten, assen sie das Laub der Bäume (al-ḫabaṭ). Qais Ibn Saᶜd kaufte Tiere und schlachtete sie für die Leute. Das Meer warf einen grossen Fisch aus, den sie assen. Den Feind trafen sie nicht.

Sarijjat Ḫaḍira ٩٦ im Šaᶜbān. Muḥammad sandte den Abū Qatāda mit 15 Mann wider die Ġaṭafān. Als sie die Feinde erreichten, töteten sie viele, erbeuteten 200 Kamele und 2000 Schafe und machten zahlreiche Gefangene. Die Beute wurde nach Abzug des Ḫums verteilt; wieviel auf jeden kam. Ein hübsches Mädchen, das dem Abū Qatāda zugefallen war, gab der Prophet dem Maḥmija Ibn Ǵaz..

Zug des Abū Qatāda nach Baṭn Iḍam im Ramaḍān. Als Muḥammad den Zug gegen Mekka beschlossen hatte, schickte er Abū Qatāda mit 8 Mann nach Baṭn Iḍam, um die Mekkaner irre zu führen. Muḥallim Ibn Ǵaṯṯāma tötete damals den al-Aḍbaṭ, obwohl dieser ihn mit dem Gruss des Islams gegrüsst hatte, und raubte ihn aus. Sure 4, 90. Auf einen Feind stiessen sie nicht. Sie kehrten um und erreichten den Propheten in as-Suqjā.

Ġazwat al-Fatḥ im Ramaḍān ٩٧ Die Banū Nufāta veranlassten einige Quraišiten, mit ihnen die Ḫuzāᶜa zu überfallen. Nachts griffen sie die überraschten Ḫuzāᶜa an und töteten 20 von ihnen; die Quraišiten hatten sich unkenntlich gemacht. Das war ein Bruch des Vertrages mit Muḥammad, dem ᶜAmr Ibn Sālim al-Ḫuzāᶜī mit 40 Reitern die Nachricht überbrachte. Muḥammad gelobte ihnen Hilfe, und als dann Abū Sufjān um Erneuerung des Vertrages und Verlängerung des Waffenstillstandes bat, musste er

Seite

unverrichteter Sache abziehen. Ḥāṭib Ibn Abī Baltaᶜa schickte einen Brief nach Mekka, der die Mekkaner von Muḥammads Auszug benachrichtigte. ᶜAlī und al-Miqdād aber griffen den Boten mit dem Brief auf. Arabische Stämme schlossen sich teils in Medina, teils auf dem Wege, an. Die Muslims waren 10 000 Mann stark. Stellvertreter in al-Medina war ᶜAbdallāh Ibn Umm Maktūm. Datum des Auszugs Mittwoch 20 Ramaḍān; das Fasten wurde den Teilnehmern freigestellt. In Qudaid wurden die Fahnen verteilt, in Marr aẓ-Ẓahrān 10000 Feuer angezündet. Die besorgten Mekkaner schickten Abū Sufjān, Ḥakīm Ibn Ḥizām und Budail Ibn Warqā aus. ٩٨ Al-ᶜAbbās hörte die Stimme des Abū Sufjān, nahm ihn auf, führte ihn zu Muḥammad, und die Abgesandten bekehrten sich. Auf seinem Kamel ritt Muḥammad in Mekka ein. Die Fahne des Propheten trug erst Saᶜd Ibn Ubāda, dann dessen Sohn Qais. Saᶜd zog von Kadā, az-Zubair von Kudā, Ḫālid von al-Līṭ und der Prophet von Aḏaḫir her ein. 6 Männer und 4 Frauen befahl Muḥammad zu töten, verbot aber seinem Heere zu kämpfen. Hingerichtet wurden Ibn Ḫaṭal, al-Ḥuwairiṯ Ibn Nuqaiḏ und Miqjas Ibn Ṣabāba. Nur Ḫālid begegnete Widerstand bei seinem Einzuge, im Kampf fielen 24 Quraiš und 4 Huḏail. 2 Muslims, die den Weg verfehlt hatten, wurden getötet. Der Prophet bezog ein Lederzelt in al-Ḥaǵūn. Die Mekkaner bekehrten sich. Muḥammad machte den Umzug; 360 Götzenbilder fielen um, ٩٩ als der Prophet mit einem Stab auf sie hinweisend Sure 17, 83 recitierte. Er liess sich den Schlüssel der Kaᶜba geben, öffnete das Tor, betete, und hielt dann an den Türpfosten stehend eine Ansprache an das Volk. Den Schlüssel übergab er den Banū Abī Ṭalḥa, das Recht der siqāja dem al-ᶜAbbās. Die Weissagung, dass Mekka nie mehr — wegen Unglaubens — bekriegt werden würde; Lob Mekkas. Expeditionen zur Zerstörung der Götzen al-ᶜUzza, Manat, Suwaᶜ, Buwana, Ḏu'l-Kaffain. In den Häusern in Mekka sollte jedermann seine Götzen zerschneiden. Ḫuṭba am Tage nach der Einnahme; nur für eine Stunde habe Mekka seine ḥurma verloren. Das Datum der Einnahme war Freitag 20 Ramaḍān, der Aufenthalt Muḥammads in Mekka währte 15 Tage. Nach des Propheten Auszuge nach Ḥunain, hielt ᶜAttāb Ibn Usaid in Mekka das Gebet ab, Muᶜāḏ Ibn Ǵabal lehrte die islamischen Satzungen. — Einzelne Traditionen: in al-Kadīd brach der Prophet das Fasten ١٠٠. Weiteres über das Fasten. Anzahl der Muslims die nach Mekka und der

Seite

Quraiš, die nach Ḥunain zogen. ١٠١ Die Anzahl der Muzaina. Muḥammads Befehl, den Ibn Ḫaṭal zu töten. Einzelheiten über den Einzug in Mekka, welche Kopfbedeckung Muḥammad trug, ob er den iḥrām angenommen hatte, von wo aus er einzog ١٠٣ Nach ʿUbaid Ibn ʿUmair hat der Prophet am Tage der Einnahme angeordnet, das Fasten zu brechen. Verse des ʿAbdallāh Ibn Umm Maktūm. Die Namen derer, welche der Prophet hinzurichten befahl; für Ibn Abī Sarḥ verwandte sich ʿUṯmān. — Muḥammad wandte auf Ṣafwān Ibn Umajja, Abū Sufjān und al-Ḥāriṯ Ibn Hišām Sure 12, 92 an. Die Götzenbilder in der Kaʿba wurden von ʿUmar ausgewischt. Gebete und Aussprüche Muḥammads in Mekka. Sure 44, 9. Ǵābirs Aussage, dass in Mekka keine Beute gemacht wurde. Weiteres über Gebete in Mekka. ١٠٤ Fortsetzung. Umm Hānī über zwei Maḫzūmiten, denen sie Gastrecht gewährt und die ʿAli töten wollte, der Prophet aber unter seinen Schutz stellte; sein Gebet. Saʿīd Ibn Saʿīd wurde als Marktaufseher in Mekka eingesetzt; ١٠٥ er fiel in aṭ-Ṭāif. — Beim Aufbruch nach aṭ-Ṭāif wurde Hubaira Ibn Šibl, beim Aufbruch nach Medina ʿAttāb Ibn Asīd in Mekka eingesetzt.

Zug des Ḫālid wider al-ʿUzzā am 25 Ramaḍān. Ḫālid zog mit 30 Mann aus, die ʿUzzā zu zerstören. Als er zurückkehrte, fragte ihn der Prophet, ob er etwas gesehen habe, was er verneinte. Darauf zog er nochmals aus und als er sein Schwert zog, kam ein schwarzes, nacktes Weib heraus, das er in zwei Stücke hieb. Die ʿUzzā war die grösste Göttin der Kināna, ihre Priester waren die Banū Saibān.

Zug des ʿAmr wider Suwāʿ im Ramaḍān. ʿAmr Ibn al-ʿĀṣ wurde ausgesandt, um Suwāʿ, den Götzen der Huḏail zu zerstören; das tat er auch, obwohl der Priester des Götzen es für unmöglich erklärt hatte. Im Schatz fand man nichts, ١٠٦ der Priester wurde Muslim.

Zug des Saʿd wider Manāt im Ramaḍān. Saʿd Ibn Zaid al-Ašhalī wurde mit 20 Reitern ausgesandt die Manāt in al-Mušallal zu zerstören. Manāt, ein nacktes, schwarzes Weib, kam wehklagend heraus; ihr Priester ermahnte sie zur Mässigung. Saʿd tötete sie, das Bild wurde zerstört; im Schatz war nichts.

Zug des Ḫālid wider die Banū Ǵaḏīma im Šawwāl. Ḫālid wurde zu den Banū Ǵadīma geschickt, um sie aufzufordern, den Islām anzunehmen; er hatte 350 Mann mit, Muhāǵirūn, Anṣār und Sulaim. Die Banū Ǵaḏīma hatten den Islam bereits angenommen, waren aber bewaffnet, weil sie den Angriff eines Feindes ver-

Seite

muteten. Ḫālid liess sie die Waffen ablegen, binden und befahl seinen Leuten, sie zu töten; aber nur die Sulaim töteten ihre Gefangenen ١٠٧ Als der Prophet von Ḫālids Vorgehen erfuhr, lehnte er jede Verantwortung dafür ab und sandte ʿAli aus, das Blutgeld für die Toten zu zahlen. — Ibn Abī Ḥadrad's Bericht über drei Männer von den Ǵadīma, welche Frauen verteidigten und in Sicherheit brachten und die Verse, die sie dabei sprachen. — ʿIṣām al-Muzanī's Bericht über einen Mann, der sich als Ungläubigen bekannte und ein Liebeslied an seine Frau richtete, bevor er getötet wurde ١٠٨; die Frau küsste ihn, bis sie starb.

Ǵazwat Hunain im Śawwāl. Nach der Einnahme Mekkas sammelten sich die Hawāzin unter Mālik Ibn ʿAuf in Auṭās und brachten ihre Familien und ihre Herden mit. Der Prophet zog am Sonnabend den 6 Šawwāl mit 12000 Muslims — 10000 Medinern und 2000 Mekkanern — und vielen Heiden wiḍer sie. Die Kundschafter des Mālik kamen mit schlotternden Gliedern zurück; der Prophet erhielt Nachricht über den Feind von ʿAbdallah Ibn Abī Ḥadrad. Mālik ordnete sein Heer in der Nacht und befahl einen gemeinsamen Angriff. Der Prophet ordnete sein Heer beim Morgengrauen, jeder Unterstamm hatte seine Raja oder sein Liwā. Aufzählung der Fahnen- und Bannerträger. Die Vorhut bildeten die Sulaim unter Ḫālid. ١٠٩ Rüstung des Propheten. Früh Morgens erfolgte der Angriff, die Banū Sulaim flohen und die übrigen folgten ihnen. Nur wenige — ihre Namen werden angegeben — harrten bei dem Propheten aus, und erst auf des Propheten und Al-ʿAbbās' Ruf kehrten die Anṣār zurück und griffen die Feinde an. Muḥammads Ausspruch „jetzt ist der Ofen heiss geworden". Der Prophet warf Kieselsteine und die Feinde flohen; alle, deren man habhaft werden konnte, wurden getötet, aber Kinder zu töten, verbot der Prophet. Die Engel bei Ḥunain. Die Feinde flohen bis nach aṭ-Ṭaif, Naḫla und Auṭās. Abū ʿĀmir wurde zu ihrer Verfolgung ausgesandt und tötete neun Mann im Zweikampfe, ein zehnter tötete den Abū ʿĀmir, fiel aber von Abū Mūsā's Hand. — Namen der Gefallenen Muslims ١١٠. Kampf gegen die Banū Ribāb und Flucht des Mālik Ibn ʿAuf nach dem Schloss in Lijja. Gefangene und Beute blieben in al-Ǵiʿrāna bis zur Rückkehr des Propheten von aṭ-Ṭāif. Betrag des erbeuteten Viehs und Silbers. Zuerst bekamen die „muallafa qulubuhum" ihr Teil; wieviel jeder von ihnen an Geschenken

Seite

aus dem Ḥums bekam. Die übrigen bekamen je 4 Kamele und 40 Schafe, die Reiter mehr ١١١ Eine Gesandschaft der Hawāzin, 14 Mann, von Zuhair Ibn Ṣurad geführt, bat um Rückgabe der Gefangenen. Der Prophet überliess es den Muslims, ob sie die ihnen zugefallenen Gefangenen herausgeben wollten; wer es nicht umsonst tun wolle, könne eine Anweisung auf Anteil an der nächsten Beute erhalten. Alle bis auf ᶜUjaina waren schliesslich einverstanden. — Als die Anṣār ihre Unzufriedenheit darüber äusserten, dass die Quraiš so grosse Geschenke erhalten hätten, besänftigte sie der Prophet: er bleibe doch bei ihnen; er rief Gottes Segen für sie an. In al-Ǵiᶜrāna blieb der Prophet vom 5 bis zum 18 Ḏū'l-Qaᶜda, ging nach Mekka, die ᶜUmra zu vollführen, von dort wieder nach al-Ǵiᶜrāna und kehrte dann nach Medina zurück. — Einzelne Traditionen: ١١٢ ᶜAbbās Bericht über die Flucht der Muslims und wie der Prophet sie in einen Sieg verwandelte. — Saᶜīd Ibn al-Musajjib über die Verhandlungen der Hawāzin wegen ihrer Gefangenen. — Abū ᶜAbdarraḥmān al-Fihrī's ١١٣ Bericht über den Verlauf der Schlacht und die Entscheidung durch den Propheten. — Infolge des Regens wurde bei Ḥunain in den Quartieren gebetet.

Zug des aṭ-Ṭufail wider Ḏū'l-Kaffain im Šawwāl. Während des Auszuges nach aṭ-Ṭāif entsandte der Prophet den aṭ-Ṭufail Ibn ᶜAmr, um Ḏū'l-Kaffain, den Götzen des ᶜAmr Ibn Humama ad-Dausī, zu zerstören; er verbrannte ihn; seine Verse. ١١٤ 400 Mann seines Stammes führte er dann mit nach aṭ-Ṭāif, dem Propheten zu helfen; ihre Fahne trug an-Nuᶜmān Ibn Bāzia.

Ǵazwat aṭ-Ṭāif im Šawwāl. Von Ḥunain zog der Prophet nach aṭ-Ṭāif, Ḫālid führte die Vorhut. Die Ṯaqīf hatten ihre Burg ausgebessert, sich für ein Jahr verproviantiert und sich eingeschlossen. Als die Muslims sich genähert hatten, wurden sie beschossen, 12 von ihnen fielen, ᶜAbdallāh Ibn Abī Bakr wurde verwundet und starb später an der Wunde. Zwei Zelte wurden für Umm Salama und Zainab aufgeschlagen, zwischen welchen der Prophet das Gebet verrichtete. 18 Tage dauerte die Belagerung, auch Wurfmaschinen wurden angewandt. Den Befehl die Reben abzuhauen und zu verbrennen nahm Muḥammad wieder zurück. Sclaven, die zu ihm übergingen, wurden freigelassen und verpflegt; unter ihnen war auch Abū Bakra. Auf Rat des Naufal Ibn Muᶜāwija ١١٥ hob Muḥammad die Belagerung auf und ᶜUmar rief zum Abzug. Die

Seite

Muslims murrten darüber, aber als viele bei einem neuen Angriff verwundet wurden, kehrten sie gern um. Die Ṯaqīf verfluchte der Prophet nicht, sondern betete für ihre Bekehrung. Einzelne Hadīṯe über die Belagerung. — Als Muḥammad den Neumond des Muḥarram des Jahres 9 sah, sandte er neun Boten aus, die Ṣadaqa bei verschiedenen Stämmen zu sammeln; ihre Namen.

١١٦ Zug des ʿUjaina wider die Banū Tamīm im Muḥarram 9. ʿUjaina wurde mit 50 Beduinen wider die Banū Tamīm geschickt und nahm 11 Männer, 11 Frauen und 30 Kinder gefangen, die dann in Medina festgehalten wurden. Eine Deputation des Stammes ging darauf nach Medina; nach einer Rede des ʿUṭārid, welchem für den Propheten Ṯābit Ibn Qais erwiderte — Sure 49, 2 bezieht sich auf diese Deputation — gab ihnen der Prophet die Gefangenen heraus. — Al-Walīd Ibn ʿUqba, der zu den Bal-Muṣṭaliq gesandt worden war, um die Steuern zu erheben, floh vor ihnen, als sie ihm — zur Bewillkommung — entgegen kamen und meldete in Medina, sie seien ihm mit den Waffen entgegengetreten. Sure 49, 6 bezieht sich darauf. ʿAbbād Ibn Bišr wurde dann zu ihnen gesandt, sie die Satzungen des Islam zu lehren ١١٧
und kehrte nach 10 Tagen zurück.

Zug des Quṭba wieder die Ḫaṯʿam im Ṣafar. Quṭba Ibn ʿĀmir wurde wider die Ḫaṯʿam gesandt. Kämpfer beider Parteien erlitten viele Wunden und Quṭba tötete einige Feinde. Ihr Vieh wurde erbeutet, ein angeschwollener Bach schützte Quṭba vor seinen Verfolgern. Anteil der Kämpfer an der Beute.

Zug des Aḍ-Ḍaḥḥāk wider die Banū Kilāb im Rabīʿ I. Aḍ-Ḍaḥḥāk Ibn Sufjān stiess auf die Quraṭā in Zuǵǵ Lāwah und da sie den Islam nicht annehmen wollten, kämpfte er wider sie und schlug sie in die Flucht. Al-Aṣjad durchhieb damals dem Pferde seines Vaters Salama, der den Islām beschimpfte, die Kniee und hielt dann seinen Vater fest, bis diesen ein anderer Muslim totschlug.

Zug des ʿAlqama wider die Ḥabaša im Rabīʿ II. Der Prophet hatte erfahren, ١١٨ dass Abessinier bei Ǵudda in Sicht gekommen seien. Gegen diese sandte er den ʿAlqama Ibn Muǵazziz mit 300 Mann. Sie hatten das Meer durchwatet und als sie auf eine Insel gelangt waren, flohen die Abessinier. Ein Teil der Truppen wurde bei der Rückkehr unter ʿAbdallāh Ibn Ḥuḏāfa vorausge-

Seite.

sandt. Dieser befahl seinen Leuten zum Spass, in ein Feuer zu springen, was einige auch wirklich befolgen wollten.

Zug des ʿAlī wider al-Fuls im Rabīʿ II. ʿAlī wurde mit 150 Mann ausgesandt, den Götzen der Ṭai, al-Fuls, zu zerstören. Der Götze wurde zerstört, drei Schwerter und drei Panzer, die sich in seinem Schatz befanden, erbeutet, ebenso die Herden der Familie Ḥātims. Die Tochter des Ḥātim wurde gefangen genommen, ihr Bruder ʿAdī floh nach Syrien. Der Prophet erhielt die drei Schwerter und das Fünftel. Das Schicksal der Familie des Ḥātim wurde erst in Medina entschieden.

Zug des ʿUkkāša nach al-Ǵināb im Rabī II. ʿUkkāša Ibn Miḥsan zog nach al-Ǵināb im Land der ʿUḏra und Balī.

Ǵazwat Tabūk im Raǵab ١١٩. Auf die Kunde, die Griechen hätten sich in Syrien gesammelt, seien von Heraclius für ein Jahr ausgerüstet und hätten auch die Laḫm, Ǵuḏām ʿĀmila und Ǵassān an sich gezogen, schickte Muḥammad auch zu den Mekkanern und zu den Stämmen Boten, um sie zum Auszug zu veranlassen und forderte die ṣadaqa, die auch reichlich einging. Die „Weiner" baten ihn um Reittiere, worauf sich Sure 9, 93 bezieht. Ihre Namen. Einige 80 „Heuchler" baten zurückbleiben zu dürfen, was ihnen erlaubt wurde; die Entschuldigungen von 82 Beduinen aber wurden nicht angenommen. ʿAbdallāh Ibn Ubaij mit seinen jüdischen und heuchlerischen Bundesgenossen lagerte gesondert bei der Ṯanijjat al-wadāʿ. Abū Bakr leitete die Gebete; Stellvertreter in Medina war Muḥammad Ibn Maslama. ʿAbdallāh Ibn Ubaij mit seinem Anhang, und einige Muslims blieben zurück; ihre Namen. Das Heer bestand aus 30000 Mann und 10000 Pferden und blieb 20 Tage in Tabūk, wo sich noch Abū Ḫaiṯama und Abū Ḏarr anschlossen. Ḫālid wurde mit 420 Reitern im Raǵab wider Ukaidir, den christlichen König von Dūmat al-Ǵandal, geschickt. Als er Nachts ١٢٠. mit seinem Bruder auf die Jagd gegangen war, griff Ḫālid ihn an; er wurde gefangen, sein Bruder Ḥassān getötet. Gegen die Herausgabe von 2000 Kamelen, 800 Sklaven, 400 Panzern und 400 Lanzen wurde ihm Friede gewährt, nachdem er Dūma übergeben hatte. Verteilung der Beute nach Abzug des Fünftels. Ukaidir und ein Bruder wurden von Ḫālid zu Muḥammad gebracht, der ihr Leben schonte und ihm die Ǵizja auferlegte. Ein schriftlicher Vertrag wurde aufgezeichnet und vom Propheten mit seinem Nagel unterzeichnet. Die Wache hatte bei Tabūk ʿAbbād Ibn Bišr unter sich. Im Ra-

Seite

madān kehrte der Prophet nach al-Medina, zurück; denen, die zurückgeblieben waren, wurde Vergebung zu teil. Viele Muslims verkauften ihre Waffen, der Prophet aber sagte, der Kampf werde nicht aufhören, bis der Daǵǵāl erscheine. — Einzelne Traditionen: Kaᶜb Ibn Mālik: sonst hielt der Prophet meist das Ziel seiner Expedition verborgen, bei Tabūk aber machte er es offenbar. — Über Sure 9, 118 ١٢١ — Wie sonst gern, so zog der Prophet auch nach Tabūk am Donnerstag. — Während der 20 Tage von Tabūk wurde das Reisegebet abgehalten. — Die, welche in Medina wegen Krankheit zurückgeblieben waren, hatten, wie der Prophet sagte, doch alles mitgemacht.

Ḥaǵǵat Abī Bakr im Ḏū'l-Ḥiǵǵa. Abu Bakr zog mit 300 Mann zum Ḥaǵǵ aus. Der Prophet schickte 20 Opferkamele unter Nāǵija Ibn Ǵundub mit, Abu Bakr selbst nahm 5 mit. In al-Arǵ stiess ᶜAli zu Abū Bakr; er war gekommen, um im Auftrage des Propheten die „Lossagung" von den Heiden zu verkündigen: kein Heide solle mehr den Ḥaǵǵ begehen und keiner nackt den Umlauf machen. Abū Huraira: ١٢٢ Abū Bakr habe ihn beauftragt, am Tage des Schlachtens die Mitteilung über das Verbot des Ḥaǵǵ für die Heiden zu machen.

Ḫālids Zug wider die Banu ᶜAbdal-Madān im Rabīᶜ I des Jahres 10.

Zug des ᶜAlī nach al-Jaman im Ramaḍān. ᶜAli wurde mit 300 Reitern nach Jaman gesandt. In dem Gebiet der Madḥiǵ machten sie viel Beute, welche dem Buraida unterstellt wurde. ᶜAlī stiess dann auf ihre Ansammlung und forderte sie zur Annahme des Islam auf; als sie sich weigerten, liess er sie angreifen. Masᶜud Ibn Sinān erhielt die Fahne, zwanzig Mann von den Feinden fielen. Danach bekehrten sich ihre Führer zum Islam. Verteilung der Beute.

ᶜUmrat an-nabī. — Einzelne Traditionen: ١٢٣ verschiedene Angaben über die Anzahl der „ᶜumra's" des Propheten; die vorletzte erfolgte von al-Ǵiᶜrana aus im Dū'l-Qaᶜda oder im Šawwāl, die letzte gelegentlich der Ḥaǵǵa; ١٢٤ Die Kaᶜba betrat der Prophet niemals bei seinen ᶜUmra's.

Ḥaǵǵat al-Wadāᶜ; nach Ibn ᶜAbbās soll man sie nicht so, sondern „haǵǵat al-islām" nennen. Medina verliess der Prophet am Sonnabend den 25 Ḏū'l-Qaᶜda mit allen seinen Frauen. Die Opfertiere unterstanden dem Nāǵija Ibn Ǵundub. Es herrscht Meinungsverschiedenheit darüber, ob er nur zum „Ḥaǵǵ" oder zu Ḥaǵǵ und ᶜUmra auszog. Am Montag langte er in Marr aẓ-Ẓahran an, am folgenden Morgen in Mekka. Sein Gebet beim Anblick der Kaᶜba.

Seite.

١٢٥ Der Umlauf und der Lauf zwischen aṣ-Ṣafā und al-Marwa; die folgenden Riten. Nach dem Steinwerfen liess er sich scheren, aber seine Haare und Nägel vergraben. — Einzelne Traditionen: über die Frage ob der Prophet den „Ḥaǧǧ" allein oder den Ḥaǧǧ und die ʿUmra ausführen wollte, ١٢٦ nach einigen stellte es der Prophet den Teilnehmern frei, ob sie den Ḥaǧǧ oder die ʿUmra ausüben wollten ١٢٧ Über des Labbaika-Gebet des Propheten. Die Anzahl der Opfertiere. ʿAlī ass mit dem Propheten aus einem Topfe. — Wie Bilāl den Propheten vor der Sonne schützte. ١٢٨ Gabriel forderte den Propheten auf, laut Labbaika zu rufen. — Sure 2, 177 — Der Prophet betete zwei Rakʿas in der Kaʿba; bevor er eintrat legte er seine Schuhe ab. — ١٢٩ Der Prophet bedauerte, die Kaʿba betreten zu haben, weil vielleicht mancher aus seiner Gemeinde einmal nicht im Stande sein werde, es zu tun; nur der Umlauf, nicht das Betreten der Kaʿba sei Gebot. — Der Prophet machte den Umlauf vor ʿArafa. — Wann der Ḥaǧǧ zu Ende ist. — Über die Schrittart des Propheten. — Der Prophet rief Labbaika, bis er die Steine warf. — Über das Steinewerfen; ١٣٠ weiteres darüber. Der Prophet liess sich nach dem Schlachten die Haare scheren, die von den Leuten aufgefangen wurden. — Die Gebete, welche in Minā abgehalten wurden. Das Trinken des Zamzamwassers. — ١٣١ Der Prophet machte den Umlauf auf seiner Kamelin. — Er trank Zamzamwasser und Nabīḏ; das Wasser schöpfte er selbst. — Über das Gebet in Minā. — ʿAmr Ibn Ḫāriǧa über die Ḫuṭba in Minā — ١٣٢ Ibn ʿUmar über die Rede am Tage der Schlachtung. — Nubaiṭ Ibn Šarīṭ und Abū Ġādija über dieselbe Rede. — Umm al-Ḥusain über des Propheten Wort, auch einem abessinischen Sklaven müsse man gehorchen, der Gottes Wort ausführe. — ١٣٣ Muḥammads Ansprache in Minā, in der er die Riten auseinandersetzte. — Aufforderung des Propheten, die Sklaven gut zu behandeln. — Angaben von Zuhörern über die Rede in Minā. — Text der Rede nach Abū Bakra — ١٣٤ Der Ḥaǧǧ fiel damals wieder, wie am Anfang der Zeiten, in den Ḏu'l-Ḥiǧǧa. — Verbot an den ajjām at-tašrīq zu fasten. — Der Prophet forderte seine Genossen, welche die Talbia des Ḥaǧǧ gemacht hatten, auf, das bisherige als ʿUmra anzusehen (und nun den Ḥaǧǧ zu beginnen), er selbst müsse jetzt, da er ein Opfertier mithabe den Iḥrām noch beibehalten, bedauere aber, es mitgenommen zu haben; ʿAlī hatte auch eines. ١٣٥ die ʿUmra sollte eine dauernde Einrichtung bleiben. — Über das

Seite

Labbaika für Ḥaǵǵ und ʿUmra. — Sure 5, 5. — Die Bezeichnung „ḥaǵǵat al-wadāʿ" wurde von manchen verpönt, die dafür „ḥaǵǵat al-islām" sagten. — Über die Anzahl der Wallfahrten des Propheten. — ١٣١ Wie ʿAiša, die damals die Menstruation hatte, es mit dem Ḥaǵǵ halten sollte.

Zug des Usāma. Am Montag den 26 Ṣafar befahl der Prophet, sich für einen Zug wider die Griechen vorzubereiten. Am folgenden Morgen erhielt Usāma den Auftrag, wider die Leute von Ubnā auszuziehen und schnell zu marschieren. Am Mittwoch wurde der Prophet krank, am Donnerstag band er dem Usāma die Fahne, die dieser dann dem Buraida übergab. In al-Ǵurf lagerte er und keiner von den angesehenen Muhāǵirs und Anṣār fehlte. Als einige darüber redeten, dass ein junger Mann die Führung übernehmen solle, kam am Sonnabend den 10 Rabīʿ I der Prophet heraus, betrat den Minbar und hielt ihnen vor, wenn ʿUsāmas Vater früher zum Führer geeignet gewesen sei, so sei sein Sohn es jetzt auch. ١٣٧ Am Sonntag verschlimmerte sich die Krankheit des Propheten. Usāma ging zu ihm hinein, der Prophet sprach nicht, sondern hob nur im Gebet die Hände zum Himmel. Am folgenden Morgen ging es dem Propheten besser, Usāma verabschiedete sich und befahl den Auszug. Als er sein Pferd besteigen wollte, erhielt er durch einen Boten seiner Mutter die Nachricht, der Prophet liege im Sterben. Er kehrte mit ʿUmar und Abu ʿUbaida um, und der Prophet starb, als die Sonne sich neigte. am Montag den 12 Rabīʿ I. Die Muslims, die in al-Ǵurf gelagert hatten, kehrten nach Medina zurück. Abu Bekr befahl dem Usāma auszuziehen, obwohl man ihm abriet; nur bat er ihn, den ʿUmar zu entlassen. Am 1 Rabīʿ II des Jahres 11 zog er aus, in zwanzig Tagen erreichte er Ubna; die Muslims töteten, machten Gefangene, und zerstörten Wohnungen, Äcker und Palmen des Feindes durch Feuer. Den Mörder seines Vaters tötete Usama. Einen Boten schickte er von Wadi'l-Qura nach Medina voraus. Als er dann selbst in Medina anlangte, zogen Abu Bakr und viele andere ihm entgegen; er betrat die Moschee und betete zwei Rakʿas. Als Heraclius in Ḥims von Usāmas Taten hörte, schickte er eine Reitertruppe nach der Balqā, die dort blieb bis zur Zeit der Expeditionen nach Syrien unter Abū Bakr und ʿUmar.

ANMERKUNGEN.

SIGLA CODICUM.

O = Codex der Bibliothek des India Office.
S = Sprenger 103, Handschrift der Königlichen Bibliothek in Berlin.

ABKÜRZUNGEN.

Dijārbakrī = تاريخ الخميس فى احوال نفس نفيس von Dijārbakrī. Cairo 1302.

Ḥalabī = انسان العيون فى سيرة الامين المامون المعروفة بالسيرة الحلبية von ʿAlī Ibn Burhān-ad-Dīn al-Ḥalabī. Cairo 1308.

Ḫulāṣa = خلاصة تذهيب تهذيب الكمال فى اسماء الرجال von Aḥmad Ibn ʿAbdallāh al-Ḫazraǵí. Bulāq 1301.

Iṣāba = كتاب الاصابة فى تمييز الصحابة von Ibn Ḥaǵar. Calcutta 1856—88.

Musnad Aḥmad = مسند امام المحدثين ... الامام ابى عبد الله احمد بن عمر بن حنبل الشيبانى. Cairo 1313.

Muštabih = Almoschtabib auctore Dhahabī ed. P. de Jong 1881

Nihāja = النهاية فى غريب الحديث von Ibn al-Aṯīr. Cairo 1311.

Ṭab = Annales quos scripsit Abu Djafar at-Tabari ed. de Goeje. Lugd. Bat. 1884—1901.

Taqrīb = تقريب التهذيب von Ibn Ḥaǵar. Dehli 1320.

Tuḥfa = Tuḥfa[t] Ḏawī-l-Arab von Ibn Ḫaṭīb al-Dahša ed. T. Mann Leiden 1905.

Usd = اسد الغابة فى معرفة الصحابة von Ibn al Aṯīr. Bulāq 1280.

Wāq. fol. = Londoner Handschriften von Wāqidis كتاب المغازى British Museum Or. 1617; Add 20737 bezeichne ich als B.

Wāq (Kr) = History of Muhammads campaigns by Aboo ʿAbdollah Mohammad bin ʿOmar al Wakidy ed. Alfred von Kremer. Calcutta 1856.

Wāq (Wellh) = Muhammed in Medina d. i. Vaqidis Kitab alMaghazi in verkürzter deutscher Wiedergabe hrsg. von J. Wellhausen. Berlin 1882.

Seite ١ Zeile 2. حمل fasse ich als Infinitiv von حمل „avoir appris des traditions sous la direction de tel ou tel professeur et avoir reçu de lui la permission de les enseigner à d'autres personnes" (Dozy, vgl. auch حملة الاحاديث Gloss. Tab) also „und Überlieferung dessen, was in allen Feldzügen sich ereignete".

3. عمر بن عثمان gewöhnlich heisst er ʿAmr Ibn ʿUṯmān s. Taqrib.

6. ربيعة so auch Taqrīb, während Ḫulāṣa — wie Wāqidī — زمعة hat.

8. ربيعة بن عثمان التّ der Nasab ist unvollständig; richtig muss es heissen ربيعة بن عثمان بن ربيعة بن عبد الله بن الهدير (vgl. Ḫulāṣa 116) Er starb 154 H.

10. محمد بن صالح التمار So weit reicht die Aufzählung der Autoritäten des Wāqidī; Ibn Sa'd führt hier nur 10 von den 25 bei Wāqidī ed. Kremer S. ١ f aufgezählten Gewährswännern an. Rabīʿa Ibn ʿUṯmān, den Ibn Sa'd hier Zeile 8 unter den Autoritäten des Wāqidī nennt, findet sich bei diesem in der Liste am Anfang des Werkes nicht genannt, erscheint aber z. B. als einer der Gewährsmänner für Wāqidīs Berichts über den Grabenkrieg, Ḫaibar, Muta u. s. w. vgl. Wellhausen, Index s. 459. — Uber die Liste des Wāqidī vgl. Sachau, Studien zur ältesten Geschichtsüberlieferung der Araber (S-A aus MSOS VII) p. 21 bis 32.

11. رويم vgl. Sachau l.c. p. 5.

14. Ibn Saʿd benutzt also neben Wāqidī vor allem Ibn Isḥāq, Abū Maʿšar und Mūsa Ibn Uqba; über die Isnade vgl. Sachau l. c. p. 1 f, 4 f, 8 f.

16. O(S) فيها, wofür ich بها eingesetze habe; vgl. Dijārbakrī I 401 Zeile 5. v. u.

Seite ٢, 7 مُباجَر Nomen temporis, sehr häufig in diesem Teile von Ibn Saʿds Werk, so auch öfters bei Ṭab. z. B. 1265 Zeile 1, 7. — 21 له d. i. dem Ubaida, der auch Object in بعثه (Zeile 3) ist. — 24 O(S) اجبا. — وانت تريد „auf dem Weg nach Qudaid".

Seite ٣, 2 Vgl. مضى على حاميته „he went his own way" (Lane). — 9 قال سعد, dessen Bericht Wāqidī zu Grunde liegt (Wellh. S. 34 oben). — 19 يغزونه Hier ist vor dem Suffix das ن im Subjunctiv beibehalten. Lies عدوا mit تشديد. — 24 O(S) بواط in der Überschrift und ebenso p. ۴ Zeile 4 بواطا, aber Zeile 25, wo es doch ebenfalls Accusativ ist, بواط; ich behandele es als Diptoton vgl. Ṭab. I 1268, 1270 ult., Bekri 182.

Seite ۴, 20 بدأ „profectus est" cf. Gloss. Tabari. — 23 وهى العير Vgl. dazu Caetani, Annali I 463 nota 1.

Seite ٥, 8 ان يرصد الخ Auch Ibn Sa'd hat also die ursprüngliche Fassung beibehalten, wonach Muḥammed den Befehl erteilt hat, der Karawane der Quraiš aufzulauern. Diese Fassung hat er aus Wāqidī übernommen, während sich bei Ibn Isḥāq eine tendenziöse Umformung dieses ursprünglichen Berichts findet. Vgl. Wellhausen, Wāqidī S. 12 und Caetani, Annali I 464 nota 1. Wellhausens Frage l. c. Anm. 2 ist jetzt durch Ṭabari I 1274 Zeile 5 beantwortet: die tendenziöse Fassung hat schon Ibn Isḥāq, nicht erst Ibn Hišām. — 9 ʿUkkāša liess sich von ʿĀmir den Kopf rasieren, (O vocal. حُلِق was aber kaum angeht) damit die Feinde sie für Pilger hielten. Bei Wāqidī fol. 7 r. lautet die Stelle فحلق عكّاشة رأسه من ساعته ثم اوفى ليطمئن القوم قال عامر بن ربيعة فحلقت راس عكاشة بيدى وكان راى واقد بن عبد الله وعكاشة ان يغيروا عليهم ويقولوا ثم (bei B: ويقولوا لهم) عمّار ونحن فى شهر حرام فاشرف عكاشة فقال المشركون بعضهم لبعض لا بأس قوم عمّار الخ.

Seite ٦, 3 O(S) am Rande اصل بيا, d. h. in der Vorlage stand fälschlich بيا für لها. — 5 O(S) النتجبار Wāq. hat النخبار, ich habe den Namen sonst nicht gefunden und deshalb die Lesart der Handschriften beibehalten. — 11 بشر كثير haben auch die Londoner Handschriften für Kremers نشر كبير (١٢ 20). — 17 Zu ضرب عسكره vgl. Gloss. Ṭabari.

Seite ٧, 6 ff فبعثوا „. . . sie schickten zu ihm . . . liessen ihnen mitteilen . . . und befahlen ihnen" Vgl. Wāq. (Kr.) 21, 17. 22, 5. — 10 ورد d. i. Abū Sufjān. — 13 مُنَاخ verdruckt für مُنَاخ Wāq. (Kr.) 34, 11 فاشار الى المناخ ohne له. — 15 O(S) نوا für نوى Zu ضرب وجوه العير vgl. ضرب وجوه النّاس Gloss. Ṭabari „eos revertere fecit". — 26 خيف المسلم am Rande وهو خيف سلام قاله البكرى ebenso Jāqūt II 508.

Seite ٨, 12 O(S) بِرْك الغماد Besser بَرك zu lesen s. Anmerkung zu 19, 14. — 18 فوالله Druckfehler für فوالله. — 19 Das grosse Banner des Propheten, das Banner der Fluchtgenossen, trug Muṣʿab. — 27 „die Kamele der Quraiš, die Wasser trugen und auf denen ihre (der

Quraiš) Wasserträger sassen" vgl. I. Hiš 436 Zeile 4 فاصابوا راوية لقريش فيها اسلم غلام بنى الحجاج الخ.

Seite ۹, 8 ونعور Waq. (Kr.) 49,5 Ṭab. I 1309,8 ebenso. — 10. O(S) دعشا Waq. (Kr.) 49,14 الدهس الكثير الرمل; Nihāja dagegen الدهس ما سهل ولان من الارض ولم يبلغ ان يكون رملا. — 11 O(S) سير المسير { Für يرتحلوا, das ich nach Waq. (Kr.) 49,16 eingesetzt haben hat O برخوا S يرخوا. — O دنزل S ينزل. — 16 O بقوم; Waq. (Kr.) 52,9 يقوم. — 21 O(S) سيما. — 26 O(S) فصوب für فصوب. — O hat noch قدر das über فرسان (Zeile 27) steht, aber durch einem Strich zu لنا hingeführt wird, bei S ist das nicht mehr zu erkennen. Es scheint also gemeint zu sein احرز لنا قدر محمد, S hat اقدر!

Seite ۱۰, 7 نشد IV mortuum descripsit Gloss. Ṭab. — 8 وصاح verdruckt für وصاح. — 12 Lies اوّل und حارثة. — 16 اوّل Druckfehler für اوّل „dass ein Kampf, in welchem Muslims den Heiden begegneten, durch die Anṣār begonnen werde."

Seite ۱۱, 1 Sure 22,20. — 2 Sure 44,15: besser ويوم d. i. „und den Vers يوم الخ". — 3 Sure 22,54 und 54,45. — 4 M. sah einen, der des Schwert zückte, diesen Vers (Sure 54,45) recitierte und ihren Verwundeten den Garaus machte. — 16 O(S) im Text هاشم, am Rande صوابه هشام. — 22 S ضبيرة ebenso Waq (Kr.) 138,4. Ṭab. I 1343,6 ضبيرة wozu in der Anmerkung auf TA verwiesen wird. TA und LA belegen ضبيرة als Frauenname aus einem Verse des Aḫṭal, wo aber auch ضبيرة überliefert wird (s. LA). Da auch Ibn Duraid 78 unseren ابو وداعة als Sohn von ضبيرة bezeichnet, behalte ich diese Form bei. — 26 O(S) بسير. — 27 ليلة قاصدة „an easy nights journey".

Seite ۱۲, 3 ويضرب hier wohl ويُضْرَب (Passiv von IV) gemeint. Man sagt ضرب الفحل الناقة und اضرب الفحل الناقة, die Construction mit في scheint sonst nicht belegt zu sein. Waq (Kr.) 98,14 hat ebenfalls يضرب في اباله. — 6. O(S) غبا; غباء scheint aber besser bezeugt zu sein. — 9 Statt des prägnanten لا hat Hiš 460,7 اوّل من قدم مكة بمصاب قريش. — 12 O(S) am Rande (zu وابيه) يعني ابا وكيع. — 17 غُنيم vgl Muštabih 350. — 21 Wohl zu lesen بعض اصحاب محمد ممن شهد بدرا. — 27 Ich vocalisiere عَبيدة nach Ḫulāṣa 256 عبيدة بالفتح .. عبيدة .. من اسمه عبيدة بن عمرو السلماني ... عنه ... ابن سيرين.

Seite ۱۳, 9 فاحملهم „gieb ihnen Reittiere." — 12 „es wurde ihnen (den Mawālī) unter ihnen (den Genossen von Badr) ein guter Anteil beschieden." Vgl. Gloss. Ṭab ضرب الضريبة „sortitus est."

Seite ١٤, 3 اذا كانت عقبة النبى „wenn die Reihe an den Propheten kann." — 13 الكتاب „die Schreibkunst", als Infinitiv von كتب I bei Lane belegt. — 14 يفادى بهم „nahm das Lösegeld für sie." — 22 „und es werden (als) Märtyrer (angesehen) unter Euch die, welche (das Lösegeld) annehmen, siebzig." Die Zahl der Gefangenen bei Badr betrug 70 (vgl. Caetani, Annali I, p. 497), weshalb es nachher (Zeile 25) heisst „und es werden (als) Märtyrer (angesehen) die von euch, welche es annehmen, entsprechend ihrer (der Gefangenen) Zahl." Ḥalabi II 213 Zeile 12 hat ويستشهد قابلا منكم بعدّتهم فقالوا بل نفاديهم فنتقوّى به عليهم ويدخل قابلا منّا الجنّة سبعون وفى لفظ ويستشهد منا عدّتهم „die 70 Gefangenen bringen die von uns, welche es annehmen, in das Paradies".

Seite ١٥, 9 „Ihr werdet sehen" u. s w. Der Prophet hat also vorausgesagt dass sie bei Badr fallen würden. — 12 „schützten wir uns durch den Propheten."

Seite ١٦, 6 O ونزل. — 14 Man sagt لا تضرب اكباد الابل „camels shall not be ridden" mit ها in اكبادها sind also hier Kamele gemeint. O(S) vocal. بَرْك vgl. Jāqūt I 589 وفى كتاب عياض برك الغماد بفتح الباء عن الاكثرين وقد كسرها بعضهم. — من يمن = من ذى يمن vgl. Gloss. Ṭabari s. v. ذو. — 15 المصابيح „the she camels not going forth in the morning to pasture because of her fatness" Sinn: „Ihr seid schwerfällig wie fette Kamelinnen, sie schnell wie Schlangen." — 20 „es (das Paradies) wird mir sicher nicht entgehen." Mit dem Femininsuffix in عليكهن sind wohl die Datteln gemeint, die freilich vorher in تمر als Masculinen behandelt sind. — 21 خيه = خى s. Gloss. Ṭabari, s. v. خى „schnell, sie (die Datteln) haben mich zurückgehalten." — 23 كثيب اهيل Nihāya s. v. هيل erklärt اى رملا سائلا. — 25 Sure 8, 11. — Sure, 54, 45.

Seite ١٧, 2 Sure 8, 26. — 4 Sure 8, 15. — 5 Sure 8, 1. — 7 Sure 8, 12. — وزاد ايّوب „Und Ajjūb fügte noch hinzu und sagte: Ikrima sagte... — 11 فانّ عهدى „denn ich erinnere mich, ihn zuletzt mit durchschnittenem Knie gesehen zu haben." — 16, 17 ʿAbdallāh berichtet von seinen Vater Muhammed, der seinen Grossvater ʿAlī hatte erzählen hören u. s. w. — 28 انثى weil فرس für Mascul. und Femin. gebraucht werden kann. —

عاقدا, man sagt عقد ناصيته „[he knotted his forelock], means he was angry and propared himself to do evil and mischief (Lane).

Seite ١٨, 1 „der Staub klebte an seinem Vorderzahne" Nihāja s. v. عصب hat er عصم erklärt ای لزق به والميم فيه بدل من الباء; s. v. وقد عصب راسه الغبار ای ركبه وعلق به من عصب الريق فاه اذا لصق به. ويروى عصم بالميم وسياتى. — 4 Sure 8, 43. — 5 Andere lesen nämlich بالعدوة s. die Commentare zur Stelle. — 8, 9 عطاء بن ابى رباح Taqrīb بفتح الراء والموحدة واسم ابى رباح اسلم القرشى مولاهم المكى. — 11 قال يعنى ميرا ist eine Glosse, die vielleicht mit einer Nachricht, die Jāqūt erhalten hat, zusammenhängt. Nach Az-Zubair Ibn Bakkār bei Jāqūt I 524 ist der Vater des Badr, dem der Ort seinen Namen verdanken soll, der صاحب ميرة der Quraiš gewesen. Ein flüchtiger Leser setze dann vielleicht بدر = مير.

Seite ١٩, 6 Wāq (Kr.) 175, 2 فامهل فطلب. — 9 Es ist wohl kaum قَمْ für عُمْ zu lesen. — 15 البرزة = الابرام s. Gloss. Ṭabari. — 16 Sure 8, 60. — 26 ولعنه d. i. den ʿAbdallāh.

Seite ٢٠, 1 فما كان اقل بقاءهم بها „und wie kurz war ihr Verbleiben daselbst"? Ich finde nichts über die weiteren Schicksale dieser Juden in Adriʿāt. Ueber das فعل التعجب mit كان vgl. Howell, Grammar of the classical Arabic language II 244, ferner den Vers des Mutanabbi ما كان اخلقنا منكم بتكرمة لو ان امركم من امرنا امم in ed. Cairo 1308 — mit dem Commentar des al-ʿUkbarī — II p. 260. — 3 الكتوم Nihāja s. v. كتم: كان اسم قوس النبىّ الكتوم سمّيت به لانخفاض صوتها اذا رمى بها. — 4 الصغدية so hat hier O(S), wie auch Wāqidī. Ṭab. I 1787 Ann. c wird aus Ibn Saʿd (O fol. 94 v.) الصعدية angeführt. Hier aber hat er wie Wāq. الصغدية — فتة ist nicht mit Wellhausen p. 93 Anm. in تصفاتة zu ändern, auch Ṭab. I 1787, 13 bestätigt es. — 5 قلعى Nihāja s. v. قلع: سيوفنا قلعية منسوبة الى القلعة بفتح القاف واللام وهى موضع بالبادية تنسب السيوف اليه. — 6 O كبيرا. — 14 O(S) haben يثأر محمدا wofür ich يتشر من محمد lese; Wāq. (Kr.) 182, 6 hat يشار من. — 15 النجدية „den Weg nach dem Negd." — 20 Wāq. (Kr.) 182, 14 hat حرثا für تبنا.

Seite ٢١, 4 O(S) مغونة Jāqūt I 196 الارحضية... قرب أبلى وبئر معونة مغونة... قال ابو بكر موضع قرب المدينة aber IV 585 بين مكة والمدينة

Dijārbakrī I 459 سنة معاوية. — 7, 69 المحل, Wāq. (Kr.) 183, 13 richtig المجل. — 10 Wāq. (Kr.) 183, 16 hat انما ورد نخمس وهذا يوم ربعى was Wellhausen p. 95 übersetzt „es wird nur alle fünf Tage getränkt, heute aber ist ein fünfter Tag." Die beiden Londoner Handschriften haben aber اورد wie Ibn Saʿd und ich übersetze „ich führe (die Tiere) hinunter zur Tränkung an jedem fünften Tag, heute aber ist ein Tag derer, die an jedem vierten Tag tränken" ربع soll nach einigen die Tränkung jeden vierten, nach anderen die Tränkung jeden fünften Tag bedeuten (s. Lane). ربعى ist hier eine Nisbeform dazu. — Die Worte ونحن عزاب فى النعم (Kremer 183, 17) — die Londoner Handschriften haben عراب — sind bei Wellhausen nicht übersetzt. Ich behalte عزاب bei und übersetze „die (anderen) Leute haben sich zu den Wassern begeben, wir aber schweifen weit umher mit dem Weidevich (das heute nicht getränkt wird)".

23 S السر, während O الشر zu haben scheint, wie auch Wāq. (Kr.) 186 ult. Von »Geheimnis" (السر) ist hier kaum die Rede.

Seite ٢٢, 1 فلتقل und قولوا (Zeile 2) „Lüge sprechen" so mehrfach in den Maġāzi Vgl. Horovitz, De Waqidii libro qui Kitab al magazi inscribitur p. 40. — 15 O(S) تتفتت ohne Tašdīd. — 17 O(S) فاتنزعته, das ich aufgenommen habe. — 25 Sure 3, 183.

Seite ٢٣, 4 نستنفق „damit wir davon unsere Ausgaben bestreiten können" „Wenn ihr es tut — nun ihr habt wahrlich viel Mühsal erlitten seit" u. s. w. — 9 Ṭab., Tafsīr IV 125 واراودا ان نحرا ببيعوه für يسلفم. — O يعير S نعمر Dijārbakrī I 465 (Zeile 13 v. u.) انا نستحيى ان يسب ابن احدنا ويعير, Ṭab. l. c. تعير ابناؤنا. — 11 S falsch بكمالك. — 13 تأخذ عليك zu ergänzen العبد. — 16 لامرأته „von seiner Frau sprechend". — 20 O(S) يحص, ich lese يكحص wie auch Ṭab. l. c. hat. — 21 „(Ajjūb sagt): ich glaube er (Ikrima) sagte" u. s. w. — 24 مَهاجرة Druckfehler für مُهاجرة.

Seite ٢٤, 1 S لاتنكى. — 11 انْ Druckfehler für انّ. — 13 Sure 5, 14. — 19 O(S) وبين الفرع وبين المدينة.

Seite ٢٥, 9 O(S) احد für احدا. — 14 O تجيزوا S تجبنوا. — 18 Sure 8, 36. — 23 وارجف vgl. Sure 33, 60 والمرجفون فى المدينة.

Seite ٢٦, 7 انقصم Bei Wāq. (Kr.) 208/9 immer انقصم, beides möglich. — 12 O vocal. بوائق. — 16 الذى für الذين, so öfters s. Gloss. Ṭab. s. v. لذى. — 17 O وا هم zwischen ا und هم ein Wurmstich, S واحرضهم. Das ist aber eine falsche Ergänzung, denn حرض hätte in der Lücke nicht Platz; ich lese وامرهم.

Seite ٢٧, 4 Wāq. (Kr.) 214, 15 hat وتقلّد für وتنكّب; so ersetzt Ibn Saʿd oft ein Wort des Wāqidī durch ein Synonym. — 7 وهما اثنان, die Erklärung lässt das wichtigste aus: Wāq. (Kr.) 214, 21 sagt وهما اثنان كانا فى الجاهلية فيهما شيخ اعمى وعجوز عمياء يتحدّثان فسمّيا الاثنان الشيخين. — 8 زُجَل „rumores, strepitus" Gloss. Ṭab. — 12 الحرس s. Gloss. Ṭabarī. — 15 ابو حثمة vgl. Wāq. (Kr.) 216 ult. Ṭabarī I 1392, 12. — 17 O(S) بلال. — 18 خيق (Wellhausen 107 Anm. 2) vgl. Nihāja: كانّه هيق يقدمهم الهيق ذكر النعام يريد سرعة ذهابه. — 24 O(S) هذا.

Seite ٢٨, 3 ضُلَّتْنا s. Wright Grammar[3] I 89 B, Gloss. Ṭab. I v. هو. — 18 نغض „it was in a state of commotion". Vielleicht ist أمامٌ zu vocalisieren. — 20 OS ينذة, aber die diakritischen Punkte scheinen erst nachträglich eingesetzt worden zu sein. — 22 مؤتزر „die Stelle an der das Izār getragen wird," ebenso Dijārbakrī I 479, 3.

Seite ٢٩, 6 O ويكلم.

Seite ٣٠, 2 S وقتاله; das و ist entstanden aus missverständlicher Auffassung des ‚ in الخزومى bei O. — 3 Wāq. (Kr.) 292, 8 الهبيب His 768 ult. الهبيب ويقال الهبيب. — 21 Lies جُحْرٍ für حجر „der Gläubige lässt sich nicht zweimal aus einem Loch stechen" eine Redensart, die Muḥammad zuerst gebraucht haben soll s. Sujūṭī, Muzhir (ed. Cairo 1325) I p. 177, wo übrigens auch fälschlich الحجر. — 25 (lies ٢٥ für ٥٢) O(S) صفوهم. Ich lese ضعوهم wie Wāq. (Kr.) 300, 8, „legt sie hin (ohne sie erst zu waschen)".

Seite ٣١, 9 نستلم الركن d. i. wir die Kaʿba betreten. — 19 Sure 3, 123. — 21 اخراكم erklärt Dijārbakrī I 183, اى احترزوا من جهة اخراكم, ebenso Ḥalabī. Qasṭallānī II (ed. Cairo) 300 erklärt اخراكم اى احترزوا من الذين وراءكم متأخّرين عنكم وهى كلمة يقال لمن يخشى ان يؤتى عند القتال من ورائه. — قل fehlt bei Dijārbakrī, ebenso bei Buḫārī, (Maġāzī, Uḥud, Bāb idā lammat) und Kanz al-ʿummāl V 277. — 22 فرجعت Das ف leitet wohl den Nachsatz ein (über ف

nach لَمَّا vgl. Gloss. Ṭabarī s. v. ف) weshalb ich Zeile 21 يومِ vocalisiere. Für واخراهم هي hat Dijārbakrī مع اخراهم. — 23 O احتجروا. — 24 منه fehlt bei Buḫārī, Kanz; Dijārbakrī hat Zeile 24 nicht. — 27 منكرة Weder نكر II noch IV scheint sonst belegt zu sein. Bestätigt wird die Lesung منكرة aber durch Musnad Aḥmad III 351, 17. — 28 دخلت und p. ٣٢ Zeile 1 فتدخل; hier ist wohl قريش als Subject hinzuzudenken, obwohl unmittelbar vorher دخلوا von den Feinden gesagt wird. Musnad Aḥmad l. c. heisst es ما دخل علينا فيها في الجاهليّة فكيف يدخل علينا فيها في الاسلام; dort ist also دُخل und يُدْخَل zu vocalisieren und die Textgestalt des Musnad ist unserer vorzuziehen.

Seite ٣٢, 7 Sure 3, 123. — 12 تعالى جدّه »seine (Gottes) Grösse ist erhaben" — Sure 3, 138. — 21 O دقيلا S نفلا. Ich lese ثقيلا »slowly". — 24 Sure 8, 17. — 26 O vocal. خُصيفة.

Seite ٣٣, 1 O(S) يكى was ich als يجئ auffasse. — 2 O(S) يكثوا ich fasse es als يجثو „he stood on the extremities of his toes" „he kneeled in prayer" Vgl. Nihāja s. v. انا اوّل من يجثو للخصومة بين يدى الله. — 3 O مودّع Ich fasse es als Maṣdar: „ohne Abschied zu nehmen" (wie vor dem Tode). — 11 تنظرون Man erwartet تبطئون was auch tatsächlich Musnad Aḥmad IV 293 hat. — 20 O(S) ادبهم „Abū Isḥāq sagte: er vermutete, dass sie nicht mehr am Leben seien, al-Ḥasan Ibn Mūsa sagte: d. h. sie haben (sicher) keinen Führer mehr"; das sind von einander abweichende Auffassungen der Überlieferer von den Worten des Abū Sufjān. Diese Bemerkung der Traditionarier hat Musnad Aḥmad nicht. — 24 Ṭab. I 1418, 5 مثلا, Musnad Aḥmad مثلة das Dozy s. v. als „mutilation" kennt.

Seite ٣٤, 5 استمسك = احتبس (LA). — 6 السيناني Sujuti, De nominibus relativis ed. Veth سينان قرية بمرو. — 15 Vgl. über die Datierung Caetani, Annali I p. 566 § 58. — 22 غيره lies غيّره.

Seite ٣٥, 3 رجل „das Volk machte Lärm, über die Umkehr beratend". — فعلوهما „they overcame them" Wāq. (Kr.) 328, 19 hat statt dessen فاصابوهما. — 18 تلاقى so auch Wāq. (Kr.) 332 für يتلاقى das Ḥalabi III 182. Zeile 4 v. u. hat. — 19 Wāq. (Kr.) 333 ult فاغاروا was besser zu dem folgenden فضمنوه passt. — 25 Die Datierung bei Ibn Sa'd weicht hier von Wāqidī ab, stimmt aber mit dessen einer

Ansetzung in der Liste überein. Vgl. Wellhausen p. 224. Caetani Annali I p. 577. — 26 Lies عَزَنَة.

Seite ٣٦, 6 اقول „Lügen erfinden dürfte" s. oben zu ٢٢ Zeile 1. — 8 O(S) افطر. Ich lese اقطر = اقطر عرقا oder dgl.: he let fall sweat . . . said of a person in intense fear (Lane). — 9 بجمعك ähnlich IHiš 982, 2 بجمعك لهذا الرجل. — 11 Lies اتنقّى und هدأ für هذا. — 12 ضربت العنكبوت ergänze النسج oder dgl. — 15 Das erste افلح الوجه wohl fragend „hat das Unternehmen Erfolg gehabt?" — 24 يبعد d. i. عن الاسلام was bei S über der Zeile steht.

Seite ٣٧, 6 O(S) رعل IHiš 649, 8 falsch قبائل من سليم من عصيّة, richtig Ṭab. I 1443, 12. — 14 Wāq. (Kr.) 310, 1 كانت für كان, das aber ebenso berechtigt ist, da das Subject erst folgt. 16 سُلْمى Usd I 265 سلمى بضمّ السين, Muštabih 270 سلمى بالضمّ فى الرجال. — 24 O(S) زغب, das ich auch beibehalte nach Darāqutni bei IHiš II 89 (zu 284, 12), sonst زعب s. IHiš 284, 12 Wellh 155. — 12 Vgl. die Varianten des abrogierten Verses bei Nöldeke, Geschichte des Koran 184. — 27 Lies آخذ für اخذ. — خفرق vgl. Wellhausen 155 Anm. 3.

Seite ٣٨, 3 Wāq. (Kr.) 312, 20 انت من بينهم für أبت das bei Ibn Saʿd auch Zeile 21 steht „bist du von ihnen zurückgekehrt?" — 13 القراء fragend „was ist es mit den Lesern".

Seite ٣٩, 6 ʿAbdallāh Ibn Idrīs al-Audī † 192, wird sonst nicht unter denen angeführt, die Ibn Isḥāqs Werk niederschrieben und welche Sachau, Einleit. zu Ibn Saʿad III 1 p. XXV behandelt. Auch untenS. ٥٧ 9, überliefert er dem Ibn Saʿd, den Bericht des Ibn Isḥāq. Hier nimmt also Ibn Saʿd gleich am Anfang den Bericht des Ibn Isḥāq auf, nicht den des Wāqidī. Diesen Bericht hat Ibn Saʿd mit dem des ʿUmar Ibn Asīd zusammen geschmolzen, von dem Ṭabarī I 1434, 5 sagt وامّا غير ابن اسحاق فانّه قصّ من خبر هذه السريّة غير الذى قصّه والذى قصّه غيره من ذلك ... عمر بن اسيد عن ابى هريرة. So stammt z. B. die Zahl 10 (Ibn Saʿd Zeile 13) aus ʿUmars Bericht (vgl. Ṭabarī I 1431 Zeile 9) während Ibn Isḥāq statt dessen 6 hat. — 10 الى „gehörig zu" vgl. Wellhausen 89 Anm. 1, 157 Anm. 2. — 17, 18 O(S) الهَدَة so auch Bekri, Geogr. Wörterbuch 827. — 18 فغدروا Beispiele für ف im Nachsatze von حتى اذا s. Gloss. Ṭabarī s. v. ف. IHiš 638, 4 v. u. und Ṭab. I 1432, 7 haben غدروا. —

19 O(S) عذيل. — IHiš 638, 3 v. u. ebenso, Ṭab. 1432, 7 ولم يرع ... الّا بالرجال. — 25 عطوا بايديهم „they became submissive." — IHiš 639, 4 Ṭab. 1433, 12 قالوا anstatt فقل; auch bei Ibn Sa'd ist قالوا zu lesen.

Seite ٤٠, 1 IHiš, Ṭab. يُمسى für تُمسى, aber gleich darauf heisst es bei Ibn Sa'd auch امسيت. Hier ist also das Femininum für das unpersönliche „es wird Abend" gebraucht. — 2 O(S) انزع. — 5 حجير vgl. über ihn und seine Verwandschaft mit 'Uqba die verschiedenen Angaben bei Ṭab. 1433 Anm. *d*. — 10 „Ḫubaib — man hatte ihn bei mir untergebracht — sprach zu mir..." — 11 O تحمنى S نجمنى Iṣāba III 963 فرغب الى ان اجنبه ما ذبح على النصب. — 16 Lies تؤذيه.

Seite ٤١, 3 Wāq. (Kr.) 359, 12 قمت für اقمت; Dijārbakri 518, 13 اقمت ولم تشعر. — 6 O(S) ضُرِبَت. — 10 عن آخرهم „starben bis auf den letzten Mann." — 19, O يخربون Sure 59, 2 freilich تُخْرِبون بيوتهم بايديهم. — 22, O المنفقون. — 25 حبسا لنوائبه „bequeathing it for his own difficulties" — 26 ووسّع „er machte damit reichliche Geschenke unter den Leuten." — 27 Vgl. zu den Namen Wellhausen 167 Anm. Balāḏurī 17—19.

Seite ٤٢, 1 بويلة Samhūdī, Ḫulāṣat al wafā (Bulāq 1285) citiert p. 264 unsere Stelle, wodurch بويلة als Lesung des Ibn Sa'd sicher gestellt ist. Anderwärts findet man auch بويرة z.B. Balāḏurī p. 19. — 4 Sure 59, 5. — 6 فان هذا اول الحشر vgl. Sure 59, 2. — 13 O(S) ثمّ | ثم |.— 19 O فنخل.

Seite ٤٣, 10 Sure 3, 167. — 13 وفق III „invenit, incidit in" Gloss. Ṭabari. — 14 Sure 3, 168. — 27 „bedang aber zu seinen (Ǵābirs) Gunsten aus, dass er es bis Medina reiten sollte". — Die Geschichte von Ǵābirs Schulden ist bis zur Unverständlichkeit verkürzt s. Wāq. (Wellh.) 174.

٤٤, 4 جاهليّة adjectivisch. Vgl. Jaqūt III 377 صرار ماء قرب المدينة محتفر جاهلى. — 13 OS هذا | دعتين ر | (das erste Mal) — 17 الضافطة s. Wellh. 175 Anm. Nihāja الضافط والضفّاط الذى يجلب الميرة والمتاع الى المدن والمكارى الذى يكرى الاحمال وكانوا يومئذ قوما من الانباط يحملون الى المدينة الدقيق والزيت وغيرهما.

Seite ٤٥, 16 O(S) المنفقون wie öfters. — 19 Lies قتل عيينة vgl. Wāq. (Wellh.) 176 oben. — 20 غسى vgl. ظنًّا به سؤت. „I was of evil opinion respecting him." — 22 اضطرب „construi fecit" Gloss. Ṭabari. — 25 O(S) وختل وأسر. — 27 Dieser Ḥadiṯ des Ibn 'Umar ist aus Wāq. (Wellh.) 176 übernommen.

Seite ٤٦, 6 فى من يزيد „an den Meistbietenden." — 12 Lies اغتدى. — 22 O يزيد für زيد. — 24 اناخ به „he made him to lie down". — 27 Die Erleichterung des تيمّم Sure 4, 46. 5, 9 „das ist nicht die erste euerer Segnungen (die ihr uns bringt)".

Seite ٤٧, 8 O وسلّم. — فارقوهم vgl. Dozy فارق فلانا على كذا „faire la trêve ou la paix avec quelqu'un sous certaines conditions." — 17 الزهرى s. seinen Bericht bei Wāq. (Wellh.) 191 Zeile 20. — 21 عناج الامر „the management of affairs" (Lane). — 27 وعمل رسول الله معهم erklärt Ḥalabī II 341 Zeile 7 v. u. اى حمل التراب على ظهره الشريف.

Seite ٤٨, 2 O(S) رايح, später راتج Vgl. über die Ortsangaben Caetani Annali I 615 Note 2. Samhūdī, Ḫulāṣa 224, 5 kennt sowohl ذباب als ذوباب, das Ṭabarī I 1467, 11 hat. — 3 O مشكا S مشكا Wāq. fol. 102b مشبكا Ḥalabī II 344 Zeile 5 v. u. وشبكوا المدينة بالبنيان من كلّ ناحية فصارت كالحصن وفي كلام بعضهم كان احد جوانب المدينة عورة وسائر جوانبها مشتبكة بالبنيان والنخيل لا يتمكّن العدوّ منه فاختار ذلك الجانب للخندق. — 14 Sure 33, 10.

Seite ٤٩, 4 O بحاحت (das ح beidemal geschützt S بحاحت Wāq. fol. 108a تجحت B تخحت Weitere Verse bei Dijarbakrī I 517, Ḥalabī II 348; an beiden Stellen جمعهم für جمعهم. — 11 O(S) وتحوا. — 21 O(S) الا انهم لا يدعون الطلائع Wāq. fol. 109a الا انهم لا يدعون يبعثون الطلائع Ich habe dieses يبعثون auch aus Wāq. eingesetzt. Also „nur dass sie nicht abliessen, des Nachts Kundschafter auszusenden, nach einem Überfall begierig". — 24 الثمرة hier „Ertrag" (s. Gloss. Belāḏurī) — „... und dass sie die Menschen bestimmten, einander zu verlassen, so dass sie von ihm abzögen". — 26 „jede Partei glauben machend, dass er ihr aufrichtig rate". — 28 وخذّله „und er veranlasste sie, von dem Propheten abzulassen" das Suffix ه stünde dann für حزب (Zeile 27) Freilich heisst es unmittelbar vorher تقبلوا so dass وخذّلهم besser wäre.

Seite ٥٠, 5 „der tat seine Wirkung bei den Heiden und hörte dann auf, ohne ein Haus oder einen Topf bei ihnen aufrecht stehen zu lassen" O hat تنقر. — 10 اطلق عقله Ḥalabī II 356 Zeile 9 v. u.

ووثب على جمله فما حلّ عقال يده الّا وعو قائم اى فانّه لما رده كان

افشغوا. — 14 O معقولا. فلمّا ضربه وثب على ثلاثة قوائم ثمّ حلّ عقاله
Nihāja s. v. erklärt تَفَشَّغ durch فشا وانتشر, aber فشغ IV finde ich nicht. Ich ändere افشغوا deshalb nach Wāq. (fol. 113a) in انقشعوا »dispersi fuerunt" s. Gloss. Ṭabarī s. v. قشع. — 18 O عنمة, es ist aber wohl غنمة zu lesen, wie die anderen Quellen haben.

Seite ٥١, 9 O(S) اللّهمّ für لاهمّ das Dijārbakrī I 541, 4 v. u. hat. — 11 O(S) قد, das ich aus metrischen Gründen in لقد geändert habe. Dijārbakrī ان الاولى قد رغبوا resp. ان الذين قد بغوا علينا. Ḥalabī II 342 والمشركون für ان الاولى. Mehrfache Abweichungen bietet Musnad Aḥmad IV 48 (Zeile 1). — 17. Sure 33, 26. — 21 O(S) ياوى wofür ist يلوى lese. — Sure 33, 9.

Seite ٥٢, 10 Über ابو جمعة vgl. Iṣāba IV 66 Usd V 159. — 19 Nihāja s. v. حم: -- وفى حديث الجهاد ان بيتم فقولوا حم لا ينصرون قيل معناه اللهم لاينصرون ويريد به الخبر لا الدعاء لانه لو كان دعاء لقال لا ينصروا مجزوما فكانّه قال والله لا ينصرون وقيل انّ السور التى فى اوّلها حم سور لها شأن فنبّه انّ ذكرها لشرف منزلتها ممّا يُستظهر به على استنزال النصر من الله وقوله لاينصرون كلام مستأنف كانه حين قال قولوا حم قيل ما ذا يكون. — 25 O(S) تشاء. — Man erwartet ان ارسل اذا قلناه فقال لا ينصرون für ارسل.

Seite ٥٣, 1 O امرت am Rande. — 6 Sure 33, 25. — 11 O(S) يزل. Ich lese dafür ينزل, das Dijārbakrī I 552, 3 wirklich bietet „nie befiel mich etwas, das mich bekümmerte, erzürnte, ohne dass ich diese Stunde an diesem Tage (d. i. die Stunde zwischen ẓuhr und ʿaṣr am Mittwoch) abpasste." — 12 O vocalisiert فاعرِف, was durch Dijārbakrī فادعو فيها bestätigt wird. — 19 عذيرك من محارب Vgl. Wellhausen 211 Anm. 1, ferner Kāmil (Wright) 550, 10. — 26 فانجحروا Gloss. Ṭabarī s. v. جحر „refugit", auch von Menschen.

Seite ٥٤ 9 O(S) جمال. — 14 Man würde eher erwarten وحُفر لهم اخدود. — 28 O(S) الى für الا, darüber aber كذا.

Seite ٥٥, 5 عرى „not having a saddle upon him". — 6 „Mir war es als (sähe ich) auf den Staub blickend, der sich in der Strasse der Banu Ġanm erhob, die Cavalcade des Gabriel". Es wäre dann vor موكب ein (و)ارى oder dergleichen zu ergänzen; موكب zu vocalisieren als بدل von الغبار geht doch kaum an. — 15 Lies بن für ابن. — 20 Die Worte نقضوا .... صلّعم können nur als Zwischensatz aufgefasst worden, die den Zusammenhang stören, weshalb ich sie in Klammern eingeschlossen habe. — 24 Man sagt قدعصب رأسه الغبار vgl. Nihāja s. v. عصب Die Construction mit على scheint nicht belegt zu sein. Vielleicht bedeuten die Worte hier „der Staub klebte an der Stelle über seiner Augenbraue".

Seite ٥٩, 4 O احلب S اجلب. — 26 O لعرّة IHiš 718,13 ليصيب من القوم غرّة.

Seite ٥٧, 2 O(S) غـزان, ebenso Wāq. Vgl. über die Form des Namens Ṭab. I 1501 ann. d. — 3 O فتزخم. — 6 O فيذعرهم. „damit die Quraiš von ihm (von seinem Zuge) hörten und er sie in Schrecken versetze". — 8 O غعا / وعاب also وعاب oder فعاب, aber natürlich ist وغاب resp. فغاب gemeint. — Über عبد الله بن ادريس vgl. oben zu ٣٩, 6. — IHiš 718, 4 v. u. Ṭab. I 1501, 5 haben اليمام. — 13/14 IHiš 718, 4 v. u. ثم استقام به الطريق على المحجة من طريق مكة ebenso Ṭab. 1501, 6 Jāqūt III 372 ثمّ على السيالة; bei Jāqūt III 282 heisst es ثم استقام به الطريق على المحجة من طريق مكة ثمّ استبطن السيالة. — 14 غران, das hier auf Autorität des Ibn Idrīs angenommen wird, haben auch Ibn Hiš, Ṭab. l. c. — 16 IHiš 718 ult. Ṭab. 1501, 9 واخطأه من غرتهم. O(S) haben عدوه ohne Tašdīd, aber es empfiehlt sich عدوّه zu lesen und nicht عـدْوه. IHiš 719, 1, Ṭab. 1501, 10 haben لرأي für غزى. — 20 المنقلب vocal. المُنْقَلَب (= الانقلاب).

Seite ٥٨, 7 مقنعا Nihāja s. v. قنع: اتاه رجل مقنع بالحديد هو المتغطّي بالسلاح وقيل هو الذي على راسه بيضة الحديد. — 10 Dijārbakrī II 6, 17 hat انا für انا. — 13 Wāq. fol. 125 وقتل اوثار وعمرو بن اوثار فتلهما عكاشة IHiš 722, 7 اوبار ebenso Ṭab. 1510, 7; ib ann. e werden noch andere Varianten aufgezählt. — 17 الرضع Ḥalabi III 5 Zeile 6 erklärt يوم حلاك اللئام, Nihāja s. v. رضع: رضّع جمع راضع كشاهد وشهّد اى خذ الرمية واليوم يوم هلاك اللئام. — 19 Dijārbakrī II 7, 20 ونلاحق الناس منى واليوم يوم هلاك اللئام. — 21 Zu واخذت باعناق الناس vgl. الخيول عشاء الكلام ياخذ بعضه باعناق بعض (Lane). — ملحت فاسجح erklärt bei Dijārbakrī II 7, 25 اى قدرت فارفق واحسن من السجاحة وهى السهولة. Nihāja s. v. سجح: اى قدرت فسهّل واحسن العفو وهو مثل سائر. — ليقرون s. Ṭab. 1506 ann. f. Wellhausen 229 „sie sind schon in Sicherheit", behält also fälschlich يـقرون bei. Eine andere Lesart haben Dijārbakrī II 7, 24 انهم الآن

ليغبقون في غطفان und Ḥalabī III 8 Zeile 3 يغبقون بارض غطفان اى يشربون اللبن بالعشي الذى هو الغبوق. — 24 S وما für بما. — 25 O يتحسس | يتحسب

Seite ٥٩, 3 Im Diwān Ḥassān Ibn Ṯābit (ed. Cairo 1322) p. 32 heisst es: وقال لعيينة بن حصن بن حذيفة بن بدر واغار على سرح المدينة فركب في طلبه ناس من الانصار فيهم ابو قتادة الانصاري والمقداد بن عمرو البهراني الذى يسمّيه الناس ابن الاسود الكندى حليف بنى زهرة فردّوا السرح وقتل رجل من بنى فزارة يقال له حكمة بن امّ قرفة جدّ عبد الله بن مسعدة فقال

هَلْ سَرَّ أَوْلَادَ ٱللَّقِيطَةِ أَنَّنَا   سَلْمٌ غَدَاةَ فَوَارِسِ ٱلْمِقْدَادِ

„Hat es die Kinder der al-Laqīṭa (Aufgelesenen) erfreut dass wir heil waren am Morgen der Reiter des al-Miqdād." Im Cod. Sprenger 99 (Berlin) wird zu dem Vers bemerkt واللقيطة امّ حصن بن حذيفة, sie war also die Grossmutter des ʿUjajna und اللقيطة wohl ihr Spitzname. — 5 Den Bericht des Salama haben auch. Ṭab. I 1502, 7 und Musnad Aḥmad IV 52. Im Musnad Aḥmad ist der Isnad genau der gleiche wie bei Ibn Saʿd, weshalb die beiden Berichte wörtlich übereinstimmen. Bei Ṭabari sind nur die drei letzen Glieder des Isnad die gleichen. — 6 Lies بن الاكوع für الادوع. — 8 Musnad ابديه für انديه. Nihāja s. v. ندى hat: خرجت بفرس لى انديه التندية ان يورد الرجل الابل والخيل فتشرب قليلا ثمّ يردّها الى المرعى ساعة ثمّ تعاد الى الماء والتندية ايضا تضمير الفرس واجراؤه حتّى يسيل عرقه ويقال لذلك العرق الندى ويقال ندّيت الفرس والبعير تندية وندى هو نَدْوًا قال القتيبى الصواب ابدّيه بالباء اى اُخرجه الى البدو ولا تكون التندية الّا للابل قال الازهرى اخطأ القتيبى والصواب الاوّل. Ähnlich Nawawī (zu Muslim am Rande von Qastallanī) VII 461 der انديه der Lesart ابديه vorzieht und bemerkt ومعناه ان يورد الماشية الماء فتسقى قليلا ثمّ ترسل في المرعى ثمّ ترد الماء فترد قليلا ثمّ ترد الى المرعى. — 10 Ṭab. hat وابلغه طلحة für فالحقه بطلحة. — 13 Ṭab. hat nur فاذا رجع الى فارس منهم اتيت شجرة. Musnad Aḥmad hat wie Ibn Saʿd حين يكثر الشجر. Man würde eher حيث für حين erwarten. — 17 Musnad راحلته für رحله und فالحق برجل منهم نظم — VIII „transfixit" s. Gloss. Ṭab. s. v. — 18 Musnad الشجر für الشجرة. — 19 Musnad احرقتهم (Druckfehler) für احدقتهم und فرديتهم für فرميتهم. —

20 „so dass Gott keines von den Reittieren des Propheten geschaffen hat, has ich nicht hinter mich gestellt und aus ihren Händen gerettet hätte." — 22 يستخفّون منها ebenso Musnad. Ṭab. I 1503. يستخفّون بها (eine Hds. منها ما) Ḥalabī III 5 Zeile 10 يستخفّون بها, Dijārbakrī II 8, 22 hat nur يستخفّون. Da Musnad ebenfalls منها hat, habe ich es beibehalten. استخفّ من wird hier dieselbe Bedeutung haben wie تخفّف من (s. Gloss. Ṭab.) „alleviavit se ab aliquo" استخفّ ب ist bekannt als „he held it in light estimation". — Musnad ثقل für قال. Man würde eher من oder منذ سحر erwarten aber auch Musnad hat بسحر. — 28 Musnad اليه für الىّ.

Seite ٦., 3 انّ ذا ظنّ Musnad ان اظنّ, andere Varianten bei Ṭabarī 1504 Ann. k. Entweder „das ist eine Vermutung" oder — nach der Lesart des Musnad — „ich glaube (es) nicht". — Im Musnad (falsch) ائذن für احذر. — 7 O(S) فاتئد, Musnad فاتئد. Im Text ist اتّمد verdruckt für اتّئد (von وأد VIII he acted with calmness). — 11 O(S) طعنتين / ضربتين — 15 Musnad hat zwischen يعرضون und الى noch قبيل غيبوبة الشمس. — 16 ذى در Musnad ذى بئر Andere Lesarten s. bei Ṭabarī 1505 ann. d. — وأسندوا Musnad واشتدّوا und Dijārbakrī يشتدّون; aber اسند فى الجبل ist belegt als „he ascended the mountain". — 19 يا ثكل امّى „Kinderlosigkeit meiner Mutter, mein Akwaʿ von heute Morgen!" Ṭab. 1505, 11 اكوعى غدوة und ib. Ann. g andere Varianten angeführt. Musnad يا ثكل امّ اكوع Nihāja s. v. كوع: وفى حديث سلمة بن الاكوع يا ثكلته امّه اكوعه بكرة يعنى انت الاكوع الذى كان قد تبعنا بكرة اليوم لانّه كان اوّل ما لحقهم صاح بهم انا ابن الاكوع واليوم يوم الرضّع فلمّا عاد قال لهم هذا القول آخر النهار قالوا انت الذى كنت معنا بكرة قال نعم انا اكوعك بكرة. — 20 Musnad فاتبعته سهما آخر فعلق به سهمان O(S) ويتخلّفون wofür ich يتخفّفون lese, was auch Musnad hat. — 21 Musnad حلّيتهم عند عند ذى قرد Ṭab. 1505, 15 جلّيتهم عنه ذو قرد. Im Text des Ibn Saʿd – wie im Musnad – kann ذو قرد wie es jetzt da steht, nur als Glosse zu الماء angesehen werden. Man fühlt sich zunächst versucht, den Text Ṭabarīs عنه عند ذى قرد als die ursprüngliche Form anzusehen aus dem dann عند für Dittographie von عنه gehalten weggefallen wäre; aber Zeile 15 heisst dass Wasser *selbst* ذو قرن. — 24 Musnad عشوة für بالعشوة Lies فآخذ „dann will ich die Ungläubigen in der Dunkelheit angreifen". — 27 يقرون vocalisiert O(S).

Seite ٦١, 3 Musnad nach والفارس noch جميعا. — فلما كان „und als es zwischen uns und ihm (Medina) nahe am Mittag war" d. i. wir nahe am Mittag auf unserem Weg nach Medina waren. — 8 اذهب اليك „gieb auf dich acht" O hat رحلى für رجلى. — 9 ربطت d. i. ربطت نفسى vgl. Gloss. Ṭab. s. v. ربط, wo auch unsere Stelle angeführt wird. — 10 Musnad سبقتك والله اوكلمة نحوها Ṭab. سبقتك والله الى فوزة „ich bin dir vorangekommen in der Erreichung seines Zieles" — اوكلمة نحوها „er gebrauchte den Ausdruck سبقتك الخ oder einen ähnlichen". — 13 O عمر مروزف S مربوف Dijārbakrī II 9 Zeile 5 v. u. مرزوف. — 17 خلوفا vgl. Nihāja s. v. خلف: وفيه ان اليهود قالت لقد علمنا ان محمدا لم ... يترك اهله خلوفا اى لم يتركهن سدى لا راعى لهن ولا حامى ويقال حتى خلوف اذا غاب الرجال واقام النساء ويطلق على المقيمين والظاعنين الخ. — 24 O(S) ثعلبة / تغلب — بنو عوال s. Ibn Duraid 174.

Seite ٦٢, 8 O بالمراض S بالمراض nach Jāqūt Marāḍ oder Mirāḍ „Mawāḍ" Wellh. 233 ist ein Druckfehler, der auch bei Caetani, Annali I 694 zu berichtigen ist. — 10 هيفا Wellh. 233 „Baṭn Haiqā" Samhūdī, Ḫulāṣat al-wafā (ed. Cairo 1316) 284 bestätigt حيفا vgl. auch Ṭabarī, Addenda et Emendanda zu III 231. — 15 Soweit reicht die zweite Londoner Handschrift des Wāqidī (B) — 16 Der Zug nach Ǵamūm steht in Wāq. Maġāzī jetzt nur in der Uebersicht s. Wellh. S. 30 Anm. Ṭabarī aber berichtet über ihn kurz nach Wāqidī s. I 1555. — 25 „Bei deinem Leben nicht hat sein Versprechen gebrochen der, welcher gebeten worden war (= المسؤول — zu der Form vgl. Nöldeke, zur Grammatik 6 — d. i. Muhammad?) und nicht hat Halīma nachgelassen, bis ihrer beider Schar zusammen fortzog". Ich bin nicht ganz sicher, ob المسول richtig ist.

Seite ٦٣, 16 O(S) الى المدينة für المدينة; ich habe الى weggelassen, da صبح الى nicht belegt ist und auch Dijārbakrī II 10 Zeile 22 nur صبح زيد بالنعم المدينة hat. — 21 Wāqidī (Wellh. 235) hat ebenfalls ʿĀriḍ, über die Varianten vgl. Ṭabarī I 1741 Anm. f. — 23 Wāq. fol. 127*b* hat شمل für سمل, das ich nach O(S) beibehalten habe.

Seite ٦٤, 5—6 Die Urkunde, die Muḥammad dem Zaid Ibn Rifāʿa und seinen Stamme vorher ausgestellt hatte s. bei Wellh. 235 Anm. 3

6 نيالى „in der Zeit als" s Dozy s. v. — فأسلم „so dass er (damals) den Islam angenommen hatte". — 7 Dijārbakrī II 11 Zeile 19 hat لا تحرم عليك حلالا ولا تحلل لك حراما. — 9 فهو تحت قدمي هاتين d. i. deren Angelegenheit ist erledigt, wir verlangen kein Blutgeld für sie. — 10 O يأمره also يامره oder فأمره. — 11 O مكنت. — 15 Über diesen Zug nach Wādī' l-Qurā hat auch Wāqidī keinen selbständigen Bericht (s. Wellh. 236 Anm. 2) obwohl er in der Liste aufgeführt ist. In Wirklichkeit ist dieser Zug nach Wādī' l-Qurā ja auch keine Sarijja, sondern eine friedliche muslimische Handelsreise, deren Teilnehmer ausgeplündert wurden s. Wāq.-Wellh. 238. Die anderen Berichte über den Zug s. bei Caetani, Annali I 700. Vgl. auch IHiš 979 ult. — 21 O اغزوا darüber etwas unleserliches, vielleicht كذا; S hat daraus اعونا gemacht. Wāqidī fol. 128*b* hat اغز, was wegen des folgenden فقاتل auch bei Ibn Sa'd notwendig ist. — بيده: nachdem er vorher sich selbst seine ʿImāma gebunden hatte, löste Muhammad sie auf und band ihm eine neue s. Wāq.-Wellh. 236. — 24 الاصبغ so auch Ṭab. I 1556, Dijārbakrī II 12; Muštabih 12 اصبغ عدة بمعجمة Wāq.-Wellh. 237 liest Asjaʿ, danach auch Caetani, Annali I 700.

Seite ٢٥, 1 Bei Wāqidī (Wellh. 237) nehmen sie nach dem einen Bericht den Islam an, nach dem anderen bleiben sie Christen. Hier hat Ibn Sa'd mit der Zusammenziehung der Berichte zugleich eine Ausgleichung vorgenommen: teils bekehrten sie sich, teils blieben sie Christen. Ursprünglich lautete der Text sicher واقام من اقام على دينه على اعطاء الجزية „diejenigen die ihre Religion beibehielten zahlten die Gizja weiterhin". So steht es auch bei Dijārbakrī, (p. 12 Zeile 7 v. u.) dessen Text hier *sonst genau* mit Ibn Sa'd übereinstimmt; er hat Ibn Sa'ds Bericht offenbar durch die Vermittlung von al-Qasṭallānīs المواهب اللدنية übernommen. In unseren Handschriften des Ibn Sa'd ist على دينه irrtümlich ausgelassen und also wieder in den Text einzusetzen. — 7 الهيج Samhūdī, Ḫulāṣat al-Wafā 284 hat هيج محرك ماء عيون عليه نخل بنحية وادى القرى. — 11 O الحفذة S الحفدة. Eine Wurzel حفذ giebt es nicht, also ist الحفدة, das auch Wāqidī fol. 129*b* hat, zu lesen. — 21 O حارثة was S zu حارثة ergänzt. Ǵārija ist auch als *Frauenname* belegt und Wāqidī hat es ebenfalls. — 26 حكمة Wellhausen 232 „Hakama"; Muštabih erwähnt nur einen حكمة.

Seite ٢٦, 2 O(S) وسايله, das ich auch beibehalten habe. — 4 سلام s. Muštabih 282 واختلف في سلام بن ابى الحقيق d. i. ob das ل ein Tašdīd habe oder nicht; am Rande dazu bemerkt والراجح انه بالتخفيف. — 5

Hier weicht Ibn Sa'd von der Chronologie des Wāqidī ab; dieser setzt die Ermordung des Abū Rāfi' in den Ḏū'l Ḥiǵǵa des Jahres 4 (Wellh. 170) Wāqidī erwähnt allerdings auch, dass andere das Ereignis in das Jahr 6 setzen (Wellh. 172). — 13 بيباضة: sein Haar und Bart war weiss s. Wāq. (Wellh.) 171. — 13 قبطانية Der Prestonianus hat dafür قطنية s. Wellh. 171 Anm. 1. — 14 O حشه S خسه Wāq. fol. 91*a* جسه. Ich lese خشّه „wie er in das Lager sank" oder „wie es (das Schwert) in das Lager drang". — 15 قضى = قضى نحبه. — 19 افلحت الوجوه fragend »haben die Reisen Erfolg gehabt?" Ebenso fasst de Goeje Ṭab. I 1761, 10 auf, s. Gloss. Ṭab. s. v. فلح. — 22 زارم heisst es hier bei Ibn Sa'd ständig statt رزام, wie Wāqidī und die anderen Quellen haben.

Seite ١٧, 4 „Sie sprachen (zu Usair): sind wir (bei dir) sicher, so dass wir dir den Vorschlag, der uns hierher geführt hat, machen können?" „Jawohl, kann ich das gleiche von euch erwarten?" — 8 Usair sass auf dem Kamel des 'Abdallāh Ibn Unais hinter diesem. — 9 „er tat das zweimal" d. i. zweimal suchte er mein Schwert zu ergreifen (als ich mich schlafend stellte) s. Wāq. (Wellh.) 239. — 10 دسقت بالقوم Fāiq s. v. ساق hat يسوق بهم اى رواحلهم وهم عليها (angeführt in Gloss. Ṭab. s. v. ساق) also »ich trieb die übrigen an". Das Kamel auf dem er selbst sass, lähmte er — Wāqidī (Wellh.) 239, was Ibn Sa'd ausgelassen hat — so dass es zurückblieb. — ندر IV cadere fecit s. Gloss. Ṭab. s.v. — 12 فشجّنى شجّةً مامومةً = فشجّنى مأمومة d. i. „a wound by which the head is broken so that there remains between it and the brain only a thin skin" (Lane s.v. آمّة). — 17 O دمنية S عمسة Gemeint ist ثمانية vgl. Dijārbakrī II 11 Zeile 6 v. u. ثمانية نفر من عرينة. — 18 غامرًا الى لقاحه, dafür Dijārbakrī فبعثهم الى لقاحه. — 21 O(S) {سوا / وغرزوا}. — 25 بالزغابة vgl. Samhūdī Ḫulāṣat al-wafā 262 كسحابة والغين معجمة ضبطه ابو عبيد البكرى بالضم مجتمع السيول باخر العقيق الخ. — Sure 5, 37.

Seite ١٨, 2 الخلاء, Wāq. fol. 131*a* الخيا Dijārbakrī II 12, 17 — nach Ibn Sa'd — ebenfalls الخلاء. Dort giebt Ibn Sa'd nach Mūsa Ibn 'Uqba an, Sa'īd Ibn Zaid sei der امير الخيل gewesen, wovon bei uns nicht stehts. — 3 Diesen Zug hat Wāqidī *nicht*. Nach Ibn Hišām 992 p. u. gehört die Sendung des 'Amr Ibn Umajja nach Mekka wider Abū Sufjān zu مما لم يذكر ابن اسحاق من بعوث رسول الله. Salama Ibn Faḍl's Rezension von Ibn Isḥāq's Werk kennt aber den Zug, wie Ṭab. I 1437, 16 ff. zeigt. Bemerkenswert ist jedoch, dass auch bei Ṭabarī Ibn Isḥāq nichts (so wenig wie Ibn Hišām, der seinen Bericht einem Ungenannten verdankt) davon erwähnt, dass Abū Sufjān einen Beduinen nach Medina sandte, Muḥammad zu ermorden, wie Ibn Sa'd hier erzählt.

Auch Mas'ūdī, Kitāb at-tanbīh ed. de Goeje 246 weiss nichts davon. Ist das erst eine Erfindung, die Muhammads Befehl, den Abū Sufjān zu ermorden, rechfertigen sollte? Die Geschichte findet sich bei Dijārbakrī — nach Qasṭallānīs Mawāhib — I 517; auch Qasṭallani setzt sie — wohl Ibn Sa'd folgend — ins Jahr 6, während der Zug nach Ṭabarī u. A. in Jahre 4 stattfand, nach einer Angabe bei Mas'ūdī l. c. im Jahre 5. Ferner erzählt diese Episode — wohl wie der Wortlaut zeigt ebenfalls nach Ibn Sa'd — Ḥalabī III 204. Ibn Sa'd giebt keinen Gewährsmann an; es ist auffallend, dass auch Dijārbakrī und Ḥalabī keine *ältere* Quelle angeben, als Qasṭallānī. Es ist nicht sehr wahrscheinlich, dass Ibn Sa'd die Nachricht den Büchern des Mūsā Ibn 'Uqba oder Abū Ma'šar entnommen hat. Er *scheint* — so weit ich sehe — jedenfalls der älteste uns bekannte Autor zu sein, der die Geschichte berichtet. Eine genaue Datierung, wie sonst immer, giebt er nicht. — 6 O(S) يعر ich habe nach Ḥalabī يغتال — vgl. auch unten Zeile 8 — eingesetzt. Es ist aber vielleicht يغرّ zu lesen im Sinne يصيب منه غرّة Ḥalabī hat besser يمشى فى الاسواق وحده. — 7 Ḥalabī مثل خافية 8 — ذّا. انت فديتنى hat Ḥalabī فويتنى für اسرعهم; und اشدّهم النسر Nihāja s. v. خفا erklärt يريد انّه صغير. — 10 O غقه و von dem zweiten Buchstaben ist nur ein Haken erhalten S hat وعقة. Die Ergänzung وثفقة ist durch Ḥalabī gesichert. — 14 بداخلة ازاره von Ḥalabī erklärt اى بحشيته من داخل. — 15 فدعته Nihāja s. v. ذعت: والذعت بالذال والدال الدفع العنيف. — 21 Ḥalabī بخير für لخير. — 25 O يتحسبان S يتجسسان.

Seite ٦٩, 4 ثوبين verkürzt aus Wāqidis (fol. 131*a*) ثوبين من نسج صحار. — 14 أجمع so vocalisiere ich weil sich erst in späterer Zeit اجمع على رأيهم für رأيهم اجمعوا findet s. Dozy s. v. جمع. — 17 O الاشطط. — 18 O حيله woraus S حيلته macht. — 21 تيامنوا Nihāja s. v. عصل: يامنوا عن هذا العصل يعنى الرمل المعوجّ الملتوى اى خذوا عنه يمنة. — 23 O(S) نعت / دوفعت also نوقعت oder فوقعت, das erste ist natürlich vorzuziehen. — 25 حابس الفيل d. i.: des Elephanten des Abraha.

Seite ٧٠, 6 O حتى تبيد خضراءهم = ابدا IHiš 741, 4. — 11 فكلّمه d. i. der Prophet sprach zu Mikraz. — 15 Lies لتُخَلُّنَّ. — 17 O(S) ما حا لا für ما جاء لا.

Seite ٧١, 1 عيبة مكفوفة vgl. Wellhausen 257 Anm. 1. — 5 O(S)

قابل. — 9 ʿAlī schrieb des Original (صدر); das muss صدر hier im Gegensatz zu نسخة bedeuten. Lane hat nur „title of a book, first part". — 10 Abū Ǵandal war ein Muslim in mekkanischer Gefangenschaft; dem Vertrag entsprechend musste Muḥammad ihn zurückschicken. Bei Ibn Saʿd ist die Geschichte bis zur Unverständlichkeit verkürzt. Vgl. Wāq. (Wellh.) 256. — 12 اقتضيك vgl. Gloss. Ṭab. s. v. قضى: III c. acc. pers. et على rei: pactum fecit cum aliquo. — 20 Sure 48, 1. — 21 يهنّئك „er (Gott) beglückwünscht dich". — 26 O ثمن S عن Auch Ṭab. I 1530, 10 ثُمُنْ.

Seite ٧٢, 5 وعليها „dort (bei Ḥudaibija) waren 50 Schafe". — 6 ما ترويها „deren Durst es (Ḥudaibija) nicht stillen konnte". Das Suffix in جباها bezieht sich ebenfalls auf Ḥudaibija. — 12 وعلمتموها „ihr aber ihn kennt, so wisst ihr mehr". Hier wird also an der Reliquienverehrung Kritik geübt. ʿUmar liess im Jahre 23 den Baum niederhauen, damit er nicht verehrt würde. Vgl. Caetani, Annali I 716 Nota 1 und Ibn Saʿd unten ٧٣, 3. — 17 زياد بن الجَضْحاض finde ich nirgends. O hat معقّل, später (Z. 21, 26) معْقَل. ʿAbdallāh Ibn Muǵaffal ist der einzige مغفل den Muštabih 493 nennt. Von عبد الله بن مغفّل heisst es bei Nawawī 373, Usd III 265 er habe damals den Zweig hochgehalten; hier aber ist عبد الله nur der Überlieferer. معقّل wie O hat, ist ebenfalls belegt s. Muštabih 493 ann. 5. — Dieselbe Geschichte wird auch anderweitig ausserdem von Maʿqil erzählt, (wie hier Zeile 22 ff. und Zeile 27 ff.) z. B. Usd IV 391.

Seite ٧٣, 1 O(S) الفّ für الفا. — 6 Ibn Saʿd teilt also dem Wāqidī eine Nachricht, die er aus anderer Quelle hat, mit, und dieser bezeichnet sie als falsch. — 11 فبايعناه Gemeint ist: wir huldigten ihm alle bis auf Ǵadd Ibn Qais. Man liest besser فبايعناه wie auch Musnad Aḥmad III 396 hat, wo der Ḥadīṯ lautet: (dort fragt ابو الزبير den Ǵābir) فسألت جابر يومئذ كيف بايعتم رسول الله اعلى الموت قال لا ولكن بايعناه على ان لا نفرّ قلت له افرأيت يوم الشجرة قال كنت آخذا بيده عمر بن الخطاب حتى بايعناه قلت كم كنتم قال كنّا اربع عشر مائة فبايعناه كلّنا الّا الجدّ بن قيس اختبأ تحت بطن بعير ونحرنا يومئذ سبعين من البدن لكلّ سبعة جزور. — 14 In Ḏū'l-Ḥulaifa betete der Prophet, aber gehuldigt wurde ihm nur bei dem Baume in al Ḥudaibija. — 16 7 × 70 macht nur 490, während die Zahl der Muslims doch 1400 war. Der

Widerspruch wird unten ٧٤, 26 aufgeklärt. — 19/20 Sure 19, 72 und 73. — 23 أنّ lies أنْ. — 25 جلّبان Nihāja s. v. جلب erklärt ولا يدخلها الا بجلّبان السلاح السيف والقوس ونحوه يريد ما يحتاج فى اظهاره والقتال به الى معاناة لا كالرماح لانّها المظهرة يمكن تعجيل الاذى بها وانّما اشترطوا ذلك ليكون علما وامارة للسلم اذ كان دخولهم صلحا.

Seite ٧٤, 3 O(S) رميل. Taqrīb: ابو زميل بالتصغير سماك بن الوليد. — 6 أنّ lies أنْ. — 16 أنّ lies أنْ. —18 Sure 2, 190. — 20 O(S) ان ابا سفيان بن حرب حين ان. Offenbar ist قال ausgefallen (oder ein ähnliches Verb) das ich eingeschoben habe, das Zeichen * sollte hinter قال stehen. Abū Sufjān selber bezeugt, das die für die Muslims demütigende Ungleichheit nicht bestanden habe.

Seite ٧٥, 2: die Quraiš schlossen einen Vertrag mit ihm, wonach diese Opfertiere da bleiben mussten, wo sie („wir" sind die Quraiš) sie zurückhalten. — 28 O(S) حلقوا; der Nachsatz beginnt dann ٧٦, 1 mit بعث. Wenn man حلّقوا beibehält, muss man ٧٦, 1 فبعث lesen.

Seite ٧٦, 2 Sure 48, 1. — 10 الهجرة „Die Periode der Hiǵra". — 21 الذى z. T. bei O überklebt, vielleicht steht الذين da. Über الحديبية hat O كذا. Etwa: الذى يسمّونه يوم الحديبية (يعنى) ببيعة الرضوان نسمّيه فتح مكة, ähnlich wie oben Zeile 10 والحديبية فى الفتح. Die Demütigung des Propheten durch den Vertrag von Ḥudaibija wollen diese Hadīṯe verwischen, indem sie sagen, von Ḥudaibija datiere schon die Eroberung Mekkas. Ähnliches bei Wāq. (Wellh.) 260 unten. — 24 كانت رحمة „das geschah infolge der Gnade Gottes", dass die Menschen darüber uneinig waren, welches der richtige Baum war und so davor bewahrt blieben, ihn zu verehren; vgl. den Satz اختلاف امّتى رحمة, wobei freilich das Motiv ein ganz anderes is.

Seite ٧٧, 4 O تجلّب Man erwartet جلّب Ḥalabī III 35 Zeile 8 v. u. hat يغزون .... استنفر من حوله. — 8 O(S) فى / الى. — 9 المكاتل Nihāja s. v. مكتل: المكتل بكسر الميم الزبيل الكبير قيل انّه يسع خمسة عشر صاعا كأنّ فيه كُتَلا من التمر اى قطعا مجتمعة ... ويجمع على مكاتل. — 27 O(S) ضُباح. Muštabih 310 hat ضياح vgl. Ibn Sa'd III 2 p. 45.

Seite ٧٨, 4 بالرجيع Vgl. Ṭab. I 1575, 16 بواد يقال له الرجيع. —

11 O(S) يتخيّر wofür ich ينتخير lese: „ohne dass er eine Wahl getroffen hätte unter den Fünfteln" (sondern das Los bestimmte, welches das خمس sein sollte). — 15 „er schenkte davon entsprechend dem, was Gott ihm eingab, Waffen u. s. w." — 23 Die Geschichte des al-Ḥaǧǧāǧ ist hier so verkürzt, dass das Wesentliche fehlt. Er war Muslim geworden, erbat sich aber von Muhammad die Erlaubnis, seine Bekehrung verheimlichen zu dürfen, bis er seine ausstehenden Schulden in Mekka gesammelt hätte. In Mekka erzählte er, Muhammad sei gefangen u. s. w.; er wolle schnell nach Ḫaibar, um die Beute vor den anderen Händlern aufkaufen zu können, man möge ihm also sein Geld geben. Wāq. (Wellh.) 289 f. — 28 O(S) زبيبة Wāq. (Wellh.) 290 Zainaba. L A hat s. v. زنب: وابو زُنيبة كنية من كنانم. Ich möchte deshalb jetzt auch an unserer Stelle زُنيبة lesen.

Seite ٧٩, 12 لما صبّح: so ist der Satz anakoluthisch. — 21 O ومسرودهم Musnad Aḥmad III 246 hat ebenfalls ومرورهم. Ich fasse مرور als plur. von مُرّ auf „spade with which one works in lands of seed produce syn. with مسحاة" (Laue Supplement).

Seite ٨٠, 15 الاّ بحقها ebenso Ḥalabi III 42 Zeile 13 الا بحقّها وحسابهم على الله اى حساب بواطنهم وسرائرهم على الله المطّلع وحده على ما فيها من ايمان خلص او نفاق وكفر. Hier muss ʿUmar selbst ʿAlīs Ruhm verkünden, vgl. Nöldeke in ZDMG Bd. 52 p. 32. — 21 O(S) مغاور was ich des Reimes wegen in مغامر geändert habe. مغامر haben auch Musnad Aḥmad IV 52, Dijārbakrī II 54, 10 v. u. — 22 يسفل له Ḥalabi III 37 Zeile 15 erklärt اى يضربه من اسفل. — 23 فرجع السيف Dijārbakrī hat فسلّ عامر سيفه وذهب يسفل فتناول به ساق مرحب ليضربه وكان فى سيفه قصر فرجع سيفه على نفسه فاصاب ذباب السيف ركبة نفسه فقطع اكحله فكانت فيها موته —

Seite ٨١, 1 Musnad لو الله. — 2 O ان الذين كفروا بغوا علينا. In Wirklichkeit sollen كفروا und قد بغوا zur Wahl gestellt werden. Musnad hat in der Tat قد بغوا. — 6 وما „und niemals hat er für jemanden um Verzeihung gebeten, den er besonders nannte, ohne dass diesem das Martyrium zu Teil geworden wäre". — 7 متعتنا bei O wurmstichig; S متعنا Musnad متعتنا LA s.v. متع: امتع يقل بمعنًى ومتّعه وامتعه الله بكذا الله فلانا بفلان امتاعا اى ابقاه ليستمتع به. — 10 يخطر Nihāja s. v.

فخرج يخطر بسيفه اى يهزّه معجبا بنفسه متعرّضا للمبارزة او انّه : خطر
كان يخطر فى مشيته اى يتمايل ويمشى مشية المعجب الخ. — 14 حيدره Nihāja s.v. حدر : الحيدرة الاسد سمّى لغلظ رقبته والياء زائدة قيل انّه لمّا وُلد علىّ كان ابوه غائبا فسمّته امّه اسدا باسم ابيها فلمّا رجع سمّاه عليّا واراد بقوله حيدرة انّها سمّته اسدا وقيل بل سمّته حيدرة. — 15 Musnad hat اوفيهم für اكيلهم. Die übrigen Varianten sind zusammengestellt bei Ṭab. I 1580 ann. h—l. — 22 هربنا „wir sind geflohen und immer wieder hat uns ein Terrain hinunter geführt (in die Ebene) und ein anderes uns hinaufgehoben (zur Anhöhe). — 23 فذعبنا O(S) فذعب, was keinen Sinn giebt. Vielleicht kann man auch فذعبن lesen „so gingen sie (die Schätze) drauf". — 25 O مراح. Hier weiss also der Prophet von selbst, wo der Schatz vergraben ist; bei IHiš 763 (Ṭab. 1582) erzählt es ihm „ein Jude", bei Wāqidī (Wellh.) 278 verrät es der schwachsinnige Neffe. So ist bei Ibn Sa'd — oder vielmehr Ibn 'Abbās — der natürliche Verlauf in ein Wunder verwandelt.

Seite ٨٢, 8 المجثّمة Nihāja s. v. جثم : انّه نهى عن المجثّمة هى كلّ حيوان يُنْصَب ويُرْمى ليُقْتَل الاّ انّها تكثر فى الطير والارانب واشباه ذلك ممّا يجثم فى الارض اى يلزمها ويلتصق بها. — 10 Am Rande الانسية zu تمر hinzugefügt. — 22 جمع „jedes dieser Lose umfasste 100 (kleine) Lose". 23 لنوائبه Nihāja s. v. نأب : فى حديث خيبر قسمها نصفين نصفا لنوائبه وحاجاته ونصفا بين المسلمين النوائب جمع نائبة وهى ما ينوب (ed. ينون) الانسان اى ينزل به من المهمّات والحوادث. — ينزل O يرل S يترك. Dass ينزل richtig ist, ergiebt auch Nihāja s. v. نأب (s. oben). — 26 „sie hatten nicht Arbeiter genug, um die Bearbeitung des Bodens bewältigen zu können".

Seite ٨٣, 9 آبى اللحم vgl. über seinen eigentlichen Namen die verschiedenen Angaben Iṣāba I 17 und Usd I 34, wo der Beiname erklärt wird وانّما قيل له آبى اللحم لانّه كان لا يأكل ما ذبح على النصب وقيل كان لا يأكل اللحم الخ. — 14 ولدتنا = ولدت. — 15 Dieser Bericht des Ibn Isḥāq ist auch bei IHiš 758 ult. erhalten. — 18 O(S) يسقى IHiš 759, 4 erklärt يعنى اتيان الحبالى من السبايا. — 20 O(S) كذا يبيع der Abschreiber hat also ebenfalls an يبيع Anstoss genommen, für das ich يبع gesetzt habe. — 21 الآخر fehlt bei O. — 24 Sure 48, 18. — 25 Sure 48, 21. Lies لَمْ — 26 ان شاء الله vgl. Jasomirgott. Namen wie Inšāllāh oder Māšāllāh sind auch heute in Indien nicht selten; vgl. auch Revue du Monde musulman. Vol. 3 p. 273. Ḫulāṣa hat ليث بن سعد بن عبد الرحمن الفهمى ... عن سعيد المقبرى ... ولد سنة اربع وتسعين وتوفى سنة خمس وسبعين ومائة.

Seite ٨٤, 5 من اهل النار „(Gehört ihr) zu dem Volke der Hölle?" — 6 تخلفونا für تخلّفتونا, wie öfters. — اخسَؤا Sure 23, 110. — 9 اردنا leitet hier gewissermassen die directe Rede ein. — 16 S فنزل das ف ist entstanden aus dem Ḍamma in اللّيل bei O. — 20 قلت „da sagte ich mir". — 23 أروس „Stück Vieh" vgl. Dozy s. v. رأس. — 25 Diese انطاع — Stücke Leder (ebenso سفرة) — dienen als Tische; auch שלחן — vgl. سلخ und مسلاخ — war wohl ursprünglich ein solches Leder. Der Gaon Haj bemerkt zu dem mischnischen. שטיח: עור הוא והישמעאלים פורסים אותו למאכל בטייה (سفرة) סופרה vgl. Kreugel, Das Hausgerät in der Mischna p. 8 Anm. 4.

Seite ٨٥, 4 قال حماد Diese Bemerkung ist beachtenswert für die Entstehung des Wortlants der Ḥadiṯe ʿAbdalaziz hat wohl gleichzeitig mit Ḥammād bei Ṯābit Vorlesungen gehört. Er sagte zu Ṯābit — als er diesen Ḥadiṯ vortrug — „Abū Muḥammad hast du zu Anas gesagt < was gab er ihr als ṣaduqa? > und hat er darauf geantwortet (ich lese فقال für قال der Handschrift) < sie selbst (ihre Freiheit) hat er ihr als ṣaduqa gegeben >. Da bewegte Ṯābit den Kopf wie um seine Worte zu bestätigen." Der hier genannte عبد العزيز ist vielleicht عبد العزيز بن المختار الانصارى der als Schüler des ثابت erwähnt wird (s. Ḫulāṣa s. v.). Als Schüler des Anas — also Mithörer des Ṯābit — wird عبد العزيز بن صهيب genannt (Ḫulāṣa s. v.). — 9 عجز هوازن „Schwanz der Hawāzin" s. Wellhausen 297 Anm. — 15 Wāqidī fol. 164*b* hat über diesen Zug nur einen kurzen Bericht des Salama, der mit dem hier Zeile 16 bis 18 stehenden übereinstimmt. — 18 اهل ابيات (ebenso Musnad Aḥmad IV p. 46 Zeile 10) „vornehme Leute" vgl. die Nachweise über اهل بيوتات Gloss. Ṭab. — 21 O وشنينا. — 22 عنقا „eine Schar" Musnad Aḥmad IV, 46 Zeile 11 v. u. hat: ثمّ نظرت الى عنق من الناس فيه الذّرّيّة والنساء نحو الجبل وانا اعدو فى آثارهم فخشيت ان يسبقونى الى الجبل فرميت بسهم الخ. — 25 قشع LA قطعة والقشعة والقَشْع نطع خلق. وقيل هو النطع نفسه والقشع ايضا الفرو الخلق. Vgl. Ṭabarī I 1559 Anm. *a*.

Seite ٨٦, 10 في بواديهم gesichert durch Halabī III 206 Zeile 6 v. u.; Wāq. (Wellh.) 297 hat „in ihrem Vadi" und ebenso Dijārbakrī في الوادي.— 11 الدم bei Halabi durch العدد الكثير ersetzt. — 12 Halabī غنى. — Statt واصبحوا فحمل hat Halabī فلما اصبحوا حملوا. — 15 Von dem Rachezug, den auf Befehl des Propheten Ġālib Ibn ʿAbdallāh unternahm, (Wāq. Wellh. 297) erwähnt Ibn Saʿd hier nichts s. aber unten p. ٩١, 4 ff. Dagegen kennt er die Geschichte des Usāma Ibn Zaid, der einen Mann tötete, trotzdem er das islamische Glaubensbekenntnis ausgesprochen hatte, (Wāq. Wellh. 297/98), erzählt sie aber gelegentlich des *nächsten* Zuges, s. S. ٨٦, 23. Vgl. Caetani, Annali II p. 58 § 64 nota. — 25 انْ Druckfehler für انّ.

Seite ٨٧, O جبّار, nachher aber ohne Tašdīd. Halabī — vgl. Ṭab. I 1759 ann. *e*. — وجبار بفتح الجيم واد قريب من خيبر. Masʿūdī, Tanbīh 262 خُبار O يَمن Jāqūt: بالفتح ويروى بالضم. — 20 البِيَّض, besser wäre والبِيض, denn an البيض kann hier in einer prosaischen Erzählung nicht gedacht sein.

Seite ٨٨, 2 فحُبِس d. i. الهدى; die Opfertiere, die vorausgesandt worden waren, waren in Dū Ṭuwa zurückbehalten worden. — 4 O ينطلقه. — 8 Zu den Versen vgl. meine Anm. zu Ibn Saʿd III 2 p. ٨. und Ṭab. I 1595 ann. *a*. — 20 ظهر الكعبة, das Dach der Kaʿba. — 25 O عُمارة, Wellh. 302 Ammāra. Ich behalte die Lesung von O bei; ʿUmāra gehört vielleicht zu den Namen (wie جارية) die für Männer und Frauen in Gebrauch waren. Die bei Muštabih 372 genannten Frauen heissen allerdings alle عمّارة, aber dass der Frauenname Fatḥa und Tašdīd haben *müsse*, sagt auch er nicht. Iṣāba IV 703 hat ebenfalls kein Tašdīd ebenso wenig Usd V 508. — 28 قضى بها er sprach sie ihm zu zur Erziehung; heiraten durfte er sie aber nicht, da er schon mit ihrer Tante (خالة) verheiratet war s. Wāq. (Wellh.) 303.

Seite ٨٩, 2 فحمل اليه ميمونة Wāq. fol. 168*a* hat وخلّف ابا رافع ليحمل اليه زوجته. — 10 وهنّتهم ما d. i. حمّى يثرب. — 15 O hat فجمّعوا, zu ergänzen ist جمعا das auch Halabī III 208 ult. hat. — 16 Man erwartet اليه nach دعوتنا. — 17 القوم Halabī المسلمون. — 22 Hier übernimmt Ibn Saʿd von Anfang an den Bericht des Ibn Isḥāq, obwohl Wāq. (Wellh.) 307 seinen Bericht von demselben Gewährsmann hat wie Ibn Isḥāq und von denselben Überlieferern (vgl. Zeile 22). Hier giebt Ibn Saʿd den Bericht des Ibn Isḥāq nach einem anderen Überlieferer wieder, als den sonst bei ihm genannten (vgl. Anm. zu p. ٣٩ Zeile 6). ʿAbdallāh Ibn ʿAmr Abū Maʿmar — nach Ḫulāṣa عبد الله ابن عمرو ابن ابى الحجّاج التميمى المنقرى مولاهم ابو معمر البصرى — starb 224. — Über عبد الوارث بن سعيد hat Ḫulāṣa: عبد الوارث بن سعيد بن ذكوان التميمى العنبرى مولاهم ابو عبيدة التنّورى البصرى احد الاعلام رُمى بالقَدَر ولم يصحّ . . . قال ابن سعد وتوفّى سنة ثمانين ومائة. — 26 بنى المُوَّح بضمّ الميم وفتح اللام وتشديد الواو مكسورة ثم حاء مهملة بالكديد بفتح الكاف وكسر الدال المهملة. Ḥalabī III 209 Zeile 6 المُوَّح بالكديد.

Seite ٩٠, 1 الحارث بن البرصاء. IHiš 974, 4 (Ṭab. 1598, 10) الحارث بن مالك وهو ابن البرصاء; auch Wāq. fol. 170*a* الحارث بن مالك بن البرصاء. — 3 لم يضرّك Wāq. لا يضرّك, IHiš, Ṭab. فلن يضرّك. Für رباطنا يوما وليلة hat IHiš, Ṭab. رباط يوم وليلة. — 6 O(S) haben falsch اتى für اتيت; das richtige auch bei Ḥalabī. — 7 على الحاضر bei Ḥalabī III 209 Zeile 16 erklärt اى القوم المقيمين بمحلّهم. — 8 IHiš Ṭab. Ḥalabī und Wāq. انبطحت für اضطجعت. — 9 Für اوّل من يومى haben Ṭab. اوّل النهار, IHiš فى اول يومى. — 10 لا تكون „ob nicht die Hunde etwas herausgezogen haben". — 14 لو كانت „wenn es ein Kundschafter wäre". Die anderen Versionen haben تحرّك und nachher خالطه. Zu لا اباك bemerkt Ḥalabī III 209 Zeile 21 اى لا كافل لك غير نفسك وهو بهذا المعنى يذكر فى معرض المدح وربّما يذكر فى معرض الذمّ وفى معرض التعجّب لا بهذا المعنى. — 20 O بملء, wofür ich يملا lese. Vielleicht ist الله Subject und ماءً zu lesen. Wenn man ماءٌ liest, so liegt einer der Fälle vor, in denen trotz der Determination (in بالوادى) die relativische Anknüpfung nicht ausgedrückt ist (Vgl. Nöldeke, Zur Grammatik S. 100). — 21 O hat بماء für بما. — 22 Hier wird also auf Wāqidis Bericht Bezug genommen. — 25 O انا für انى und تعزبى. Zu den Versen vgl. Ṭab. I 1600, 3, 4, Wāq. (Wellh.) 308 und Anm. 1. „Abū'l-Qasim will nicht dass du frei schweifest auf einer Weide mit saftigen dichten Kraut, dessen Spitzen gelb sind wie Gold" (Wellh.). — O المذ / الذهب}.

Seite ٩١, 1 حرف etwa „Version", eig. „modus" s. Gloss. Ṭab. „diese Version, dass nämlich (انّه) u. s. w." Hier überliefert also ʿAbdalwāriṯ nicht direct von Ibn Isḥāq. — 4 Bei Wāq. folgt hier der Zug nach Ḏāt Aṭlāh (Wellh. 308) vgl. unten ٩٢, 10. Den hier bei Ibn Saʿd erzählten Rachezug verbindet Wāq. (Wellh.) 297 mit dem Zug des Bašīr (s. meine Anm. zu. ٨٩, 15). Ein genaues Datum hat Wāqidī nicht; er sagt nur, der Zug sei gleich nach dem Eintreffen der Kunde von Bašīrs Niederlage — Šaʿbān 7 — unternommen worden. — Hier wie bei den beiden folgenden Zügen giebt Ibn Saʿd gleich für den *Hauptbericht*, der auf Wāqidi zurückgeht, dessen Isnād an, während er diesen sonst anonym einzuführen pflegt. — 10 معهم Wāq. fol. 164*b* hat معه, was auch hier einzusetzen ist. — 12 Vor oder nach عليهم erwartet man فيها. — 18 شبل بن العلاء (vgl. Wāq. Wellh. 298) nicht in Taqrīb und Ḫulāṣa. Aber Tuḥfa 71 hat seinen Vater ابو شبل العلاء بن عبد الرحمن. — 20 آخى = واخى. — اوعز الينا synonym mit امرنا.

Seite ٩٢, 3 Die genauere Angabe der Lage des Ortes fehlt — wie gewöhnlich — bei Wāq. (Wellh.) 308. — 9 Dieser Zug folgt bei Wāq. (Wellh.) 308 unmittelbar auf den von al-Kadīd. Die Zeitangabe stimmt mit Wāq. überein. — 17 جريح فى القتلى „ein Verwundeter, der für tot liegen gelassen war". — 19 O بالبعثة, Ḥalabi بالبعث. — 23 O احد لهب, ich habe بنى dazwischen gesetzt.

Seite ٩٣, 8 Lies لكنّنى für لَكِنّى. — 21 وجدوا muss, wie der Text jetzt lautet, passivisch gelesen werden, obgleich in solchen Fällen der Plural selten ist (vgl. Nöldeke, zur Grammatik p. 78); vielleicht ist وَجدوا und اثنتين وسبعين zu lesen. Statt من das O(S) bieten, würde man eher فى erwarten. — 26 الآن حمى الوطيس s. Wāq. (Wellhausen) 312 Anm. 1. — 28 كرّار d.i. „sie ziehen sich nur zurück, um den Angriff zu erneuern" (Wellh. 313 Anm. 1).

Seite ٩٤, 3 ابو عامر, d. i. Abū ʿAmir al-Ašʿarī. — 24 ورايت فى بعضهم اعراضا damit ist Ibn Rawāḥa gemeint vgl. Wāq. (Wellh.) p. 311 unten.

Seite ٩٥, 6 بلى ʿAmr „war nämlich mit diesen Stämmen durch seine Grossmutter verwandt, welche aus Balij stammte" (Wāq. Wellh. 315). — 17 التخبّط liess statt dessen التخبط ebenso Zeile 18 und 22. — 23 O جزروا, am Rand in جزرا verbessert. — 25 خصرة O خضْرة Wellh. 318 Chadira Lies خضِرة ebenso Zeile 26 vgl. Jāqūt II 452.

Seite ٩٦, 3 حاضر Nihāja s. v. حضر: الحاضر القوم النزول على ماء يقيمون

به ولا يرحلون عنه. — 4 خصرة Lies خَصِرَة s. oben zu ٩٥, 25. — 11 Dieser Zug ist in der Übersicht bei Wāq. an dieser Stelle aufgeführt, aber er widmet ihm dann keinen besonderen Abschnitt s. Wellh. p. 325 Anm. 1. — 16 ولان تذهب „und damit die Nachrichten so gingen" (der Prophet ziehe wider die Idam). — 20 Sure 4, 96. — 21 Lies عَرَض für عَرْض.

Seite ٩٧, 3 متنكرين الخ IHiš 803, 13 hat nur مستخفيا. — 6 Wāq. fol. 177a ان هذا الذى صنعوا نقضا للمدّة, Dijārbakrī II 85 Zeile 17 ولما ندمت قريش على وعلموا ان هذا نقض للعهد Ḥalabī III 81 ult. نقضهم العهد ارسلوا ابا سفيان ليشدّ العقد ويزيد فى المدّة. Über مدّة „induciae" s. Gloss. Beladsori s.v. مدّ. — 9 وهو يجرّ رداءه Wāq. fol. 178b وهو يجرّ طرف رداءه Wellhausen 323 „ohne sich erst zu gürten". — 10 بنى كعب der Hauptstamm der Ḫuzā'a s. Wāq. Wellh. 323. — 12 اجرت بين الناس „pacem conciliavit" s. Gloss. Ṭab. s.v. جار; vgl. auch Wāq. Wellh. 324 Anm. 1. — Bei Ibn Sa'd fehlen die Worte des Abū Sufjān „und ich denke, dass Muhammad meinen Schutz respectieren wird" (Wāq. Wellh. 324), die erst Muḥammads Antwort („das sagst du") verständlich machen. — 14 واخذ بالانقاب erklärt Ḥalabī III 85, 3 واخذ بالانقاب اى الطرق. Zu خذ على ابصارهم vgl. Dozy s. v. اخذ على „faire mal, déranger la santé de quelq'un".

Seite ٩٨, 5 انّ lies انْ. — 7 حبس von S in جلس verlesen. Ḥalabī III 91, 23 ثمّ امر العبّاس ان يحبس ابا سفيان ... بمضيق الوادى حتى تمرّ به جنود الله. — 12 Über كداء und كُدى vgl. Jāqūt IV 241; Ṭab. I 1636 ann. f. — 16 O فرتنا aber unten ١٠٢, 11 hat auch O فرتنا wie IHiš 819, Ṭab. I 1642 Wāq. (Wellh.) 334. Vgl. zu فرتنا und برتنا Lammens in Mél. Fac. Or. Beyrouth III_1 p. 164 n. 5. — وقُرَيبة so bei O vocalisiert vgl. auch Muštabih 423. — 17 وكلّ الجنود الخ Wāq. fol. 186a فكلّ الجنود دخل ولم يلق جمعا. Bei O كدا / جمعا. — 24 Anstatt وخالد erwartet man والآخر خالد. O hat الاشعر für الاشقر. — 26 الا تنزل الخ Ḥalabī III 96 p. u. قل يا رسول الله اين تنزل غدا اتنزل فى دارك فقال وهل ترك لنا عقيل من دار.

Seite ٩٩, 1 جاء الحقّ Sure 17, 83. — 7 لبط بالناس LA s. v.: لُبط به ... اذا سقط من قيام „die Menschen waren niedergefallen ringsum die Kaʿba". — 10 O كذا / ترزاكم } IHiš 821, 4 v. u. اعطيكم ما اعطيتكم ما ترزؤن فيها ولا ترزؤن. Azraqī 186 Zeile 12 ولا ما ترزؤن انما اعطيكم ما ترزؤن منه. Ḥalabī III 113, 3 erklärt اعطيكم ما ترزؤن منه تبذلون فيه اموالكم للناس اى وهو السقاية لا ما تأخذون فيه من الناس اموالهم وهي الحجابة und Dijārbakrī II 94, 5 اعطيكم ما ترزؤن فيه لا ما ترزؤن منه قال ابو علىّ معناه انا اعطيكم ما تتموّنون على السقاية التى تحتاج الى مؤن اى فانتم ترزؤن بضمّ التاء وسكون الراء المهملة قبل الزاى المعجمة المفتوحة من الرزء بالضمّ وهو النقص اى يرزؤكم الناس اى ينقصونكم بالاخذ لتموينكم ايّاهم بتموين السقاية المعدّة لهم وامّا السدانة فيرزأ بها الناس بالبعث اليها اى بعث كسوة البيت اى لا يايق ان ترزؤا بفتح التاء وسكون الراء المهملة قبل المعجمة اى تنقصوا الناس باخذ اموالهم والتعرّض لذلك لشرفكم وقيل معنى ترزؤن فيه بضمّ المثنّاة اى تستجلبون به الاموال اى تاخذون منه اموال الناس كالحجابة. De Goeje ZDMG 61 p. 470 will bei Ibn Saʿd IV 16 Zeile 15 lesen ولا ترزؤكم ترزؤنها. An unserer Stelle scheint aber nach den Parallelstellen ولا ما ترزؤن منها oder ولا ما ترزؤنها für ترزؤنها zu stehen. — 12 لا تغزى Vgl. über die verschiedenen Versionen dieses Ausspruches Hartmann, MSOS VIII (1906) p. 153 Anm. 1. — 13 O الجزورة Nach Jāqūt II 292 ist حزورة eine falsche Schreibung der Muḥaddiṯūn. — 15 وبوانة Dieser Name einer Gottheit ist auch Ibn Saʿd I p. 103 Zeile 5 erwähnt, wozu man die Anmerkung Mittwochs vergleiche. Übrigens findet sich صنم بوانة auch Ibn Saʿd III 1 p. 276 Zeile 21 wo es freilich „der Götze von Buwāna" heissen kann. Hier aber haben wir ihn wieder deutlich als Namen eines Idols in Mekka. Sonst ist von einer solchen Gottheit nichts bekannt und De Goeje ZDMG 61 p. 448 bestreitet, dass es einen Gott dieses Namens gegeben habe. Merkwürdiger Weise scheint er hier bei Wāqidī zu fehlen (Wāq. Wellhausen 350); Ibn Saʿd hat ihn hier vielleicht aus eigner Machtvollkommenheit eingefügt, aber an den beiden oben erwähnten Stellen findet sich بوانة in Traditionen, die von Wāqidī dem Abū Bakr Ibn Abdallāh Ibn Abī Sabra nacherzählt werden. — 24 Muḥammad Ibn ʿUbaid aṭ-Ṭanāfisī, gest. 204, hier als Überlieferer von Ibn Isḥāq. — 25 Der Stern ist hinter قال zu setzen.

Seite ١٠٠, 2 خبره lies اخبره. — 5 O hat über ويرون noch كذا, vgl. Buḫārī, Ṣaḥīḥ: Kitāb aṣ-ṣaum Bāb 39 über Sure 2, 180 und 181. — 8 ان Druckfehler für انَّ. — 27 الحفرى Nach Ḫulāṣa s. v. عمر بن سعد am Rande (aus Tahḏīb) نسبة الى حفر وهو موضع بالكوفة; Sujuṭī Lubb al lubāb ed. Veth vocalisiert الحَفَرى.

Seite ١٠١, 3 O وحنينٌ. — 8 محرما . . . ولم يكن sonst hätte er nicht den Befehl zur Hinrichtung erteilt. — 15 عمّار الدهنى d. i. عمّار بن معاوية s. Ḫulāṣa. Die Nisbe von دهن بطن من بجيلة s. Lubb al Lubāb ed. Veth. s.v. — 16 دخل d. h. مَكَّة. — 23 لفنج Druckfehler für الفنج.

Seite ١٠٢, 8 Anstatt des von den Handschriften gebotenen امشى بها ist aus metrischen Gründen zu lesen بها امشى. — 14 Die Handschrift hat hier wie Zeile 16 deutlich منى, nicht حتى. — 21 قد امكن „Gott hat sie in die Gewalt dessen gegeben, der am besten weiss, was sie getan haben". — 22 Sure 12, 92.

Seite ١٠٣, 3 البجلى O الحلى. — 4 عياش lies عَيّاش. — 8 Sure 44, 9. — 11 ويقول d. i. يقول عبد الله بن المغفّل وسمعت (s. Zeile 9). — 13 عُبَيّة Nihāja s. v. عبب: عبيّة . . . يعنى الكبْر وهى فعّولة او فُعّيلة فان كانت فعّولة فهى من التعبية لان المتكبّر ذو تكلّف وتعبية خلاف من يسترسل على سجيّته وان كانت فعّيلة فهى من عباب الماء وهو اوّله وارتفاعه وقيل انّ اللام قلبت ياء كما فعلوا فى تقضّى (= تقضّض) البازى
In Wirklichkeit gehört عبيّة zu aethiopischem ዐበየ und hat dieselbe Bedeutung wie ተዐቢት. — 16 Der Stern ist hinter قال zu setzen. — 17 جُذَعَان Druckfehler für جُذْعان. — 19 O ثمان عشرة. — 21 يقصر d. i. يقصر الصلاة. — 22 Hier ist wieder Jazīd Ibn Hārūn der Überlieferer von Ibn Isḥāq.

Seite ١٠٤, 6 O ثمان عشرة. — 19 Die Worte انّ رسول الله صلّعم werden weiterhin nicht mehr berücksichtigt; ich habe drei Punkte eingesetzt, um das Anakoluth anzudeuten. — 25 سبحة „the supererogatory prayer".

Seite ١٠٥, 4 O شبل so auch ad-Dāraquṭnī vgl. Muštabih 292. — 8 لا تغزى d.i. Mekka. — 25 O دمنع Wāqidī fol. 196*a* يمنع; Dijārbakrī II 107 Zeile 8 يمنع, ebenso Ḥalabī III 217 Zeile 20.

Seite ١٠٦, 1 O حدوا / يجد also richtig يجدوا. — 11 فهدموه Das Suffix gehört zu الصنم. — 20 وصدقنا بمحمد s. Gloss. Ṭabarī صدّق بفلان „credidit in aliquem". — 22 O تكونوهم Wāq. fol. 197a تكونوا هم „dass ihr sie (die Feinde) seiet".

Seite ١٠٧, 4 الجَوْنيّ so vocalisiert O; sowohl Gaunī als Ǵūnī ist als Nisba belegt. — 7, 8 Die Verse z. T. auch IHiš 839, 2, Aġānī VII, 21, Ibn al-Aṯīr, Tarīḫ II 196. — O ادبال und الحُقى Am Rande von O in alter Schrift قوله رخّين اذيال الحُقى يامرهنّ ان يمشين متمهّلات ويرخين اذيالهنّ غير فزعات والحُقى جمع حقو واربعن يخاطب نفسه ويامره بترك اعجالهنّ فى المشى ان يمنع القوم ثلث يمنعن اى يمنع هولاء القوم بين اطراف الذيل. IHiš hat اذلال, Aġānī قتال ثلاثة ايام ثاني امنعكنّ. Aus metrischen Gründen ist يفزعْن für يفزعنَ zu lesen. „Lasst die Säume eurer Kleider schleifen und halte dich gemächlich, so wie die Schlangen gehen, als wenn ihr (lies تَفْزَعْن) nicht in Schrecken versetzt wäret; wenn die Feinde drei (tägiger Kampf) abhalten kann, dann sollt ihr (o Frauen) verteidigt werden." Z. 8 hat IHiš ان يمنع اليوم النساء يمنعن. O hat ان دمنع القوم بلث دمنعن. — 11 O الاصل Ich lese mit IHiš الاطل, das LA s.v. erklärt منقطع الاضلاع من الحجبة وقيل القرب وقيل الخاصرة. „Es weiss die weisse mit den roten Weichen, welche der Besitzer der Schafherden und Kamele sein eigen nennt: wahrlich heute werde ich helfen, so lange ein Mann hilft". — 15, 16 O دملا. Für بيضاء hat IHiš صفراء, für اللاحجين hat er الحيزوم; was اللاحجين hier bedeuten soll, weiss ich nicht. „Es weiss die weisse, die den Genossen erfreut ... nicht durch Zerbeissen anfüllt: wahrlich ich werde heute schlagen und treten, so wie die schlagen, welche die trächtigen (Kameliunen) mit dem nach rückwärts geneigten Hals zurücktreiben helfen" IHiš hat ضرب المحلين مخضا قعسا. — 24 ff. Die Verse auch bei Ṭabarī I 1653 wo die Varianten aus anderen Quellen zusammengestellt sind. O hat خو / بالخرانق und جلهة. Nach Jāqūt IV 377 wäre ʿAbdallāh Ibn ʿAlqama der Verfasser. ارأيتك = اريتك. — 28 O hat تسعا De Goeje übersetzt im Gloss. Ṭab. s.v. وتر „vita tua prolongetur decem et septem annis continuis et octo deinceps".

Seite ١٠٨, 7 O النصرى; Naṣr ist ein Unterstamm von Hawāzin. — 12 من قلّة „weil wir zu wenig wären". — 16 تفرّقت اوصالهم „mit schlotternden Knien" (Wellh.). — 26 من يوم خرج vielleicht ist خروجه zu lesen.

Seite ١٠٩, 10 O نادى — يا اصحاب سورة البقرة Ḥalabī III 122 Zeile 19 erklärt وخصّ سورة البقرة بالذكر لانها اوّل سورة نزلت فى المدينة لانّ

فيها كم من فئة قليلة غلبت فئة كثيرة. — 11 حنّت: حنّ ist auch sonst mit على belegt, aber das gewöhnlichere الى steht auch weiter unten. — 14 فناولت Aus dem Bericht des al-ʿAbbās — Wāq. Wellhausen 359 — ist die erste Person stehen geblieben.

Seite ۱۱۰, 1 ثعلبة so auch Wāq. fol. 207*a*, Ṯābit bei Wellhausen 368 ist ein Versehen. — O القتل für القتال. — 2 رباب Wāq. Wellh. 365 Anm. 2 hat بنو ركاب oder ارباب. — 4 O بليه, aber die diakritischen Punkte unter dem ersten ي sind erst nachträglich eingefügt. Ich lese بليّة wie Wāq. 206*a* (Wellh. 365 unten), der بقصره hat für بقصر. — 5 وامر .... تجمع Zu der Construction von امر mit dem Imperfect ohne ان oder dergleichen vgl. die im Gloss. Ṭab. s.v. امر angeführten Fälle, besonders Ṭab. II 326 Zeile 3/4 وامر بحطب وقصب كان من وراء البيوت تحرق بالنار. — 9 O فاستانا vgl. Dijārbakrī II 124 Zeile 3 v.u. واستأنى صلعم بهوازن اى تربّص بهم وانتظرهم ان يقدموا عليه مسلمين ثمّ اتاه وفد من هوازن من اهل الطائف ولحقوا به بالجعرانة فاسلموا. — 15 اسيد بن جارية so auch Usd al-ġāba I 90 Tuḥfa 22 ult.; Wāq. Wellh. 376 hat hier Ḥāriṯa, dagegen nachher العلاء بن جارية, vgl. zu diesem Namen Ṭab. I 1680 ann. *c* und Tuḥfa p. 23 Zeile 1. — 23 اربعين so auch Ḥalabī III 134 Zeile 8 v. u., dagegen Wāq. (Wellh.) 376 „vier"; IHiš 881 Zeile 8 v.u. und Ḫamīs II 127 Zeile 13 haben اباعر.

Seite ۱۱۱, Nach TA s. v. برق ist Burqān richtiger als Birqān. — 8 وهنتموني Ḥalabī III 142 Zeile 15 وهنتموني اى اضعفتموني حيث صيرتموني منفردا. — 9 O(S) استانات ebenso Wāq. fol. 213*b*. Am Rand bei O Nihāja s. v. انا ausgezogen: في حديث غزوة حنين اختاروا احدى الطائفتين امّا المال فسبيل ذلك 11 — .وامّا السبي وقد كنت استانيت بكم اى انتظرت وتربّصت ebenso unten ۱۱۳ Zeile 21, = فليأخذ سبيل ذلك. — 12 وسلّمنا „und übergeben". — 17 O(S) {يرجع / ينصرف}. — 21 O(S) {ليلة / يوم}. — 22 O {كذا / اثنى عشرة}. — 23 كبائت Ḥalabī III 144 Zeile 6 v. u. hat واصبح فيها كبائت وفي لفظ اصبح بمكة كبائت وفيه نظر (d. i. der Sinn ist zweifelhaft). — 26 O(S) ابو عاصم الشيباني.

Seite ۱۱۲, 6 ما يالو ما اسرع, Wāq. fol. 202*a* لا يالو ما اسرع, ebenso Musnad Aḥmad I 207 Zeile 18. „der Prophet zauderte nicht voranzueilen", (= ما يالو الاسراع, da ein ما المديمومة nicht passt). — O {فا / حتى} اخذت Dijārbakrī II 114 Zeile 1/2 وكان العباس بن عبد المطلب

اخذا بلجام بغلته ارادة ان لا تسرع. — 10 قصرت „denn beschränkte sich die Aufforderung (Musnad hat الداعون für الدعوة) auf die Banū'l Ḥāriṯ". — 11 O فتنادوا Wāq. und Musnad فنادوا. — 12 O قبائلم Musnad كالمتطاول عليها الى قتالهم. — Es ist wohl gemeint هذا حينُ حَمْيِ الوطيس. — 22 O {نعطيه / فنعطيه}. — 24 O يرفعون statt des zu erwartenden يرفعوا; zur Auslassung von ان vgl. Anm. zu oben ١١. Zeile 5.

Seite ١١٣, 3 O {فيها / فيهما} Musnad Aḥmad V 286 فيهما. — اشر Nihāja s. v. الاشر البطر وقيل اشد البطر; gemeint ist, die Fasern waren gleichmässig lang. — 4 فتشامت Gloss. Ṭab. s. v. شم: „se invicem cognoverunt". — 5 كما قال الله gemeint ist Sure 9,25 ثمّ ولّيتم مدبرين. — 10 وفوه Musnad وفمه. O hat الجديدة, während Musnad, Dijārbakrī, Nihāja (s. v. جدّ) حديد lesen. — 11 الجديد Dijārbakrī II 115 Zeile 8 v. u. على الطست الجديد بالجيم المعجمة من قبيل امرأة قتيل; zu dem Masculinum جديد in Verbindung mit dem Femininum طست bemerkt auch Nihāja s. u. جدّ: لانّ امّا وصف الطست وهي مؤنثة بالجديد وهو مذكر تانيثها غير حقيقي فاوّله على الاناء والظرف او لانّ فعيلا يوصف به المؤنث بلا علامة تانيث كما يوصف به المذكر نحو امرأة قتيل وكف خضيب وكقوله تعالى انّ رحمة الله قريب من المحسنين. — 15 اخبرني d. i. Šuʿba hat mir erzählt. — 19 O سيوفهم wofür ich بسيوفهم einsetze. — 20 Für diesen Zug hat Wāqidī keinen besonderen Abschnitt, s. Wāq. Wellh. 368. — 21 Ḥalabī III 221 Zeile 5 v. u. تهمة für تهمة, das auch IHiš. 254 und Iṣāba haben. — 23 Ḥalabī III 221 Zeile 5 v. u. المسير für السير. — 25 O {عنه / يحش} Wāq. fol. 207*b* يحشى, Ḥalabī III 221 Zeile 3 v. u. يحتشى, Dijārbakrī II 121 Zeile 9 hat ebenfalls يحش.

Seite ١١٤, 1 الكَفْيْن steht في ضرورة الشعر für الكفين vgl. IHiš. II 83 (zu I 254 Zeile 10) und de Goeje ZDMG LXI p. 482. — 2 O {انى / انا} IHiš. 254 hat حشوت für حششت; Wāq. fol. 207*b* und Dijārbakrī II 121 haben حشيت. — 5 O {بازية / الدارية} Wāq. الزرانة Ḥalabī III 221 ult. الراوية Iṣāba III 1214 und Usd al-ġāba s. v. النعمان بن الزراع kennen die Form البازية, die ich beibehalte. — 13 رجل جراد vgl. Nihāja s. v. رجل:

الرجل بالكسر لجراد الكثير. — Für جراحة hat Ḥalabī III 129 Zeile 7 v. u. جراحات, was besser ist. — 16 O(S) انتقض. — 18 حصار الطائف Ḥalabī III 130 Zeile 18 مدّة حصار الطائف Dijārbakrī طول حصاره. — Zu مائية عشر am Rande ويقال خمسة عشر vgl. Wellh. 369 unten. — 19 ونثر الحسك سقيبين من عيدان Wāq. fol. 208b hat ونثر رسول الله الحسك شقيقين حسك من عيدان „er stellte spanische Reiter auf, je zwei Stangen aus Holz"(?).

Seite ١١٥, 2 فضجّ Ḥalabī III 133 Zeile 2 فضجّ الناس ذلك und انرحل für نرحل. — 3 فاغدوا Ḥalabī III 133 Zeile 3 فاعدوا. — 7 واستقلّ القوم ذهبوا واحتملوا سائرين وارتحلوا LA s. v. قلّ (XIV 84) واستقلّوا. — 8 وائت بهم Ḥalabī III 133 Zeile 8 وائت بهم مسلمين Muḥammad — ein arabischer Bileam — soll sie verfluchen, betet aber für ihre Bekehrung. — 9 O(S) نا / عن حسن } — 24 O(S) الاتبية Wāq. fol. 281b اللنبية, vgl. Muštabih 452. — 26 ياخذوا العفو vgl. Sure 7, 198. — ويتوقّوا كرائم اموالهم vgl. Nihāja s. v. كرم: ومنه حديث الزكاة واتّق كرائم اموالهم اى نفائسها التى تتعلّق بها نفس مالكها ويختصّها لها حيث هى جامعة للكمال الممكن فى حقّها وواحدتها كريمة

Seite ١١٦, 2 وكانوا فيما بين السقيا gehört in O(S) zur Überschrift und ist eine sinnlose Abkürzung der Ortsbestimmung Zeile 3/4. — 11 O(S) الاثم — Halabī III 222 Zeile 12 ورباح بكسر الراء والمثناة تحت. Aber auch Wāq. hat wie O(S) رباح. — 12 O دنحا, wohl بكى. Die Wörterbücher verzeichnen بكى mit الى nicht, es ist mir aber auch sonst begegnet. — 16 Sure 49, 4. — 24 Sure 49, 6.

Seite ١١٧, 8 فاستعجم. Vgl. Wāq.-Wellh. 387 Anm. 2; von Ḥalabī III 225 Zeile 3 v. u. erklärt mit سكت. — ib. wird الحاضر erklärt mit وهم القوم النزول على ماء يقيمون به ولا يرتحلون عنه. — 10 Ḥalabī l. c. كثرت für كثر. — 17 القرطاء Ṭab. I 1759 Zeile 5 vocal. القُرَطاء LA s. v. قرط hat: وقرط وقُرَيط وقَرَيط بطون من بنى كلاب vgl. Jāqūt II 919₁. — 22 ولم يقتله ابنه Ibn Sa'd, wie schon Wāqidī – vgl. auch Caetani, Annali II. p. 230 — hebt hervor, dass der Sohn den Vater nicht tötete; Halabī III 226 Zeile 3 nennt den Sohn, der seinen Vater so behandelte gar nicht mehr وكان من جملة المسلمين شخص لقى اباه فى جملة القوم الخ. — 23 Lies المُدْلِجى für المُدْلَجى; O vocal. مُجَزِّز in Übereinstimmung mit Muštabih 468; ein Codex hat freilich مُحَرِّز s. de Jongs ann. 1.

Seite ۱۱۸, 1 Für اهل جدّة hat Wāq. fol. 220*b* اهل شعيبة بناحية مكّة. Halabī III 226 Zeile 13 ترائم اى فى مراكب وجدّة بضم الجيم وتشديد الدال المهملة قرية سميت بذلك لبناءها على ساحل البحر لان الجدّة شاطئ البحر Ich behalte die Orthographie der Handschriften bei (ترايائم), zumal auch sonst ترايا für تراءى vorkommt s. Gloss. Ṭab. s. v. رأى; Dijārbakrī und Halabī haben ترائم. — 4 Wāq. hat وكان für وكانت. — 5 تواثبتم الّا. Nach سأل findet sich ebenfalls الّا (s. Lane s. v.) wie sonst nach نشد und anderen Verben des Schwörens (Wright II 339). — 6 O hat فتحاجزوا, Wāq. فتحاجزوا, Halabī III 226 Zeile 18 فتحاجزوا. Ich lese nach IHiš. 998, 13 Dijārbakrī II 133, die يحتجز haben, فاحتجزوا, da حاجز V nicht belegt ist. — 8 الفُلْس so vocalisiert hier O und am Rande wird hinzugefügt الفلس بالفاء المضمومة واللام الساكنة قد ابو الحسن; ebenso hat auch Halabī III 226 ult. بضم الفاء. Ṭab. I 1786 Zeile 15 hat فلْس nach TA; vgl. die anderen Angaben bei Ṭab. 1786 ann. k. — 14 ملّوا mit Tašdīd bei O. — 16 المخذم Waq. fol. 221*b* hat المجذم. Aber die Lesart von O المخذم wird ausdrücklich als Ibn Sa'ds Lesung bei Dijārbakrī citiert, auch Halabī III 227 Zeile 6 v. u. hat المخذم ebenso Ṭabarī 1786. — 20 Über das Schicksal der Familie Ḥātims s. Wāq.-Wellh. p. 390. — 21 Diesen Zug kennt keine der sonstigen älteren Autoritäten, auch Wāqidī nicht, dessen Chronologie doch Ibn Sa'd sonst folgt. Nur Dijārbakrī II 134 Zeile 7 erwähnt ihn ebenfalls (nach Qastallānis Mawāhib); der Ort heisst dort al-Ḥubāb. Nähere Angaben macht auch er nicht. Vgl. Caetani, Annali II 235. Ein anderer Zug nach al-Ǵināb (ann. 7) steht bei Wāq. Wellh. 298, Ibn Sa'd oben p. ۸۷.

Seite ۱۱۹, 3 واعلمهم المكان Halabī III 145 Zeile 11 فلما يخرج فى غزوة الّا كنى عنها وورّى بغيرها الّا ما كان من غزوة تبوك vgl. weiter unten ۱۲۰ Zeile 20. — 6 Sure 9,93 wo الّا für لا ان. — 8 وهرمى بن عمرو; am Rande صوابه هرمى بن عبد الله الانصارى هذا ذكره فى الطبقة الثانية ممن شهد احدا. In Band IV$_1$ (ed. Lippert) fehlt jedoch der Artikel über ihn. — 9 الروايات; bei O كذا / الرواية — 13 ليؤذن ist gesichert durch Halabī, bei dem es heisst ليؤذن لهم فى التخلف فاذن لهم. — 20 مُرارة so vocalisiert O, ebenso Tuhfa 106.

Seite ۱۲۰, 1 يطاردها. Die Veranlassung zu dieser nächtlichen Jagd s. bei Wāq.-Wellh. 403. — 7 O hat مصاد, Dijārbakrī II 142 und Halabī haben مصان; auch TA kennt nur مَصان und مُصان. — 15 فحلفوا d. i. sie schwuren, dass triftige Gründe sie zurückgehalten hätten s. Waq.-Wellh. 412 oben. — 16 نزلت توبتهم s. Sure 9, 119. — 21 ورّى Nihāja s. v. كان اذا اراد سفرا ورّى بغيره اى ستره وكنى عنه واوهم انّه يريد غيره. Vgl. das moderne ورّى „zeigen". — 25 Sure 9,118.

Seite ١٣١, 2/3 Ḫulāṣa und Taqrīb kennen nur عبد الرحمن بن عبد الله بن كعب بن مالك, nicht عبد الله بن عبد الرحمن بن كعب بن مالك. — 22 براءة Sure 9,1.

Seite ١٣٢, 3 من اجل etwa „aus Anlass". — 5 Der Zug gegen die Banū ʿAbdalmadān steht auch bei Wāq. nur in der Übersicht s. Wellh. 417 Anm. 1. Vgl. Caetani Annali II p. 313. Über المدان als Göttername s. Wellhausen, Reste² 67. — 8 مرّتين Ḥalabi hat am Ende des Abschnittes über diesen Zug وذكر بعضهم انّه صلّعم بعث عليّا فى سريّة الى اليمن فاسلمت همدان كلّها فى يوم واحد فكتب بذلك الى رسول الله فلمّا قرأ كتابه خرّ ساجدا ثمّ جلس فقال السلام على همدان وتتابع اهل اليمن الى الاسلام قال فى الاصل انّ هذه السريّة هى الاولى وما قبلها السريّة الثانية. — 10 رمضان Bei O(S) ist nur ض erhalten; auch nach Wāq. (Wellh.) 418 fand der Zug im Ramadān statt. — 17 Lies السلمى, das ا ist abgesprungen und steht vor فأبوا (Zeile 16). — 23 Über die „ʿUmra" hat Wāqidī keinen besonderen Abschnitt, sondern nur einzelne Notizen (Wellh. p. 422 oben); deshalb besteht bei Ibn Saʿd dieser Abschnitt nur aus Einzelḥadīṯen und er hat über die ʿUmra soviel zusammengestellt, als er finden konnte.

Seite ١٣٣, 2 من قابل „im folgenden Jahre". — 4 خثيم die Namensform belegt bei Tuḥfa p. 46. — 7 نعمير nach Taqrīb بضمّ النون. — 16 صدّه فيها O(S) haben صدّه عنها, Ḥalabi III 7 Zeile 8 العمرة التى صدّ عن البيت فيها. — 23 محرّش vgl. zu der Form des Namens Ṭab. I 2955 annot. h, هكذا wird wegen der verschiedenen Möglichkeiten der Schreibung des Namens beigefügt.

Seite ١٣٤, 13 يانمون lies يأتمرون — تنبّئ bei O passivisch vocalisiert; das Passiv ist bei Ibn Saʿd mehrfach in der Bedeutung „Prophet werden" belegt vgl. Mittwochs Anmerkung zu I ٢٢ 7 ferner de

Goeje ZDMG Vol. LXI p. 443. — 20 اهلّ vgl. Wellhausen 421 Anm. 1. — 21 متمتعا s. Nihāja s. v. متع: التمتع بالحج له شرائط معروفة فى الفقه وهو ان يكون قد احرم فى اشهر الحج بعمرة فاذا وصل الى البيت واراد ان يحل ويستعمل ما حرم عليه فسبيله ان يطوف ويسعى ويحل ويقيم حلالا الى يوم الحج ثم يحرم من مكة بالحج احراما جديدا ويقف بعرفة ثم يطوف ويسعى ويحل من الحج فيكون قد تمتع بالعمرة فى ايام الحج اى انتفع لانهم كانوا لا يرون العمرة فى اشهر الحج فاجازها الاسلام. — 25 من كدا bei O كدا من.

Seite ۱۲٥, 3 اضطرب „er hatte sich (sein Zelt) aufschlagen lassen" vgl. Gloss. Ṭab. s. v. ضرب VIII „construi fecit". — 12 قزح Nihāja s. v.: هو القرن الذى يقف عنده الامام بالمزدلفة. — 14 اوضع O(S) haben واوضع. Zu اوضع vgl. Nihāja s. v. وضع: واوضع فى وادى محسر يقال وضع البعير يضع وضعا واوضعه راكبه ايضاعا اذا حمله على سرعة السير. — 18 وبناءة O hat وبداءة. — 19 الصدر vgl. Wellhausen, Reste[2] p. 80. — 24 يعدوننا „Sie betrachten uns nur als Knaben" (denen man Genauigkeit nicht zutraut). Bakr Ibn ʿAbdallah wird (s. z. B. Ḫulāṣa) als Ibn ʿUmars Schüler erwähnt. — 26 محمد بن عمرو d. i. Muḥammad Ibn ʿAmr Ibn ʿAlqama.

Seite ۱۲٦, 5 بهما d. i. ʿUmra und Ḥaǵǵ. — 6 بعمرة O(S) بعمره وحاجه. — 21 حكام Zu der Namensform vgl. Tuḥfa p. 39. — 22 البرّاء Taqrīb ابو العالية البرّاء بالتشديد البصرى. — 27 للحلال „a man who has quitted his state of احرام" (Lane).

Seite ۱۲۷, 6 بالحج so hier und Zeile 8; aber Zeile 10 الحج, wozu man vergleiche افرد الحج عن العمرة (Lane s. v. فرد). — 14 صبيح vgl. Taqrīb s. v. ربيع: صبيح بفتح المهملة. — 15 يستوى „das drei Dirham oder noch nicht einmal so viel wert war" Wakī und Hašim, die beide den gleichen Ḥadīṯ überliefern, geben ihre Meinung über den Wert des Sattels ab. — 22 فدلاء: der zunächst auffallende Dual, der eine Erklärung nötig macht, wird gebraucht, um die Bevorzugung des Alī besonders deutlich zu machen. قلت (Zeile 23) sagt Ibn Ǵuraiǵ, der den Ǵaʿfar fragt, wer es gewesen sei, der mit dem Propheten zusammen gegessen habe. Wāqidī Wellh. 429 hat die Tradition ebenfalls, aber dort ist nur von Muḥammad die Rede und Alī wird nicht erwähnt. Hier nimmt also wieder der Schiit Wāqidī die alidisch umgeformte Version nicht auf, wie er auch sonst in seinem كتاب المغازى seiner schiitischen Gesinnung nicht nachgiebt. Vgl. Horovitz, De Waqidii libro p. 43/44. Durch diese Tatsache wird die Angabe des Fihrist 98_{21} bestätigt, der von Wāqidī sagt: يلزم التقية; zu dem Ausdruck vergleiche man Goldziher ZDMG Vol. LX p. 221.

Seite ۱۲۸, 9 Sure 2,197. — 11 Die folgenden Hadiṯe bis ۱۲۹ Zeile 2 hat Ibn Sa'd alle von Wāqidī übernommen. — 27 قزعة Taqrīb s. v. بزاى وفتحات.

Seite ۱۲۹, 2 حزازة LA s. v. حزز: والحزازة والحزاز والحزّاز والحُزّاز كلّه وجع فى القلب من خوف ... الحزازة وجع فى القلب من غيظ ونحوه. — 5 يَعْمَر so ausdrücklich bei Taqrīb s. v. عبد الرحمن بن يعمر, sonst ist auch die Form يعمُر belegt, s. Muštabih 559. — 6 ليلة جمع Vgl. die verschiedenen Angaben über جمع bei Lane s. v. — 9 السفر Taqrīb s. v. عبد الله بن ابى السفر hat السفر بفتح الفاء. — 11 وقد O(S) haben قد, aber Musnad Aḥmad IV 15 hat richtig وقد. — 12 عرفات s. Wright, Grammar³ I 243 — وقضى تفثه vgl. Sure 22,30. — 24 حتى دخل منى Musnad Aḥmad I 210 حتى اذا دخل محسرا وهو من منى قال عليكم بحصى الخذف الخ. — السكينة Nihāja s. v. سكن: (وفى حديث الدفع من عرفة) عليكم السكينة اى الوقار والتأنى فى الحركة والسير. Vgl. dazu Goldziher, Abhandlungen I p. 183ff.

Seite ۱۳۰, 3 والغلوّ Nihāja s. v. غلا: ايّاكم والغلوّ فى الدين اى التشدّد فيه ومجاوزة الحدّ كحديثه الآخر انّ هذا الدين متين فاوغل فيه برفق وقيل معناه البحث عن بواطن الاشياء والكشف عن عللها وغوامض متعبداتها. — 6 ضحًى „am Mittag". — 9 مناسككم Nihāja s. v. نسك: ثم سميت امور الحج كلها مناسك. — 10 الزنجى d. i. مسلم بن خالد (Ḫulaṣa). — 21 فغدا غدوا Nihāja s. v.: وقد غدا يغدو غدوا والغدوة. — 22 عطاء d. i. عطاء بن ابى رباح, von dem es (Ḫulāṣa s. v.) heisst وقيل انه حجّ اكثر من سبعين حجة und von dem Ibn Abbās sagte, als ihn die Leute nach etwas fragten, تجتمعون علىّ وعندكم عطاء (ib.). — 27 غذول O(S) غذول.

Seite ۱۳۱, 9 لولا „würde es nicht Sunna werden (dadurch dass ich es diesmal täte), so hätte ich geschöpft". — 12 اسقة تبتغون O(S) اسنة تبتغون. Azraqī ed. Wüstenfeld 295 hat تتبعون ebenso Ibn Sa'd IV 1 p. 16 ult. „wollt ihr (damit) einem Herkommen des Propheten (folgen) oder ist für euch der Nabīḏ leichter als Honig und Milch". — 16 من أن تسيل الخ „als dass seine Rinnen von Honig und Milch fliessen"; vielleicht sind die Worte mit Rücksicht auf ארץ זבת חלב ודבש gewählt. لبن und عسل stehen freilich auch Sure 47,16. 17 (فيها انهار

من لبن . . . وانهار من خمر . . . وانهار من عسل) zusammen. Azraqī hat شعابنا (p. 296 Zeile 2). Bei Ibn Sa'd IV 1 p. 17 Zeile 3 steht فما يسرني ان سقايتها جرت على لبنا. — 19 يغلبكم „euch" d. i. die Banū ʿAbdalmuṭṭalib vgl. Wāq. (Wellh.) 430. — 26 تقعقع Nihāja s. v.:

خطبهم على راحلته وانها لتقصع بجرتها اراد شدّة المضغ وضمّ بعض الاسنان على البعض وقيل قصع الجرة خروجها من الجوف الى الشدق ومتابعة بعضها بعضا وانما تفعل الناقة ذلك اذا كانت مطمئنّة واذا خافت شيئا لم تخرجها. — 28 الا öfters vor وان s. Gloss. Ṭab. s. v. الا. — وان الولد للفراش vgl. dazu Gloss. Ṭab. s. v. حجر.

Seite ١٣٢, 3 الغاز s. Muštabih 382 Tuḥfa 88. — 10 نبيط بن شريط vgl. über diesen Überlieferer Hartmann, Die Tradenten erster Schicht im Musnad p. 24 (Separat Abzug). — 12 رجلي O(S) رجلى Musnad Aḥmad IV 305 hat فوضعت يدى على كتف ابى vgl. auch Iṣāba II 412. Ich lese رجلي entsprechend يدى des Musnad und der Iṣāba und da die Handschriften ماتقي haben, so muss auch رجلي Dual sein. — 18 جبر O(S) حبر, s. aber Taqrīb s. v. ربيعة بن كلثوم بن جبر. — Über ابو غادية vgl. Usd V 297, wo er meist ابو الغادية heisst. — 21 ترجعنّ Musnads Aḥmad V 68 hat ترجعوا. — 23 Der folgende Ḥadīṯ steht mehreren Variationen bei Ibn Saʿd VIII 224, Musnad VI 402.

Seite ١٣٣, 4 ففتحت „und unser Gehör wurde geöffnet, so dass wir hören konnten was er sagte, obwohl wir in unseren Wohnungen waren" Musnad Aḥmad IV 61 ففتحت اسماع اهل منى حتى سمعوه في منازلهم. — 6 O قال / تعال } — 12 تعذبونهم der Hdschr. behalte ich bei; man erwartet تعذبوهم, aber bei Ibn Saʿd findet sich öfters in solchen Fällen vor Suffixen die Form des Indicativ. Vgl. auch die Anmerkung zu ٣ Zeile 19. — 14 ردف Ṭabarī III 2399 hat das gleichbedeutende رديف in einer ähnlichen Tradition, Musnad Aḥmad III 485 hat ebenfalls ردف. — 21 رجب مضر, s. Wellhausen, Reste[2] p. 97. — 26 اليس البلد الخ d. i. „ist nicht das Land (in dem wir uns befinden) al-Ḥarām?" — 27 قال واحسبه „(Abū Bakra) sagte: und ich glaube er sagte <und eure Ehre>".

Seite ١٣٤ 2 اوعى so auch Musnad Aḥmad V 37; in O(S) ist es nicht ganz deutlich, ob ادعى oder اوعى gemeint ist. Auch das erstere gäbe allenfalls einen Sinn (vgl. Gloss. Ṭab. s. v. دعا) aber اوعى ist wahrscheinlicher, vgl. auch Nihāja s. v. وعى: فلان اوعى من فلان اى

اجفظ وافهم. — 3 فقد كان ذلك النخ „es war auch wirklich so: manche von denen, welchen es mitgeteilt wurde, beachteten es mehr, als manche, die es selbst hörten." — 6 يحجّون النخ d. i. zwei Jahre hintereinander machte man den Ḥaǵǵ im selben Monat. — 15 يصومهن Hier erwartet man wieder يصمهن s. Anmerkung zu ١٣٣ 12. — 19 انها d. i. ايام التشريق. — 21 اصحاب „wir, die Genossen" auch Musnad Aḥmad III 317 hat الاصحاب النبي الملنا. — 22 „(Jetzt) wo wir nur fünf Tage von ʿArafa sind, hat er uns befohlen". — 24 فنروح Musnad Aḥmad III 317 hat فيروح. — ومذاكيرنا النخ Buḫārī, (ʿUmra Bāb VI 2) فقالوا ننطلق الى الى منى نأس منى وذكر احدنا يقطر فبلغ النبيّ فقال لو استقبلت من امرى ما استدبرت ما اهديت ولولا ان معى الهدى لاحللت. — 25 من المنى Musnad Aḥmad منيّا. Nihāja s. v. منا: وكذلك تكرّر فى الحديث ذكر المنيّ بالتشديد وهو ماء الرجل وقد منى الرجل وامنى واستمنى اذا استدعى خروج المنيّ. — 26 لاحللت Musnad لحللت. — ولوكنت النخ „und hätte ich am Anfang gewusst, was ich jetzt am Ende weiss". — 28 فأعد Musnad فأعده.

Seite ١٣٥, 6 Sure 5, 5. — 8 منار Nihāja s. v. نور erklärt: منار جمع منارة وهى العلامة تجعل بين الحدّين. — 12 O ثمانية S ثمانية. — 13 الجرر Plural von جرير, das Nihāja erklärt als حبل من ادم نحو الزمام; den Plural جرر belegt Dozy aus Mubarrads Kāmil. — عبد الله d. i. عبد الله بن عمر.

Seite ١٣٦, 2 أنظرى Buḫārī (ʿUmra Bāb VIII) hat انتظرى. —3 القينا Buḫārī ائتينا. — لكنها, das ها hat keine grammatische Beziehung. نصبك erklärt Qasṭallānī تعبك لما فى انفاق المال فى الطاعات من الفضل ونع النفس عن شهواتها من المشقة. — 10 فاغر so ausdrücklich bei O, Ḥalabi III 229 Zeile 16 hat فاغر. — 11 Lies تَسْبِق für تَسْبِقْ, فاقلل statt فاقلِلْ. — 12 بدئ Ḥalabi l. c. وجعه به بدأ, IHiš. 999 ult. ابتدئ به Ṭab. I 1795 13 بدئ وجعه. — 18 الخريش so hier auch O, gegen Ibn Saʿd III. II p. 20 wo ich الخريس der Handschriften beibehalten habe Über die beiden Formen vgl. Muštabih 158 anm. 2. — 22 امارتى Ḥalabī تامبرى; aber auch Zeile 23 (امارتى اباه) ist hier (IHiš. 1007 Zeile 1 hat امارة ابيه) امارة wie ein Infinitiv von امر II gebraucht. — 24 وان كان kann so nur heissen „wenn er mir auch zu den liebsten gehört". Man erwartete eher

وانّه, aber auch Dijārbakrī I 172 Zeile 3 hat وان كان. Buḫarī (Maġāzī, Bāb Baʿṯ Usāma) hat وان هذا لمن احبّ الناس الىّ بعده und dann im nächsten Ḥadīṯ وان كان ابوه لمن احبّ الناس الىّ وان هذا لمن احبّ الناس الىّ بعده; das ist vielleicht der ursprünglichen Wortlaut. Über إِنْ mit nachfolgendem ل = انّ s. Lane s. v. ان (p. 107).

Seite ١٣٧, 1 اشتدّ O الله رسول استدّ برسول Ḥalabī III 230 Zeile 16 اشتدّ على رسول الله وجعه. Dijārbakrī hat برسول und IHiš. 1007 2 واستعزّ برسول الله وجعه. — 2 لدّوه s. darüber IHiš. 1007 شأن اللدود. Diese Behandlung soll danach aus Abessynien stammen. Wāq. Wellh. 434 Anm. 2 steht, Muḥammad sei gestorben اليوم الذى ولدوه فيه. Nach der gewöhnlichen Angabe ist zwar Muḥammad in der Nacht zum 12 Rabī I geboren worden (s. Caetani, Annali I p. 149), so dass das Datum stimmte (s. aber Caetani II p. 503), aber ولدوه ist unmöglich und es ist auch bei Wāqidī لدّوه zu lesen. — 11 الجرف s. darüber Caetani, Annali II p. 493 § 5 nota 3. — 13 الى بيت انخ Ḥalabī deutlicher ان يذهب باللواء الى بيت اسامة وان يمضى اسامة لما امر به. — 17 ابنى vgl. de Goeje, Mémoire sur la conquête de la Syrie[2] p. 18 und Caetani II p. 491. — 19 اعاصير Wāq. Wellh. 435 Anm. 1 اعاص. Der Plural دخاخين ist bei Dozy belegt. — 21 سبحة als Pferdenamen auch bei Nihāja s. v. سبح.

تصحیحات

صفحہ	سطر	خطأ	صواب
۷۳	۲۳	أنّ	ان
۷۴	۶	أنّ	ان
۷۴	۱۶	أنّ	ان
۸۶	۲۵	أنْ	انّ
۹۳	۸	لكنيَ	لكنّني
۹۵	۱۷, ۱۸, ۲۲	التخْبط	التخبّط
۹۵	۲۵	خُضْرة	خَضِرة
۹۶	۴	خُضْرة	خَضِرة
۹۶	۲۱	عِرْضَ	عَرَض
۹۸	۵	أنّ	ان
۱۰۰	۲	خبره	اخبره
۱۰۰	۸	ان	انّ
۱۰۱	۲۳	لفتح	الفتح
۱۰۲	۸	امشی بیا	بیا امشی
۱۰۳	۴	عیاش	عیّاش
۱۰۳	۱۷	جُذَعان	جُذْعان
۱۰۷	۷	یفزَعَنْ	تُفْزَعَنْ
۱۲۲	۱۷	لسلمی	السلمی
۱۳۶	۱۱	فافلّ	فافلِل

تصحيحات

صفحة	سطر	خطأ	صواب
٣	١٩	عدوا	عدوّا
٧	١٤	مناخ	مُناخ
١٠	٨	وصابح	وصابح
١٠	١٣	اوّل حارثة	اوّل حرثة
١٠	١٦	اوّل	اوّل
٢٣	٢٤	مَباجِره	مُبَاجِره
٢٤	١١	أنْ	أنّ
٣٠	٢١	حَنجر	جُنْجُر
٣٤	٢٢	غيرُه	غيرَه
٣٥	٣٦	عِرَنَة	عُرَنَة
٣٦	١١	أُنتبى	انتبى
٣٦	١١	هذاً	عداً
٣٧	٢٧	احد	آحّد
٣٩	٢٧	فقال	فقالوا
٤٥	١٩	قُتل عينُه	قَتل عينه
٤٦	١٣	افتدى	افتدىَ
٥٩	٦	سلمة الاكوع	سلمة بن الاكوع
٦٠	٧	فتيد	فتند
٦٠	٢٤	فآخُذ	فآخذ
٧٠	١٥	نتخلّق	نتُخلُقّ
٧٣	١١	فبايعته	فبايعته

كتاب الطبقات الكبير

تصنيف

محمد بن سعد كاتب الواقدي رحمهما الله وهو مشتمل ايضا على السيرة الشريفة النبوية على صاحبها افضل السلام

عني بتصحيحه وطبعه

ادوارد سخو

ناظر مدرسة اللغات الشرقية بمدينة برلين عاصمة البلاد الألمانية عهد به اليه من الجمعية العلمية الكبرى (اكادمي) الملوكانية البروسيانية بتلك المدينة مع مساعدة عدد من افاضل العلماء المستشرقين

طبع في مدينة ليدن المحروسة بمطبعة بريل

سنة ١٣٢٥ هجرية

الجزء الثاني

من

كتاب الطبقات الكبير

القسم الاول

في ذكر مغازي رسول الله صلعم وسراياه

عنى بتصحيحه وطبعه

الدكتور يوسف هوروويتس معلم اللغة العربية في ايم اى اوكالج عليكره

طبع في مدينة ليدن المحروسة بمطبعة بريل
سنة ١٣٢٥ هجرية

فهرست الابواب

بسم الله الرحمن الرحيم

ذكر عدد مغازى رسول الله صلعم وسراياه واسمائها وتواريخها

وجمل ما كان فى كل غزاة وسرية منها

اخبرنا محمد بن عمر بن واقد الأسلمى نا عمر بن عثمان بن عبد الرحمن بن سعيد بن يربوع المخزومى وموسى بن محمد بن ابراهيم بن الحارث التيمى ومحمد بن عبد الله بن مسلم ابن اخى الزهرى وموسى ابن يعقوب بن عبد الله بن وهب بن ربيعة بن الأسود وعبد الله بن جعفر بن عبد الرحمن بن المسور بن مخرمة الزهرى ويحيى بن عبد الله بن ابى قتادة الانصارى وربيعة بن عثمان بن عبد الله بن الهدير التيمى وابراهيم بن اسماعيل بن ابى حبيبة الأشهلى وعبد الحميد بن جعفر الحكمى وعبد الرحمن بن ابى الزناد ومحمد بن صالح التمار قال محمد بن سعد وأخبرنى رويم بن يزيد المقرى نا هارون بن ابى عيسى عن محمد ابن اسحاق وأخبرنى حسين بن محمد عن ابى معشر وأخبرنا اسمعيل بن عبد الله بن ابى أويس المدنى عن اسمعيل بن ابراهيم بن عقبة عن عمه موسى بن عقبة دخل حديث بعضهم فى حديث بعض قالوا * كان عدد مغازى رسول الله صلعم التى غزا بنفسه سبعا وعشرين غزوة وكانت سراياه التى بعث بها سبعا واربعين سرية وكان ما قاتل فيه من المغازى تسع غزوات بدر القتال وأحد والمريسع والخندق وقريظة وخيبر وفتح مكة وحنين

والطائف فهذا ما اجْتُمع لنا عليه ن وفى بعض روايتهم انّه قتل فى بنى النضير ولكنّ الله جعلها له نَفْلا خاصّة وقتل فى غزوة وادى القُرى مُنصرَفه من خيبر وقُتل بعض اصحابه وقتل فى الغابة ن قالوا وقدم رسول الله صلّعم المدينة حين هاجر من مكّة يوم الاثنين لاثنتى عشرة ليلة مضت من شهر ربيع الاوّل وهو المجتمَع عليه وقد روى بعضهم انّه قدم لليلتين خلتا من شهر ربيع الاوّل فكان اوّلَ لواء عقده رسول الله صلّعم لحمزة ابن عبد المطّلب بن هاشم فى شهر رمضان على رأس سبعة اشهر من مُهاجَر رسول الله صلّعم لواءً ابيض فكان الذى حمله ابو مرثد كنّاز بن الحُصين الغَنَوى حليف حمزة بن عبد المطّلب وبعثه رسول الله صلّعم فى ثلاثين رجلا من المهاجرين ن قال بعضهم كانوا شَطْرَيْنِ من المهاجرين والأنصار والمجتمع عليه انّهم كانوا جميعًا من المهاجرين ولم يبعث رسول الله صلّعم احدا من الانصار مَبْعثا حتّى غزا بهم بدرا وذلك انّهم شرطوا له انّهم يمنعونه فى دارهم وهذا الثبت عندنا ن وخرج حمزة يعترض لعير قريش قد جاءت من الشأم تريد مكّة وفيها ابو جَهْل بن هشام فى ثلثمائة رجل فبلغوا سِيفَ البحر يعنى ساحله من ناحية العِيص فالتقوا حتّى اصطفّوا للقتال فمشى مَجْدِىّ بن عمرو الجُهَنى وكان حليفا للفريقين جميعا الى هؤلاء مرّة والى هؤلاء مرّة حتّى حجز بينهم ولم يقتتلوا فتوجّه ابو جهل فى اصحابه وعيره الى مكّة وانصرف حمزة بن عبد المطّلب فى اصحابه الى المدينة ن

سريّة عُبيدة بن الحارث

ثمّ سريّة عبيدة بن الحارث بن المطّلب بن عبد مناف الى بطن رابغ فى شوّال على رأس ثمانية اشهر من مُهاجَر رسول الله صلّعم عقد له لواء ابيض كان الذى حمله مِسْطَح بن أُثاثة بن المطّلب بن عبد مناف بعثه رسول الله صلّعم فى ستّين رجلا من المهاجرين ليس فيهم انصارىّ فلقى ابا سفيان بن حرب وهو فى مائتين من اصحابه وهو على ماء يقال له أَحْياء من بطن رابغ على عشرة اميال من الجُحْفة وأنت تريد قُديدا عن يسار الطريق وإنّما نكبوا عن الطريق ليرعوا ركابهم فكان بينهم الرمىُ ولم يسلّوا السيوف ولم يصطفّوا للقتال وإنّما كانت بينهم المناوشة الّا انّ سعد بن ابى

وقّاص قد رمى يومئذ بسهم فكان اوّل سهم رُمى به في الاسلام ثمّ انصرف الفريقان على حاميتهم ن وفي رواية ابن اسحاق انّه كان على القوم عِكْرِمة بن ابى جهل ن

سَرِيّة سعد بن ابى وقّاص

ثمّ سريّة سعد بن ابى وقّاص الى الخرّار في ذى القعدة على رأس تسعة اشهر من مهاجر رسول الله صلعم عقد له لواء ابيض حمله المقداد بن عمرو البَهْرانى وبعثه في عشرين رجلا من المهاجرين يعترض لعير قريش تمرّ به وعهد اليه ان لا يجاوز الخرّار والخرّار حين تروح من الجُحْفة الى مكّة أبآر عن يسار المَحَجّة قريب من خُمّ قال سعد فخرجنا على اقدامنا فكنّا نكمن النهار ونسير الليل حتّى صبّحناها صُبْحَ خمس فنجد العيرَ قد مرّت بالأمس فانصرفنا الى المدينة ن

غزوة الأبْواء

ثمّ غزوة رسول الله صلعم الابواء في صفر على رأس اثنى عشر شهرا من مهاجره وحمل لواءه حمزةُ بن عبد المطّلب وكان لواء ابيض واستخلف على المدينة سعد بن عُبادة وخرج في المهاجرين ليس فيهم انصارىّ حتّى بلغ الابواء يعترض لعير قريش فلم يلق كيدا وهى غزوة ودّان وكلاهما قد ورد وبينهما ستّة اميال وهى اوّل غزوة غزاها بنفسه ن وفي هذه الغزوة وادع مخشىّ بن عمرو الضمرى وكان سيّدهم في زمانه على ان لا يغزو بنى ضمرة ولا يغزونه ولا يُكثروا عليه جمع ولا يعينوا عدوا وكتب بينه وبينهم كتابا ن وضمرة من بنى كنانة ثمّ انصرف رسول الله صلعم الى المدينة وكانت غيبته خمس عشرة ليلة ن اخبرنا اسماعيل بن عبد الله بن ابى أُويس نا كثير بن عبد الله المُزَنى عن ابيه عن جدّه قال * غزونا مع رسول الله صلعم اوّل غزوة غزاها الابواء ن

غزوة بُواط

ثمّ غزوة رسول الله صلعم بُواط في شهر ربيع الاوّل على رأس ثلاثة عشر

شهرا من مُهاجَره وحمل لواءه سعد بن ابى وقّاص وكان لواء ابيض واستخلف على المدينة سعد بن معاذ وخرج فى مائتين من اصحابه يعترض لعير قريش فيها اميّة بن خَلَف الجُمَحى ومائة رجل من قريش وألفان وخمسمائة بَعير فبلغ بُواط وهى جبال من جبال جُهينة من ناحية رَضْوَى وهى قريب من ذى خُشُب ممّا يلى طريق الشأم وبين بواط والمدينة نحو من اربعة بُرُد فلم يلق رسول الله صلعم كيدا فرجع الى المدينة **ن**

غزوة طَلَبِ كُرْزِ بن جابر الفِهْرى

ثمّ غزوة رسول الله صلعم لطلب كُرز بن جابر الفهرى فى شهر ربيع الاوّل على رأس ثلاثة عشر شهرا من مُهاجَره وحمل لواءه علىّ بن ابى طالب وكان لواء ابيض واستخلف على المدينة زيد بن حارثة وكان كرز بن جابر قد اغار على سَرْح المدينة فاستاقه وكان يرعى بالجمّاء والسَّرْح ما رعوا من نَعَمهم والجمّاء جبل ناحيةَ العَقيق الى الجُرُف بينه وبين المدينة ثلاثة اميال فطلبه رسول الله صلعم حتّى بلغ واديا يقال له سَفَوان من ناحية بدر وفاته كرز بن جابر فلم يلحقه فرجع رسول الله صلعم الى المدينة **ن**

غزوة ذى العُشيرة

ثمّ غزوة رسول الله صلعم ذا العُشيرة فى جمادى الآخرة على رأس ستّة عشر شهرًا من مُهاجَره وحمل لواءه حمزة بن عبد المطّلب وكان لواء ابيض واستخلف على المدينة ابا سَلَمة بن عبد الأَسَد المخزومى وخرج فى خمسين ومائة ويقال فى مائتين من المهاجرين ممّن انتدب ولم يُكْرِه احدا على الخروج وخرجوا على ثلاثين بعيرا يعتقبونها خرج يعترض لعير قريش حين ابدأت الى الشأم وكان قد جاءه الخبر بفصولها من مكّة فيها اموال قريش فبلغ ذا العُشيرة وهى لبنى مُدْلِج بناحية يَنْبُع وبين يَنْبُع والمدينة تسعة بُرُد فوجد العير التى خرج لها قد مضت قبل ذلك بأيّام وهى العير التى خرج لها ايضا يريدها حين رجعت من الشأم فساحلت على البحر وبلغ قريشا خبرها فخرجوا يمنعونها فلقوا رسول الله صلعم ببدر فواقعهم وقتل منهم من قتل وبذى العُشيرة كنى رسول الله صلعم علىَّ بن ابى طالب ابا تراب

وذلك انه رآه نائما متمرّغا فى البَوْغاء فقال اجلسْ ابا تراب فجلس وفى هذه الغزوة وادع بنى مُدْلج وحلفاءهم من بنى ضمرة ثمّ رجع الى المدينة ولم يلق كيدا **ن**

سريّة عبد الله بن جَحْش الأَسَدى

ثمّ سريّة عبد الله بن جحش الأَسَدى الى نخلة فى رجب على رأس سبعة عشر شهرا من مُهاجَر رسول الله صلّعم بعثه فى اثنى عشر رجلا من المهاجرين كلّ اثنين يعتقبان بعيرا الى بطن نَخْلة وهو بستان ابن عامر الذى قُرْبَ مكّة وأمره ان يرصد بها عيرَ قريش فوردت عليه فهابهم اهل العير وأنكروا امرهم فحلق عُكّاشة بن مِحْصَن الأَسَدى رأسه حلقه عامر بن ربيعة ليطمئنّ القوم فأَمِنوا وقالوا هم عُمّار لا بأس عليكم منهم فسرّحوا ركابهم وصنعوا طعامًا وشكّوا فى ذلك اليوم اهو من شهر الحرام ام لا ثمّ تشجّعوا عليهم فقاتلوهم فخرج واقد بن عبد الله التميمى يَقْدُم المسلمين فرمى عمرو بن الحضرمى فقتله وشدّ المسلمون عليهم فاستأسر عثمان بن عبد الله بن المُغيرة والحكم بن كَيْسان وأعجزهم نوفل بن عبد الله بن المُغيرة واستاقوا العير وكان فيها خَمْر وأدم وزَبيب جاءوا به من الطائف فقدموا بذلك كلّه على رسول الله صلّعم فوقفه وحبس الاسيرين وكان الذى اسر الحكم بن كيسان المِقْدادُ بن عمرو فدعاه رسول الله صلّعم الى الاسلام فأسلم وقُتل ببئر معُونة شهيدا **ن** وكان سعد بن ابى وقّاص زميل عتبة ابن غزوان على بعير لعُتبة فى هذه السريّة فضلّ البَعير بحُرانَ وهى ناحية معدن بنى سليم فأقاما عليه يومين يبغيانه ومضى اصحابهم الى نخلة فلم يشهدها سعد وعتبة وقدما المدينة بعدهم بأيّام ويقال انّ عبد الله بن جحش لمّا رجع من نخلة خمّس ما غنم وقسم بين اصحابه سائر الغنائم فكان اوّل خُمْس خُمِّس فى الاسلام **ن** ويقال انّ رسول الله صلّعم وقف غنائم نخلة حتى رجع من بدر فقسمها مع غنائم بدر وأعطى كلّ قوم حقّهم وفى هذه السريّة سمّى عبد الله بن جحش امير المؤمنين **ن**

غزوة بدر

ثمّ غزوة رسول الله صلّعم بدر القتال ويقال بدر الكبرى قالوا لمّا تحيّن رسول الله صلعم انصراف العير من الشأم التى كان خرج لها يريدها حتّى بلغ ذا العُشيرة بعث طلحة بن عُبيد الله التيمى وسعيد بن زيد بن عمرو بن نُفيل يتحسّسان خبر العير فبلغا التَّجْبار من ارض الحَوْراء فنزلا على كشد الجُهَنى فأجارهما وأنزلهما وكتم عليهما حتّى مرّت العير ثمّ خرجا وخرج معهما كشد خفيرا حتّى اوردهما ذا المَرْوة وساحلت العير وأسرعت فساروا بالليل والنهار فَرَقًا من الطلب فقدم طلحة وسعيد المدينة ليُخْبِرا رسول الله صلّعم خبر العير فوجداه قد خرج وكان قد ندب المسلمين للخروج معه وقال هذه عير قريش فيها اموالهم لعلّ الله ان يُغَنِّمَكموها فأسرع من اسرع الى ذلك وأبطأ عنه بَشَرٌ كثير ن وكان من تخلّف لم يُلَمْ لأنّهم لم يخرجوا على قتال انّما خرجوا للعير فخرج رسول الله صلّعم من المدينة يوم السبت لاثنتى عشرة ليلة خلت من شهر رمضان على رأس تسعة عشر شهرا من مُهاجَره وذلك بعد ما وجّه طلحة بن عبيد الله وسعيد بن زيد بعشر ليال وخرج من خرج معه من المهاجرين وخرجت معه الانصار فى هذه الغزاة ولم يكن غزا بأحد منهم قبل ذلك وضرب رسول الله صلّعم عسكره ببئر ابى عِنَبة وهى على ميل من المدينة فعرض اصحابه وردّ من استصغر وخرج فى ثلثمائة رجل وخمسة نفر كان المهاجرون منهم اربعة وسبعين رجلا وسائرهم من الانصار وثمانية تخلّفوا لعلّة ضرب لهم رسول الله صلّعم بسهامهم وأُجورهم ثلاثة من المهاجرين عثمان ابن عفّان خلّفه رسول الله صلعم على امرأته رُقَيّة بنت رسول الله صلّعم وكانت مريضة فأقام عليها حتّى ماتت وطلحة بن عُبيد الله وسعيد ابن زيد بعثهما يتحسّسان خبر العير وخمسة من الانصار ابو لُبابة ابن عبد المنذر خلّفه على المدينة وعاصم بن عدىّ العَجْلانى خلّفه على اهل العالية والحارث بن حاطب العَمْرى ردّه من الرَّوْحاء الى بنى عمرو ابن عوف لشىء بلغه عنهم والحارث بن الصِمّة كُسر بالرَّوحاء وخوّات ابن جُبير كُسر ايضا فهؤلاء ثمانية لا اختلاف فيهم عندنا وكلّهم مستوجب

وكانت الابل سبعين بعيرا يتعاقب النفر البعير وكانت الخيل فرسين فرس للمقداد بن عمرو وفرس لمرثد بن ابى مرثد الغنوى وقدّم رسول الله صلعم أمامه عينين له الى المشركين يأتيانه بخبر عدوّه وهما بَسْبَس بن عمرو وعدىّ ابن ابى الزغباء وهما من جُهينة حليفان للأنصار فانتهيا الى ماء بدر فعلما الخبر ورجعا الى رسول الله صلعم وكان بلغ المشركين بالشأم انّ رسول الله صلعم يرصد انصرافهم فبعثوا ضمضم بن عمرو حين فصلوا من الشأم الى قريش بمكة يخبرونهم بما بلغهم عن رسول الله صلعم ويأمرونهم ان يخرجوا فيمنعوا عيرهم فخرج المشركون من اهل مكة سراعا ومعهم القيان والدفوف وأقبل ابو سفيان بن حرب بالعير وقد خافوا خوفا شديدا حين دنوا من المدينة واستبطئوا ضمضما والنفير حتّى ورد بدرا وهو خائف من الرصد فقال لمجدىّ بن عمرو هل احسستَ احدا من عيون محمد فانّه والله ما بمكة من قرشىّ ولا قرشيّة له نَشّ فصاعدا الّا قد بعث به معنا فقال مَجْدىّ والله ما رأيتُ احدا أُنكره الّا راكبين أتيا الى هذا المكان وأشار له الى مُناخ عدىّ وبسبس فجاء ابو سفيان فأخذ ابعارا من بعيريهما ففتّه فاذا فيه نَوًى فقال علائف يثرب هذه عيون محمد فضرب وجوهَ العير فساحل بها وترك بدرا يسارا وانطلق سريعا وأقبلت قريش من مكة فأرسل اليهم ابو سفيان بن حرب قيسَ بن امرئ القيس يخبرهم انّه قد احرز العير ويأمرهم بالرجوع فأبت قريش ان ترجع وردّوا القيان من الجُحْفة ولحق الرسول ابا سفيان بالهَدّة وهى على سبعة اميال من عُسْفان اذا رُحْت من مكة عن يسار الطريق وسكّانها بنو ضمرة وناس من خُزاعة فأخبره بمُضىّ قريش فقال وا قوماه هذا عَمَلُ عمرو بن هشام يعنى ابا جهل ابن هشام وقال والله لا نبرح حتّى نَرِدَ بدرا وكانت بدر موسما من مواسم الجاهليّة يجتمع بها العرب بها سوق وبين بدر والمدينة ثمانية بُرُد وميلان وكان الطريق الذى سلكه رسول الله صلعم الى بدر على الرَوْحاء وبين الروحاء والمدينة اربعة ايّام ثمّ بريد بالمُنْصَرَف ثمّ بريد بذات أَجْذال ثمّ بريد بالمَعْلاة وهى خَيْف السلم ثمّ بريد بالأُثيل ثمّ ميلان الى بدر وكانت قريش قد ارسلت فُرات بن حَيّان العِجْلى وكان مقيما بمكة حين فصلت قريش من مكة الى ابى سفيان يخبره بمسيرها وفصولها فخالف ابا سفيان

في الطريق فوافى المشركين بالجُحْفة فمضى معهم فجُرح يوم بدر جراحات وهرب على قدميه ورجعت بنو زهرة من الجحفة اشار عليهم بذلك الأَخْنَس ابن شَريق الثقفي وكان حليفا لهم وكان فيهم مطاعا وكان اسمه أُبيّ فلمّا رجع ببني زهرة قيل خنس بهم فسُمّى الأَخنس وكان بنو زهرة يومئذ مائة رجل وقال بعضهم بل كانوا ثلثمائة رجل وكانت بنو عديّ بن كعب مع النّفير فلمّا بلغوا ثنيّة لَفْت عدلوا في السَحَر الى الساحل منصرفين الى مكّة فصادفهم ابو سفيان بن حرب فقال يا بني عديّ كيف رجعتم لا في العير ولا في النفير فقالوا انت ارسلت الى قريش ان ترجع ويقال بل لقيهم بمرّ الظَّهْران فلم يشهد بدرا من المشركين احد من بني زهرة ولا من بني عديّ ومضى رسول الله صلّعم حتّى اذا كان دون بدر اتاه الخبر بمسير قريش فأخبر به رسول الله صلّعم اصحابه واستشارهم فقال المقداد بن عمرو البَهْراني والذى بعثك بالحقّ لو سرت بنا الى بِرْك الغِماد لسرنا معك حتّى ننتهى اليه ثمّ قال رسول الله صلّعم اشيروا عليّ وانّما يريد الانصار فقام سعد بن مُعاذ فقال انا اجيب عن الانصار كأنّك يا رسول الله تريدنا قال اجلْ قال فامضِ يا نبيّ الله لما اردت فوالذى بعثك بالحقّ لو استعرضت هذا البحر فخضته لخضناه معك ما بقى منّا رجل واحد فقال رسول الله صلّعم سيروا على بركة الله فإنّ الله قد وعدنى احدى الطائفتين فوالله لكأنّى انظر الى مَصارع القوم وعقد رسول الله صلّعم يومئذ الألوية وكان لواء رسول الله صلّعم يومئذ الاعظم لواء المهاجرين مع مُصْعَب بن عُمير ولواء الخزرج مع الحُباب بن المُنذر ولواء الاوس مع سعد بن مُعاذ وجعل رسول الله صلّعم شعار المهاجرين يا بنى عبد الرحمن وشعار الخزرج يا بنى عبد الله وشعار الاوس يا بنى عُبيد الله ويقال بل كان شعار المسلمين جميعا يومئذ يا منصور أَمِتْ ن وكان مع المشركين ثلاثة الوية لواء مع ابى عزيز بن عُمير ولواء مع النضر بن الحارث ولواء مع طلحة بن ابى طلحة وكلّهم من بنى عبد الدار ونزل رسول الله صلّعم ادنى بدر عشاء ليلة جمعة لسبع عشرة مضت من شهر رمضان فبعث عليّا والزُبير وسعد ابن ابى وقّاص وبَسْبَس بن عمرو يتحسّسون خبر المشركين على الماء فوجدوا روايا قريشٍ فيها سُقاؤهم فأخذوهم وبلغ قريشا خبر رسول الله صلّعم وأنّه

قد اخذ سُقاءهم فماج العسكر وأُتى بالسُّقاء الى رسول الله صلعم فقال اين قريش فقالوا خلف هذا الكثيب الذى ترى قال كم هم قالوا كثير قال كم عددهم قالوا لا ندرى قال كم ينحرون قالوا يوما عشرا ويوما تسعا فقال صلعم القوم ما بين الالف والتسعمائة فكانوا تسعمائة وخمسين انسانا وكانت خيلهم مائة فرس وقال الحُباب بن المُنذر يا رسول الله انّ هذا المكان الذى انت به ليس بمنزل انطلقْ بنا الى ادنى ماء الى القوم فانّى عالم بها وبقُلُبها بها قليبٌ قد عرفتُ عُذوبة مائه لا يَنْزَح ثمّ نبنى عليه حوضا فنشرب ونقاتل ونُعوّر ما سواه من القُلُب فنزل جبريل على رسول الله صلعم فقال الرأْىُ ما اشار به الحُباب فنهض رسول الله صلعم ففعل ذلك فكان الوادى دَهْسا فبعث الله تبارك وتعالى السماء فلبّدت الوادىَ ولم يمنع المسلمين من المسير وأصاب المشركين من المطر ما لم يقدروا ان يرتحلوا معه وانّما بينهم قوْزٌ من الرمل وأصاب المسلمين تلك الليلةَ النُّعاس وبُنى لرسول الله صلعم عريش من جَريد فدخله النبىّ وأبو بكر الصدّيق وقام سعد بن مُعاذ على باب العريش متوشّحا بالسيف فلمّا اصبح صفّ اصحابه قبل ان تنزل قريش وطلعت قريش ورسول الله صلعم يُصفّف اصحابه ويعدّلهم كأنّما يُقوّم بهم القدحَ ومعه يومئذ قدح يشير به الى هذا تقدّم والى هذا تأخّر حتّى استووا وجاءت ريح لم يروا مثلها شدّةً ثمّ ذهبت فجاءت ريح اخرى ثمّ ذهبت فجاءت ريح اخرى فكانت الاولى جبريل عليه السلام فى الف من الملائكة مع رسول الله صلعم والثانية ميكائيل عليه السلام فى الف من الملائكة عن ميمنة رسول الله صلعم والثالثة سرافيل فى الف من الملائكة عن ميسرة رسول الله صلعم وكان سيماء الملائكة عمائم قد ارخوها بين اكتافهم خُضْرٌ وصُفر وحُمر من نور والصوف فى نواصى خيلهم فقال رسول الله صلعم لأصحابه انّ الملائكة قد سوّمت فسوّموا فأعلموا بالصوف فى مغافرهم وقلانسهم وكانت الملائكة يوم بدر على خيل بُلْق قال فلمّا اطمأنّ القوم بعث المشركون عُمير بن وهْب الجُمحى وكان صاحب قداح فقالوا احْزِرْ لنا محمدا وأصحابه فصوّب فى الوادى وصعّد ثمّ رجع فقال لا مَدَدَ لهم ولا كمينَ القومُ ثلثمائة ان زادوا زادوا قليلا ومعهم سبعون بعيرا وفرسان يا معشر قريش البلايا تحمل المنايا نواضحُ يثرب تحمل الموتَ الناقعَ قوم

ليست لهم مَنَعَة ولا ملجأ الّا سيوفهم أمّا ترونهم خُرْسًا لا يتكلّمون يتلمّظون تلمّظ الأفاعي والله ما ارى ان تَقتل منهم رجلا حتّى يُقْتل منّا رجل فاذا اصابوا منكم عددهم فما خير في العيش بعد ذلك فَرَوْا رأيكم فتكلّم حَكيم بن حزام ومشى في الناس وأتى شيبة وعتبة وكانا ذوى تقيّة في قومهما فأشاروا على الناس بالانصراف وقال عتبة لا تردّوا نصيحتي ولا تُسَفّهوا رأيي فحسده ابو جهل حين سمع كلامه فأفسد الرأي وحرّش بين الناس وأمر عامر بن الحضرمي ان يَنْشد اخاه عمرا وكان قُتل بنَخْلة فكشف عامر وحثا على استه التراب وصاح وا عمراهْ يُخْزي بذلك عتبة لأنّه حليفه من بين قريش وجاء عُمير بن وَهْب فناوش المسلمين فثبت المسلمون على صفّهم ولم يزولوا وشدّ عليهم عامر بن الحضرمي ونَشبت الحرب فكان اوّل من خرج من المسلمين مِهْجَع مولى عمر بن الخطّاب فقتله عامر بن الحضرمي وكان اوّل قتيل قُتل من الأنصار حارثة بن سُراقة ويقال قتله حِبّان بن العَرِقة ويقال عُمير بن الحُمام قتله خالد بن الأعلم العُقيلي ثمّ خرج شيبة وعتبة ابنا ربيعة والوليد بن عتبة فدعوا الى البراز فخرج اليهم ثلاثة من الانصار بنو عَفْراء مُعاذ ومُعوّذ وعوف بنو الحارث فكره رسول الله صلّعم ان يكون اوّل قتال لقى فيه المسلمون المشركين في الانصار وأحبّ ان تكون الشَوْكة ببني عمّه وقومه فأمرهم فرجعوا الى مَصافّهم وقال لهم خيرا ثمّ نادى المشركون يا محمد أَخْرِجْ الينا الأكْفاء من قومنا فقال رسول الله صلّعم يا بني هاشم قوموا قاتلوا بحقّكم الذي بعث الله به نبيّكم اذ جاءوا بباطلهم ليُطْفئوا نور الله فقام حمزة بن عبد المطّلب وعليّ بن ابي طالب وعُبيدة بن الحارث بن المطّلب بن عبد مناف فمشوا اليه فقال عتبة تكلّموا نعرفْكم وكان عليهم البَيْض فقال حمزة انا حمزة بن عبد المطّلب اسد الله وأسد رسوله فقال عتبة كُفْؤ كريم وأنا اسد الحلفاء من هذان معك قال عليّ بن ابي طالب وعبيدة بن الحارث قال كُفْئان كريمان ثمّ قال لابنه قم يا وليد فقام اليه عليّ بن ابي طالب فاختلفا ضربتين فقتله عليّ ثمّ قام عتبة وقام اليه حمزة فاختلفا ضربتين فقتله حمزة ثمّ قام شيبة وقام اليه عبيدة بن الحارث وهو يومئذ اسنّ اصحاب رسول الله صلّعم فضرب شيبة رِجل عبيدة بذُباب السيف يعني طَرَفه فأصاب عَضَلة ساقه فقطعها

فحمل حمزة وعليّ على شيبة فقتلاه وفيهم نزلت هٰذَانِ خَصْمَانِ ٱخْتَصَمُوا فِي رَبِّهِمْ ونزلت فيهم سورة الانفال او عامّتها يَوْمَ نَبْطِشُ ٱلْبَطْشَةَ ٱلْكُبْرَى يعنى يوم بدر وعَذَابُ يَوْمٍ عَقِيمٍ وسَيُهْزَمُ ٱلْجَمْعُ وَيُوَلُّونَ ٱلدُّبُرَ قال فرأى رسول الله صلعم في اثرهم مُصْلِتًا للسيف يتلو هذه الآية وأجاز على جريحهم وطلب مُدبرهم واستُشْهِد يومئذ من المسلمين اربعة عشر رجلا ستّة من المهاجرين وثمانية من الانصار فيهم عُبيدة بن الحارث بن المطّلب بن عبد مناف وعُمير بن ابى وقّاص وعاقل بن ابى البُكير ومِهْجع مولى عمر بن الخطّاب وصَفْوان بن بيضاء وسعد بن خيثمة ومبشّر بن عبد المنذر وحارثة بن سراقة وعوف ومُعوِّذ ابنا عَفْراء وعُمير بن الحُمام ورافع بن مُعلّى ويزيد ابن الحارث بن فُسْحُم ن وقُتل من المشركين يومئذ سبعون رجلا وأُسر منهم سبعون رجلا وكان فى من قُتل منهم شيبة وعُتبة ابنا ربيعة بن عبد شمس والوليد بن عتبة والعاص بن سعيد بن العاص وابو جهل ابن هشام وابو البَخْترى وحنظلة بن ابى سفيان بن حرب والحارث بن عامر بن نوفل بن عبد مناف وطُعيمة بن عدىّ وزَمْعة بن الاسود بن المطّلب ونوفل بن خُويلد وهو ابن العدويّة والنضْر بن الحارث قتله صبرا بالأُثيل وعُقبة بن ابى مُعيط قتله صبرا بالصفراء والعاص بن هشام بن المُغيرة خال امير المؤمنين عمر بن الخطّاب وأُميّة بن خلف وعلىّ بن اميّة ابن خلف ومُنبِّه بن الحجّاج ومعبد بن وهب وكان فى الأسارى نوفل بن الحارث بن عبد المطّلب وعقيل بن ابى طالب وأبو العاص بن الربيع وعدىّ بن الخِيار وابو عزيز بن عُمير والوليد بن الوليد بن المُغيرة وعبد الله بن أُبىّ بن خلف وأبو عزّة عمرو بن عبد الله الجُمَحى الشاعر ووهب بن عُمير بن وهب الجُمَحى وابو وَداعة بن ضُبيرة السهمى وسُهيل ابن عمرو العامرى ن وكان فداء الاسارى كلّ رجل منهم اربعة آلاف الى ثلاثة آلاف الى الفين الى الف الّا قوما لا مال لهم منّ عليهم رسول الله صلعم منهم ابو عزّة الجُمَحى وغنم رسول الله صلعم ما اصاب منهم واستعمل على الغنائم عبد الله بن كعب المازنى من الانصار وقسمه رسول الله بسَيَر شعب بالصفراء وهى من المدينة على ثلاث ليال قواصد وتنفّل رسول الله صلعم سيفا ذا الفقار وكان لمنبّه بن الحجّاج فكان صفيّه يومئذ وسلّم رسول

الله صلعم الغنيمة كلّها للمسلمين الذين حضروا بدرا وللثمانية النفر الذين تخلّفوا باذنه فضرب لهم بسهامهم وأجورهم وأخذ رسول الله صلعم سهمه مع المسلمين وفيه جمل ابى جهل وكان مَهْريًّا فكان يغزو عليه ويضرب فى لقاحه وبعث رسول الله صلعم زيد بن حارثة بشيرا الى المدينة يخبرهم بسلامة رسول الله صلعم والمسلمين وخبر بدر وما اظفر الله به رسوله وغنّمه منهم وبعث الى اهل العالية عبد الله بن رَواحة بمثل ذلك والعالية قُباء وخَطْمة ووائل وواقف وبنو اميّة بن زيد وقُريظة والنضير فقدم زيد بن حارثة المدينة حين سُوّى على رُقيّة بنت رسول الله صلعم التراب بالبقيع وكان اوّل الناس الى اهل مكّة بمُصاب اهل بدر وبهزيمتهم الحَيْسُمان بن حابس الخُزاعى وكانت وقعة بدر صبيحةَ يوم الجمعة لسبع عشرة مضت من شهر رمضان على رأس تسعة عشر شهرا من مهاجر رسول الله صلعم ن اخبرنا وكيع عن سفيان واسرائيل وأبيه عن ابى اسحاق عن البراء وأخبرنا عُبيد الله بن موسى آنا اسرائيل عن ابى اسحاق عن البراء قال * كانت عدّة اصحاب رسول الله صلعم يوم بدر ثلثمائة وبضعة عشر وكانوا يرون انّهم على عدّة اصحاب طالوت يوم جالوت الذين جازوا النهر قال وما جاز معه النهر يومئذ الّا مؤمن ن اخبرنا وكيع بن الجرّاح عن ثابت بن عُمارة عن غُنيم بن قيس عن ابى موسى قال * كان عدّة اصحاب رسول الله صلعم يوم بدر على عدّة اصحاب طالوت يوم جالوت ن اخبرنا محمد ابن عبد الله الأسدى نا مِسْعَر عن ابى اسحاق عن البراء قال * كان عدّة اهل بدر عدّة اصحاب طالوت ن اخبرنا عفّان بن مسلم وابو الوليد الطَّيالسى ووهب بن جرير بن حازم قالوا نا شعبة عن ابى اسحاق عن البراء قال * كان المهاجرون يوم بدر نَيّفا على ستّين وكانت الانصار نيّفا على اربعين ومائتين ن اخبرنا الحسن بن موسى الأشْيَب نا زهير عن ابى اسحاق عن البراء قال حدّثنى اصحاب محمد من شهد بدرا * انّهم كانوا عدّةَ اصحاب طالوت الذين جازوا معه النهر بضعة عشر وثلثمائة قال البراء ولا والله ما جاز معه النهرَ الّا مؤمن ن اخبرنا محمد بن عبد الله الانصارى نا هشام بن حسّان حدّثنى محمد بن سيرين حدّثنى عَبيدة قال * كان عدّة اهل بدر ثلثمائة وثلاثة عشر او اربعة عشر سبعون ومائتان

من الانصار وبقيّتهم من سائر الناس ن اخبرنا نصر بن باب الخراسانى عن الحجّاج عن الحكم عن مِقْسَم عن ابن عبّاس انّه قال * كان اهل بدر ثلثمائة وثلاثة عشر كان المهاجرون منهم ستّة وسبعين وكانت هزيمة اهل بدر يوم الجمعة لسبع عشرة مضت من رمضان ن اخبرنا خالد بن خِداش نا عبد الله بن وهب حدّثنى حُيَىّ عن ابى عبد الرحمن عن عبد الله بن عمرو قال * خرج رسول الله صلعم يوم بدر بثلثمائة وخمسة عشر من المقاتلة كما خرج طالوت فدعا لهم رسول الله صلعم حين خرجوا فقال اللهمّ انّهم حُفاة فاحْمِلْهم اللهمّ انّهم عُراة فاكْسُهُمْ اللهمّ انّهم جياع فأَشْبِعْهم ففتح الله يوم بدر فانقلبوا حين انقلبوا وما فيهم رجل الّا قد رجع بجَمْل او جَمَلين واكتسوا وشبعوا ن اخبرنا الحكم بن موسى نا ضمرة عن ابن شوذبْ عن مَطَر قال * شهد بدرا من الموالى بضعة عشر رجلا فقال مَطَر لقد ضُربوا فيهم بضربة صالحة ن اخبرنا عفّان بن مسلم وسعيد بن سليمان قالا نا خالد بن عبد الله اخبرنى عمرو بن يحيى عن عامر بن عبد الله بن الزبير عن ابيه عن عامر بن ربيعة البدرى قال * كان يوم بدر يوم الاثنين لسبع عشرة من رمضان ن اخبرنا الفضل بن دُكين نا عمر بن شَبّة عن الزهرى قال * سألت ابا بكر بن عبد الرحمن بن الحارث ابن هشام عن ليلة بدر فقال ليلة الجمعة لسبع عشرة مضت من رمضان ن اخبرنا خالد بن خِداش نا حاتم بن اسماعيل عن جعفر بن محمد عن ابيه قال * كانت بدر لسبع عشرة من رمضان يوم الجمعة ن قال محمد بن سعد وهذا الثبت انّه يوم الجمعة وحديث يوم الاثنين شاذّ ن اخبرنا قُتيبة بن سعيد نا ابن لهيعة عن يزيد بن ابى حبيب عن معْمَر بن ابى حبيبة عن ابن المُسيَّب انّه سأله عن الصوم فى السفر فحدّثه انّ عمر بن الخطّاب قال * غزونا مع رسول الله صلعم فى رمضان غزوتين يوم بدر ويوم الفتح فأَفطرنا فيهما ن اخبرنا عُبيد الله بن موسى انا موسى بن عُبيدة عن عبد الله بن عُبيدة * انّ رسول الله صلعم غزا غزوة بدر فى شهر رمضان فلم يَصُمْ يوما حتّى رجع الى اهله ن اخبرنا الفضل بن دُكين نا عمرو بن عثمان بن عبد الله بن مَوْهب سمعت موسى بن طلحة يقول * سُئل ابو ايّوب عن يوم بدر فقال إمّا لسبع

عشرة خلت او لثلاث عشرة بقيت او لاحدى عشرة بقيت او لتسع عشرة خلت ن اخبرنا يونس بن محمد المؤدّب نا حمّاد بن سلمة عن عصم عن زرّ عن ابن مسعود قال * كنّا يوم بدر كلّ ثلاثة على بعير وكان ابو لُبابة وعليّ زميلَيْ رسول الله صلعم فكان اذا كانت عُقْبة النبيّ قالا اركَبْ حتّى نمشي عنك فيقول ما انتما بأَقوى على المشي منّي وما انا اغنى عن الأجر منكما ن اخبرنا عُبيد الله بن موسى عن شيبان عن ابى اسحاق عن ابى عُبيدة بن عبد الله عن ابيه قال * لمّا اسرنا القومَ يوم بدر قلنا كم كنتم قالوا كنّا الفا ن اخبرنا عُبيد الله بن موسى عن اسرائيل عن ابى اسحاق عن ابى عُبيدة عن ابيه قال * اخذنا رجلا منهم يعنى من المشركين يوم بدر فسألناه عن عدّتهم فقال كنّا الفا ن اخبرنا هُشيم بن بشير انا مُجالد عن الشَّعْبى قال * كان فداء أَسارى بدر اربعة آلاف الى ما دون ذلك فمن لم يكن عنده شىء أُمر ان يُعَلّمَ غِلمان الانصار الكتابَ ن اخبرنا الفضل بن دُكين نا اسرائيل عن جابر عن عامر قال * اسر رسول الله صلعم يوم بدر سبعين اسيرا وكان يفادى بهم على قدر اموالهم وكان اهل مكّة يكتبون وأَهل المدينة لا يكتبون فمن لم يكن له فداء دُفع اليه عشرة غلمان من غِلمان المدينة فعلّمهم فاذا حذقوا فهو فداؤُه ن اخبرنا محمد بن الصبّاح نا شريك عن قُريش عن عامر قال * كان فداء اهل بدر اربعين اوقيّة اربعين اوقيّة فمن لم يكن عنده علّم عشرة من المسلمين الكتابة فكان زيد بن ثابت ممّن عُلّم ن اخبرنا محمد بن عبد الله الانصارى نا هشام بن حسّان نا محمد بن سيرين عن عَبيدة * انّ جبريل نزل على النبيّ صلعم فى اسارى بدر فقال ان شئتم قتلتموهم وإن شئتم اخذتم منهم الفداء واستُشهد قابلٌ منكم سبعون قال فنادى النبيّ صلعم فى اصحابه فجاؤا او من جاء منهم فقال هذا جبريل يخبّركم بين ان تقدّموهم فتقتلوهم وبين ان تفادوهم واستُشهد قابلٌ منكم بعدّتهم فقالوا بل نفاديهم فنتقوّى به عليهم ويدخل قابل منّا الجنّة سبعون ففادَوْهم ن اخبرنا الحسن بن موسى نا زُهير نا سِماك بن حرب قال سمعت عكرمة يقول * قيل لرسول الله صلعم لمّا فرغ من اهل بدر عليك بالعير ليس دونها شىء قال فناداه العبّاس انّه لا يصلح ذلك

نساك قال ثمّ قال لانّ الله تعالى وعدك احدى الطائفتين فقد اعطاك ما وعدك ن اخبرنا محمد بن عبد الله نا يونس بن ابى اسحاق عن العَيْزار بن حُريث قال * امر رسول الله صلعم فنادى يوم بدر ألا انّه ليس لأحد من القوم عندى منّة الّا لأبى البَخْتَرى فمن كان اخذه فليُخَلِّ سبيله وكان رسول الله قد آمنه قال فوُجد قد قُتل ن اخبرنا الحسن ابن موسى نا زهير نا ابو اسحاق عن عمرو بن ميمون عن عبد الله ابن مسعود قال * استقبل رسول الله صلعم البيت فدعا على نفر من قريش سبعة فيهم ابو جهل وأُميّة بن خَلَف وعُتبة بن ربيعة وشَيْبة بن ربيعة وعُقْبة بن ابى مُعَيْط فأُقسم بالله لقد رأيتم صَرْعَى على بدر قد غيّرتهم الشمس وكان يومًا حارًا ن اخبرنا خَلَف بن الوليد الأزدى نا اسرائيل عن ابى اسحاق عن حارثة عن علىّ قال * لمّا كان يوم بدر وحضر البأس اتّقينا برسول الله صلعم وكان من اشدّ الناس بأسا يومئذ وما كان احد اقرب الى المشركين منه ن اخبرنا خلف بن الوليد الأزدى نا يحيى ابن زكرياء بن ابى زائدة حدّثنى اسماعيل بن ابى خالد عن البَهِىّ قال * لمّا كان يوم بدر برز عُتْبة وشَيْبة ابنا ربيعة والوليد بن عتبة فخرج اليهم حمزة بن عبد المطّلب وعلىّ بن ابى طالب وعُبيدة بن الحارث فبرز شيبة لحمزة فقال له شيبة من انت فقال انا اسد الله وأسد رسوله قال كُفْءٌ كريم فاختلفا ضربتين فقتله حمزة ثمّ برز الوليد لعلىّ فقال من انت فقال انا عبد الله وأخو رسوله فقتله علىّ ثمّ برز عتبة لعُبيدة بن الحارث فقال عُتبة من انت قال انا الذى فى الحلف قال كُفْءٌ كريم فاختلفا ضربتين اوهن كلّ منهما صاحبه فأجاز حمزة وعلىّ على عُتبة ن قال ابو عبد الله محمد بن سعد * والثبت على الحديث الاوّل انّ حمزة قتل عُتبة وانّ عليّا قتل الوليد وانّ عُبيدة بارز شيبة ن اخبرنا حُجين بن المثنّى وقُتيبة بن سعيد قالا نا الليث بن سعد عن خالد بن يزيد عن سعيد ابن ابى هلال عن يزيد بن رُومان * انّ رسول الله صلعم لم يكن معه يوم بدر الّا فرسان فرس عليه المِقْداد بن عمرو حليف الأسود خال رسول الله صلعم وفرس لمَرْثَد بن ابى مرثد الغَنَوى حليف حمزة ابن عبد المطّلب وكان مع المشركين يومئذ مائة فرس قال قُتيبة فى حديثه كانت ثلاثة

افراس فرس عليه الزبير بن العوّام ن   اخبرنا سليمان بن حرب نا حمّاد بن زيد عن ايّوب عن عكرمة * انّ النبيّ صلّعم بعث عديّ بن ابي الزغباء وبَسْبَس بن عمرو ضُليعة يوم بدر فأتيا الماء فسألا عن ابي سُفيان فأُخبرا بمكانه فرجعا الى رسول الله صلّعم فقالا يا رسول الله نزل ماء كذا يوم كذا وننزل نحن ماء كذا يوم كذا وينزل هو ماء كذا يوم كذا وننزل نحن ماء كذا يوم كذا حتّى نلتقي نحن وهو على الماء قال فجاء ابو سفيان حتّى نزل ذلك الماء فسأل القوم هل رأيتم من احد قالوا لا الّا رجلين قال أَرُوني مُناخَ رِكابهما قال فأَرَوْه قال فأخذ البَعْر ففتّه فاذا فيه النوى فقال نواضح يثرب والله قال فأخذ ساحل البحر وكتب الى اهلٍ مكّة يُخبرهم بمسير النبيّ صلّعم ن   اخبرنا سليمان بن حرب نا حمّاد بن زيد عن ايّوب عن عكرمة قال * استشار رسول الله صلّعم يومئذ الناس فقال سعد بن عبادة او سعد بن معاذ يا رسول الله سر اذا شئت وانزلْ حيث شئت وحارِبْ من شئت وسالِمْ من شئت فوالذى بعثك بالحقّ لو ضربتَ اكبادَها حتّى تبلغ بَرْكَ الغِماد من ذي يَمَن تبعناك ما تخلّف عنك منّا احد قال وقال لهم يومئذ عُتبة بن ربيعة ارجعوا بوجوهكم هذه الّتى كأنّها المصابيح عن هؤلاء الذين كأنّ وجوههم الحيّات فوالله لا تقتلونهم حتّى يقتلوا منكم مثلهم فما خيركم بعد هذا قال وكانوا يأكلون يومئذ تمرا فقال رسول الله صلّعم ابتدروا جنّةً عَرْضُها السموات والأرض قال وعُمير بن الحُمام في ناحية بيده تمرٌ يأكله فقال بَخْ بَخْ فقال له النبيّ صلّعم مَهْ قال لن تعجزَ عنّي ثمّ قال لا ازيد عليكنّ حتّى الحقّ بالله فجعل يأكل ثمّ قال هيه حبستني ثمّ قَذَفَ ما في يده وقام الى سيفه وهو مُعلّق مَلْفوف بخِرَقٍ فأخذه ثمّ تقدّم فقاتل حتّى قُتل وكانوا يومئذ يبدون من النُّعاس ونزلوا على كثيب أَهْيَل قال فمطرت السماء فصار مثل الصفا يَسْعَوْن عليه سَعْيًا وأنزل الله جلّ ثناؤه إِذْ يُغَشِّيكُمُ النُّعَاسَ أَمَنَةً مِنْهُ وَيُنَزِّلُ عَلَيْكُمْ مِنَ ٱلسَّمَآءِ مَآءً لِيُطَهِّرَكُمْ بِهِ وَيُذْهِبَ عَنْكُمْ رِجْزَ ٱلشَّيْطَانِ وَلِيَرْبِطَ عَلَى قُلُوبِكُمْ وَيُثَبِّتَ بِهِ ٱلْأَقْدَامَ ن   قال وقال عمر لمّا نزلت سَيُهْزَمُ ٱلْجَمْعُ وَيُوَلُّونَ ٱلدُّبُرَ قال قلت وأيّ جمع يُهزم ومن يُغلب فلمّا كان يوم بدر نظرت الى رسول الله صلّعم يثب في الدرع وَثْبًا وهو يقول سَيُهْزَمُ ٱلْجَمْعُ وَيُوَلُّونَ ٱلدُّبُرَ

فعلمت انّ الله تبارك وتعالى سيهزمهم ن اخبرنا سليمان بن حرب نا حمّاد بن زيد عن ايوب عن عكرمة قال * ونزلت هذه الآية وَٱذْكُرُوا إِذْ أَنْتُمْ قَلِيلٌ مُسْتَضْعَفُونَ فِي ٱلْأَرْضِ قال نزلت في يوم بدر قال ونزلت هذه الآية إِذَا لَقِيتُمُ ٱلَّذِينَ كَفَرُوا زَحْفًا فَلَا تُوَلُّوهُمُ ٱلْأَدْبَارَ قال نزلت في يوم بدر قال ونزلت هذه الآية يَسْأَلُونَكَ عَنِ ٱلْأَنْفَالِ يوم بدر ن اخبرنا سليمان بن حرب نا حمّاد بن زيد نا ايوب ويزيد بن حازم * انّهما سمعا عكرمة يقرأ فَثَبِّتُوا ٱلَّذِينَ آمَنُوا قال حمّاد وزاد ايوب قال قال عكرمة فَٱضْرِبُوا فَوْقَ ٱلْأَعْنَاقِ قال كان يومئذ يَنْدُر رأس الرجل لا يُدْرَى من ضربه وتندر يد الرجل لا يُدْرَى من ضربه ن اخبرنا سليمان بن حرب نا حمّاد بن زيد عن ايوب عن عكرمة قال * قال رسول الله صلعم يومئذ اطلبوا ابا جهل فطلبوه فلم يُوجَدْ فقال اطلبوه فانّ عهدى به وركبته مَحُوزة فطلبوه فوجدوه وركبته مَحُوزة قال وبلغ فداء اهل بدر يومئذ اربعة آلاف فما دون ذلك حتى إِنْ كان الرجل يُحْسِن الخطّ فُودِىَ على ان يُعَلِّمَ الخطّ ن اخبرنا عُبيد الله بن عبد المجيد الحنفى قال نا عبيد الله بن عبد الرحمن بن مَوْهَب حدّثنى اسماعيل بن عون بن عُبيد الله ابن ابى رافع عن عبد الله بن محمد بن عمر بن علىّ بن ابى طالب عن ابيه محمد بن عمر عن علىّ بن ابى طالب قال * لمّا كان يوم بدر قاتلتُ شيئا من قتال ثمّ جئت مُسْرِعًا الى النبىّ صلعم لانظر ما فعل فاذا هو ساجد يقول يا حَىُّ يا قيّوم يا حىّ يا قيّوم لا يزيد عليهما ثمّ رجعتُ الى القتال ثمّ جئت وهو ساجد يقول ذلك ثمّ ذهبت الى القتال ثمّ رجعت وهو ساجد يقول ذلك ففتح الله عليه ن اخبرنا سعيد بن منصور نا عبد الرحمن بن ابى الزناد عن ابيه عن عُبيد الله بن عبد الله عن ابن عبّاس قال * تنفّل رسول الله صلعم سيفه ذا الفقار يوم بدر ن اخبرنا عتّاب بن زياد نا عبد الله ابن المبارك انا هشام بن عروة عن عبّاد بن حمزة بن الزبير قال * نزلت الملائكة يوم بدر عليهم عمائم صُفْرٌ وكان على الزبير يوم بدر رَيْطَةٌ صفراء قد اعتجر بها ن اخبرنا عتّاب بن زياد بن المبارك انا ابو بكر بن ابى مريم الغسّانى عن عطيّة بن قيس قال * لمّا فرغ النبىّ صلعم من قتال اهل بدر اتاه جبريل على فرس أُنْثَى حمراء عاقدا ناصيته يعنى جبريل عليه

درعه ومعه رمحه قد عصم ثنيّته الغبارُ فقال يا محمد انّ الله تبارك وتعالى بعثنى اليك وأمرنى ان لا افارقك حتّى ترضى هل رضيتَ قال نعم رضيتُ فانصرف ن اخبرنا عفّان بن مسلم نا حمّاد بن زيد قال سمعت ايّوب عن عكرمة * إِذْ أَنْتُمْ بِالْعُدْوَةِ الدُّنْيَا وَهُمْ بِالْعُدْوَةِ الْقُصْوَى قال وكان هؤلاء على شفير الوادى وهؤلاء على الشفير الآخر قال وهكذا قرأه عفّان بالعُدوة ن اخبرنا احمد بن عبد الله بن يونس نا زهير نا جابر عن عامر قال * خرج رسول الله صلّعم الى بدر فاستخلف على المدينة عمرو ابن امّ مكتوم ن اخبرنا ابو المنذر البزّاز نا سفيان عن الزبير بن عدىّ عن عطاء بن ابى رباح * انّ رسول الله صلّعم صلّى على قتلى بدر ن اخبرنا الفضل ابن دُكين نا زكريّاء بن ابى زائدة عن عامر قال * سمعته يقول انّ بدرا انّما كانت لرجل يُدْعَى بدرا قال يعنى مَيْرا ن قال محمد بن سعد قال محمد بن عمر * وأصحابنا من اهل المدينة ومن روى السيرة يقولون اسم الموضع بدر ن

سريّة عُمير بن عدىّ

ثمّ سريّة عُمير بن عَدىّ بن خَرَشة الخَطْمى الى عَصْماء بنت مروان من بنى اميّة بن زيد لخمس ليالٍ بقين من شهر رمضان على رأس تسعة عشر شهرا من مُهاجَر رسول الله صلّعم وكانت عصماء عند يزيد بن زيد ابن حِصْن الخَطْمى وكانت تعيب الاسلام وتؤذى النبىّ وتُحرّض عليه وتقول الشِعْر فجاءها عمير بن عدىّ فى جوف الليل حتّى دخل عليها بيتها وحولها نفرٌ من ولدها نيام منهم من تُرْضعه فى صدرها فجسّها بيده وكان ضريرَ البصر ونَحّى الصبىَّ عنها ووضع سيفه على صدرها حتّى انفذه من ظهرها ثمّ صلّى الصبح مع النبىّ صلّعم بالمدينة فقال له رسول الله صلّعم أَقتلتَ ابنة مروان قال نعم فهل علىّ فى ذلك من شىء فقال لا ينتطح فيها عنزان فكانت هذه الكلمة اوّل ما سُمعت من رسول الله صلّعم وسمّاه رسول الله صلّعم عُميرا البصيرَ ن

سريّة سالم بن عُمير

ثمّ سريّة سالم بن عُمير العَمْرى الى ابى عَفَك اليهوديّ فى شوّال على رأس عشرين شهرا من مُهاجَر رسول الله صلّعم وكان ابو عفك من بنى عمرو ابن عوف شيخا كبيرا قد بلغ عشرين ومائة سنة وكان يهوديّا وكان يحرّض على رسول الله صلّعم ويقول الشعْر فقال سالم بن عُمير وهو احد البكّائين وقد شهد بدرا علىّ نَذْرٌ ان اقتلَ ابا عفك او اموت دونه فأمْهَلَ يطلب له غِرّةً حتّى كانت ليلةٌ صائفةٌ فنام ابو عفك بالفناء وعلم به سالم ابن عُمير فأقبل فوضع السيف على كبده ثمّ اعتمد عليه حتّى خشّ فى الفراش وصاح عدوُّ الله فثاب اليه ناسٌ ممّن هُمْ على قوله فأدخلوه منزله وقبروه

غزوة بنى قينقاع

ثمّ غزوة رسول الله صلّعم بنى قينقاع يوم السبت للنصف من شوّال على رأس عشرين شهرا من مهاجره وكانوا قوما من يهود حُلفاء لعبد الله بن أُبَىّ بن سَلول وكانوا اشجعَ يهودَ وكانوا صاغةً فوادعوا النبىّ صلّعم فلمّا كانت وقعة بدر اظهروا البَغْىَ والحَسَدَ ونبذوا العهد والمُدّة فأنزل الله تبارك وتعالى على نبيّه وَإِمَّا تَخَافَنَّ مِنْ قَوْمٍ خِيَانَةً فَٱنْبِذْ إِلَيْهِمْ عَلَى سَوَاءٍ إِنَّ ٱللَّهَ لَا يُحِبُّ ٱلْخَائِنِينَ فقال رسول الله صلّعم انا اخاف بنى قينقاع فسار اليهم بهذه الآية وكان الذى حمل لواءه يومئذ حمزة بن عبد المطّلب وكان لواء رسول الله صلّعم ابيض ولم يكن الرايات يومئذ واستخلف على المدينة ابا لُبابة بن عبد المنذر العَمْرى ثمّ سار اليهم فحاصرهم خمس عشرة ليلة الى هلال ذى القعدة فكانوا اوّل من غدر من اليهود وحاربوا وتحصّنوا فى حصنهم فحاصرهم اشدّ الحصار حتّى قذف الله فى قلوبهم الرُعْبَ فنزلوا على حكم رسول الله صلّعم أنّ لرسول الله صلّعم اموالهم وأنّ لهم النساء والذرّيّة فأمر بهم فكُتّفوا واستعمل رسول الله صلّعم على كِتافهم المنذر بن قُدامة السلْمى من بنى السلْم رهط سعد بن خَيْثمة فكلّمه فيهم عبد الله بن أُبَىّ رسولَ الله صلّعم وألحّ عليه فقال خلّوهم لعنهم الله ولعنه معهم وتركهم من القتل وأمر

بهم ان يُجْلَوا من المدينة وولّى إخراجَهم منها عُبادةَ بن الصامت فلحقوا بأَذْرِعات فما كان اقلَّ بقاءهم بها وأخذ رسول الله صلّعم من سلاحهم ثلاث قسيّ قوسًا تُدْعَى الكَتُوم كُسرت بأُحُد وقوسا تُدْعَى الرَوْحاء وقوسا تدعى البيضاء وأخذ درعين من سلاحهم درعا يقال لها الصُغْدِيّة وأُخرى فضّة وثلاثة اسياف سيفٌ قَلَعيّ وسيف يقال له بتّار وسيف آخر وثلاثة ارماح ووجدوا في حصنهم سلاحا كثيرا وآلة الصياغة فأخذ رسول الله صلّعم صَفيَّه والخُمْس وفضّ اربعة اخماس على اصحابه فكان اوّل خُمْس خُمّس بعد بدر وكان الذى ولى قبض اموالهم محمد بن مَسْلمة ن

غزوة السَويق

ثمّ غزوة النبيّ صلّعم التى تُدْعَى غزوة السويق خرج رسول الله صلّعم يوم الأَحد لخمس خلون من ذى الحجّة على رأس اثنين وعشرين شهرا من مُهاجَره واستخلف على المدينة ابا لُبابة ابن عبد المنذر العَمْرى وذلك انّ ابا سفيان بن حرب لمّا رجع المشركون من بدر الى مكّة حرّم الدهن حتّى يثْأَرَ من محمد وأصحابه فخرج فى مائتى راكب فى حديث الزهرى وفى حديث ابن كعب فى اربعين راكبا فسلكوا النَجْدِيّة فجاؤا بنى النضير ليلا فطرقوا حُيَيّ بن اخطب ليستخبروه من اخبار رسول الله صلّعم وأصحابه فأبى ان يفتح لهم وطرقوا سَلّام بن مِشْكَم ففتح لهم وقراهم وسقاهم خمرا وأخبرهم من اخبار رسول الله صلّعم فلمّا كان بالسَحَر خرج ابو سفيان بن حرب فمرّ بالعُريض وبينه وبين المدينة نحو من ثلاثة اميال فقتل به رجلا من الانصار وأَجيراً له وحرق ابياتا هناك وتبنا ورأى انّ يمينه قد حلّت ثمّ ولّى هاربا فبلغ ذلك رسولَ الله صلّعم فندب اصحابه وخرج فى مائتى رجل من المهاجرين والانصار فى اثرهم يطلبهم وجعل ابو سفيان وأصحابه يتخفّفون فيلقون جُرُبَ السويق وهى عامّة ازوادهم فجعل المسلمون يأخذونها فسمّيت غزوة السويق ولم يلحقوهم وانصرف رسول الله صلّعم الى المدينة وكان غاب خمسة ايّام ن

غزوة قَرْقَرة الكُدْر

ويقال قَرارة الكُدر **ن** ثمّ غزوة رسول الله صلعم قرقرة الكُدْر ويقال قرارة الكُدْر للنصف من المحرّم على رأس ثلاثة وعشرين شهرا من مُهاجَره وهي بناحية معدن بني سُليم قريب من الأَرْحَضِيّة وراء سُدّ مَعُونة وبين المعدن وبين المدينة ثمانية بُرُد وكان الذي حمل لواءه صلعم عليّ بن ابي طالب واستخلف على المدينة عبد الله ابن امّ مكتوم فكان بلغه انّ بهذا الموضع جمعًا من سُليم وغَطَفان فسار اليهم فلم يجد في المجال احدا وأرسل نفرا من اصحابه في اعلى الوادي واستقبلهم رسول الله صلعم في بطن الوادي فوجد رِعاء فيهم غلام يقال له يَسار فسأله عن الناس فقال لا علم لي بهم انّما أُورِدُ لِخِمْسٍ وهذا يوم رِبْعيّ والناس قد ارتفعوا الى المياه ونحن عُزّاب في النعم فانصرف رسول الله صلعم وقد ظفر بالنعم فانحدر به الى المدينة فاقتسموا غنائمهم بصِرار على ثلاثة اميال من المدينة وكانت النعم خمسمائة بعير فأخرج خُمْسَه وقسم اربعة اخماس على المسلمين فأصاب كلّ رجل منهم بعيران وكانوا مائتي رجل وصار يَسار في سهم النبيّ صلعم فأعتقه وذلك انه رآه يصلّي وغاب رسول الله صلعم خمس عشرة ليلة **ن**

سريّة قتل كعب بن الأَشْرف

ثمّ سريّة قتل كعب بن الاشرف اليهودي وذلك لاربع عشرة ليلة مضت من شهر ربيع الاوّل على رأس خمسة وعشرين شهرا من مُهاجَر رسول الله صلعم وكان سبب قتله انّه كان رجلا شاعرا يهجو النبيّ صلعم وأصحابه ويحرّض عليهم ويؤذيهم فلمّا كانت وقعة بدر كُبِتَ وذَلّ وقال بطن الأرض خيرٌ من ظهرها اليوم فخرج حتّى قدم مكّة فبكى قتلى قريش وحرّضهم بالشعر ثمّ قدم المدينة فقال رسول الله صلعم اللهمّ اكفني ابنَ الاشرف بما شئت في إعلانه الشرّ وقوله الاشعار وقال ايضا مَن لي بابن الاشرف فقد آذاني فقال محمّد بن مَسْلمة انا به يا رسول الله وأنا اقتله فقال افعلْ وشاوِرْ سعدَ بن مُعاذ في امره واجتمع محمّد بن مَسْلمة ونفر من الاوس منهم عَبّاد بن بشر وابو نائلة سِلْكان بن سَلامة والحارث بن اوس بن مُعاذ

وأبو عَبْس بن جَبْر فقالوا يا رسول الله نحن نقتله فأْذَنْ لنا فلْنَقُلْ فقال قولوا وكان ابو نائلة اخا كعب بن الاشرف من الرضاعة فخرج اليه فأنكره كعب وذُعِر منه فقال انا ابو نائلة انّما جئتُ أُخبرك انّ قدوم هذا الرجل كان علينا من البلاء حاربَتْنا العرب ورمَتْنا عن قوس واحدة ونحن نريد التنحّي منه ومعي رجال من قومي على مثل رأيي وقد اردتُ ان آتيك بهم فنبتاع منك طعامًا وتمرًا ونرهنك ما يكون لك فيه ثقةٌ فسكن الى قوله وقال جِئْ بهم متى شئت فخرج من عنده على ميعاد فأتى اصحابه فأخبرهم فأجمعوا امرهم على ان يأتوه اذا امسى ثمّ اتوا رسول الله صلّعم فأخبروه فمشى معهم حتّى اتى البقيع ثمّ وجّههم وقال امضوا على بركة الله وعونه قال وفي ليلة مقمرة فمضوا حتّى انتهوا الى حصنه فهتف له ابو نائلة فوثب فأخذت امرأته بملحفته وقالت اين تذهب انّك رجل محارب وكان حديث عهدٍ بعُرْس قال ميعادٌ عليّ وإنّما هو اخي ابو نائلة وضرب بيده الملحفة وقال لو دُعِي الفتى لطَعْنَةٍ اجاب ثمّ نزل اليهم فحادثوه ساعة حتّى انبسط اليهم وأنس بهم ثمّ ادخل ابو نائلة يده في شَعْره وأخذ بقُرون رأسه وقال لأصحابه اقتلوا عدوّ الله فضربوه بأسيافهم فالتفّت عليه فلم تُغْنِ شيئا وردّ بعضُها بعضًا ولصق بأبي نائلة قال محمد بن مَسْلمة فذكرتُ مِغْوَلاً كان في سيفي فانتزعته فوضعته في سُرّته ثمّ تحاملت عليه فقططته حتّى انتهى الى عانته فصاح عدوّ الله صيحةً ما بقي أُطُمٌ من آطام يهود الّا أُوقِدت عليه نار ثمّ حزّوا رأسه وحملوه معهم فلمّا بلغوا بقيع الغَرْقد كبّروا وقد قام رسول الله صلّعم تلك الليلة يصلّي فلمّا سمع تكبيرهم كبّر وعرف أنْ قد قتلوه ثمّ انتهوا الى رسول الله صلّعم فقال أَفْلَحَتِ الوجوهُ فقالوا ووجهك يا رسول الله ورموا برأسه بين يديه فحمد الله على قتله فلمّا اصبح قال من ظفرتم به من رجال يهود فاقتلوه فخافت اليهود فلم يطلع منهم احد ولم ينطقوا وخافوا ان يُبَيَّتوا كما بُيِّت ابن الاشرف **ن** اخبرنا محمد بن حُميد العَبْديّ عن مَعْمر بن راشد عن الزهري * في قوله تعالى وَلَتَسْمَعُنَّ مِنَ ٱلَّذِينَ أُوتُوا ٱلْكِتَابَ مِنْ قَبْلِكُمْ وَمِنَ ٱلَّذِينَ أَشْرَكُوا أَذًى كَثِيرًا قال هو كعب بن الاشرف وكان يحرّض المشركين على رسول الله صلّعم وأصحابه يعني في شعره يهجو النبيّ صلّعم وأصحابه فانطلق اليه خمسة نفر من الانصار

فبيهم محمد بن مَسْلَمَة ورجل آخر يقال له ابو عَبْس فأتوه وهو فى مجلس قومه بالعوالى فلمّا رآهم ذُعِر منهم وأنكر شأنهم قالوا جئناك فى حاجة قال فَلْيَدْنُ الىّ بعضكم فَلْيُخْبِرْنى بحاجته فجاءه رجل منهم فقالوا جئناك لنبيعك ادراعًا عندنا لِنَسْتَنْفق بها فقال والله لئن فعلتم لقد جُهِدتم مذ نزل بكم هذا الرجل فواعدوه ان يأتوه عشاء حين تهدأ عنهم الناس فنادوه فقالت امرأته ما طَرَقَكَ هؤلاء ساعتهم هذه لشىء مما تُحبّ قال انهم حدّثونى بحديثهم وشأنهم ن اخبرنا محمد بن حُميد عن مَعْمر عن ايوب عن عكرمة * انّه اشرف عليهم فكلّموه وقال ما ترهنون عندى اترهنونى ابناءكم وأراد ان يُسْلِفهم تمرا قالوا انّا نستحى ان يُعَيَّرَ ابناؤنا فيقال هذا رهينة وَسْق وهذا رهينة وسقين قال فترهنونى نساءكم قالوا انت اجمل الناس ولا نأمَنك وأىّ امرأة تمتنع منك لجمالك ولكنّا نرهنك سلاحنا وقد علمتَ حاجتنا الى السلاح اليوم قال نعم ائتونى بسلاحكم واحتملوا ما شئتم قالوا فانزلْ الينا نأخُذْ عليك وتأخذْ علينا فذهب ينزل فتعلّقت به امرأته وقالت أَرْسِلْ الى امثالهم من قومك يكونوا معك قال لو وجدونى هؤلاء نائما ما أيقظونى قالت فكلّمْهم من فوق البيت فأبى عليها فنزل اليهم يفوح ريحه فقالوا ما هذه الريح يا فلان قال عِطْرُ أمّ فلان لامرأته فدنا بعضهم يشمّ رأسه ثمّ اعتنقه وقال اقتلوا عدوّ الله فطعنه ابو عَبْس فى خاصرته وعلاه محمد بن مسلمة بالسيف فقتلوه ثمّ رجعوا فأصبحت اليهود مذعورين فجاءوا النبىّ صلعم فقالوا قُتِل سيّدنا غيلةً فذكّرهم النبىّ صلعم صنيعه وما كان يحضّ عليهم ويحرّض فى قتالهم ويؤذيهم ثمّ دعاهم الى ان يكتبوا بينه وبينهم صلحا احسبه قال وكان ذلك الكتاب مع علىّ رضى الله عنه بَعْدُ ن

غزوة رسول الله صلعم غَطَفان

ثمّ غزوة رسول الله صلعم غطفان الى نجد وهى ذو أَمَرّ ناحية النُخَيل فى شهر ربيع الاوّل على رأس خمسة وعشرين شهرا من مُهاجَره وذلك انّه بلغ رسولَ الله صلعم انّ جمعا من بنى ثعلبة ومحارب بذى أمرّ قد تجمّعوا يريدون ان يصيبوا من اطراف رسول الله صلعم جمّعهم رجل منهم يقال له دُعْثور بن الحارث من بنى محارب فندب رسول الله صلعم المسلمين

وخرج لاثنتى عشرة ليلة مضت من شهر ربيع الاوّل فى اربعمائة وخمسين رجلا ومعهم افراس واستخلف على المدينة عثمانَ بن عفّان فأصابوا رجلا منهم بذى القَصّة يقال له جبّار من بنى ثعلبة فأُدخِل على رسول الله صلعم فأَخبره مِن خبرهم وقال لن يلاقوك لو سمعوا بمسيرك هربوا فى رؤوس الجبال وأنا سائرٌ معك فدعاه رسول الله صلعم الى الاسلام فأسلم وضمّه رسول الله صلعم الى بلال ولم يلاقِ رسول الله صلعم احدا الّا انّه ينظر اليهم فى رؤوس الجبال وأصاب رسولَ الله وأصحابه مطرٌ فنزع رسول الله صلعم ثوبَيْه ونشرهما ليجفّا وألقاهما على شجرة واضطجع فجاء رجل من العدوّ يقال له دُعْثُور بن الحارث ومعه سيف حتّى قام على رأس رسول الله صلعم ثمّ قال من يمنعك منّى اليوم قال رسول الله صلعم اللهُ ودفع جبريل فى صدره فوقع السيف من يده فأخذه رسول الله صلعم وقال له من يمنعك منّى قال لا احدٌ اشهد انْ لا اله الّا الله وانّ محمدا رسول الله ثمّ اتى قومه فجعل يدعوهم الى الاسلام ونزلت هذه الآية فيه يَا أَيُّهَا ٱلَّذِينَ آمَنُوا ٱذْكُرُوا نِعْمَةَ ٱللَّهِ عَلَيْكُمْ إِذْ هَمَّ قَوْمٌ الآية ثمّ اقبل رسول الله صلعم الى المدينة ولم يلق كيدا وكانت غيبته احدى عشرة ليلة ن

غزوة رسول الله صلعم بنى سُليم

ثمّ غزوة رسول الله صلعم بنى سُليم ببُحْران لستّ خلون من جمادى الاولى على رأس سبعة وعشرين شهرًا من مُهاجَره وبُحْران بناحية الفُرْع وبين الفُرْع والمدينة ثمانية بُرُد وذلك انّه بلغه انّ بها جَمْعا من بنى سُليم كثير فخرج فى ثلاثمائة رجل من اصحابه واستخلف على المدينة ابن امّ مكتوم وأغذّ السيرَ حتّى ورد بُحْرانَ فوجدهم قد تفرّقوا فى مياههم فرجع ولم يلق كيدا وكانت غيبته عشر ليال ن

سريّة زيد بن حارثة

ثمّ سريّة زيد بن حارثة الى القَرَدة وكانت لهلال جمادى الآخرة على رأس ثمانية وعشرين شهرا من مُهاجَر رسول الله صلعم وهى اوّل سريّة خرج فيها زيد اميرا والقَرَدة من ارض نجد بين الرَبَذة والغَمْرة ناحيةَ ذات عِرْق

بعثه رسول الله صلعم يعترض لعير قريش فيها صفوان بن اميّة وحُويطب ابن عبد العُزّى وعبد الله بن ابى ربيعة ومعه مال كثير نُقَرٌ وآنية فضّة وزنُ ثلاثين الف درهم وكان دليلهم فُرات بن حيّان العجلى فخرج بهم على ذات عِرْق طريقَ العراق فبلغ رسولَ الله صلعم امرهم فوجّه زيد بن حارثة فى مائة راكب فاعترضوا لها فأصابوا العير وأفلت اعيان القوم وقدموا بالعير على رسول الله صلعم فخمّسها فبلغ الخمْسُ قيمه عشرين الف درهم وقسم ما بقى على اهل السريّة وأُسِرَ فُرات بن حيّان فأُتى به النبىّ صلعم فقيل له ان تُسْلِمْ تُتْرَكْ فأَسلم فتركه رسول الله صلعم من القتل ن

غزوة رسول الله صلعم أُحُدا

ثمّ غزوة رسول الله صلعم احدا يوم السبت لسبع ليال خلون من شوّال على رأس اثنين وثلاثين شهرا من مُهاجَره وذلك انّه لمّا رجع من حضر بدرا من المشركين الى مكّة وجدوا العيرَ التى قدم بها ابو سفيان بن حرب موقوفةً فى دار الندْوة فمشت اشراف قريش الى ابى سفيان فقالوا نحن طيّبو أنْفُس ان تُجهّزوا بربْح هذه العير جيشا الى محمد فقال ابو سفيان وأنا اوّل من اجاب الى ذلك وبنو عبد مناف معى فباعوها فصارت ذهبا فكانت الفَ بعير والمال خمسين الف دينار فسلّم الى اهل العير رؤوس اموالهم وأخرجوا ارباحهم وكانوا يرْبحون فى تجارتهم للدينار دينارا وفيهم نزلت انّ ٱلَّذِينَ كَفَرُوا يُنْفِقُونَ أَمْوَالَهُمْ لِيَصُدُّوا عَنْ سَبِيلِ ٱللَّهِ وبعثوا رُسُلهم يسيرون فى العرب يدعونهم الى نصرهم فأوعبوا وتألّب من كان معهم من العرب وحضروا فأجمعوا على إخراج الظُعُن يعنى النساء معهم ليذكّرنهم قتلى بدر فيحفظنهم فيكونَ احدَّ لهم فى القتال وكتب العبّاس بن عبد المطّلب خبرهم كلّه الى رسول الله صلعم فأخبر رسول الله صلعم سعدَ بن الربيع بكتاب العبّاس وأُرجف المنافقون واليهود بالمدينة وخرجت قريش من مكّة ومعهم ابو عامر الفاسق وكان يسمّى قبل ذلك الراهب فى خمسين رجلا من قومه وكان عددهم ثلاثة آلاف رجل فيهم سبعمائة دارع ومعهم مائتا فرس وثلاثة آلاف بعير والظعن خمس عشرة امرأة وشاع خبرهم ومسيرهم فى الناس حتّى نزلوا ذا الحُليفة فبعث رسول الله صلعم عينَيْن له أَنَسا ومُؤْنِسا

ابنى قضاعة الخفريّين ليلة الخميس لخمس ليال مضين من شوّال فأتيا رسول الله صلّعم بخبرهم وانّهم قد خلّوا ابلهم وخيلهم فى الزرع الذى بالعُريض حتّى تركوه ليس به خضراء ثمّ بعث الحُبابَ بن المنذر بن الجَموح اليهم ايضا فدخل فيهم فحزرهم وجاءه بعلمهم وبات سعد بن مُعاذ وأُسيد بن حُضير وسعد بن عُبادة فى عِدّةٍ ليلةَ الجمعة عليهم السلاحُ فى المسجد بباب رسول الله صلعم وحُرست المدينة حتّى اصبحوا ورأى رسول الله صلّعم تلك الليلة كأنّه فى درع حصينة وكأنّ سيفه ذا الفقار قد انفصم من عند ظُبَته وكأنّ بقرا تُذبَح وكأنّه مُردِفٌ كبشا فأَخبر بها اصحابَه وأوّلها فقال أمّا الدرعُ الحصينة فالمدينة وامّا انفصامُ سيفى فمُصيبةٌ فى نفسى وامّا البقر المذبّح فقتلٌ فى اصحابى وأمّا مردف كبشا فكبشُ الكتيبة يقتله الله ان شاء الله فكان رأْى رسول الله صلّعم ان لا يخرج من المدينة لهذه الرؤيا فأحبّ ان يوافَق على مثل رأيه فاستشار اصحابَه فى الخروج فأشار عليه عبد الله بن أُبَىّ بن سلول ان لا يخرج وكان ذلك رأْى الأكابر من المهاجرين والأنصار فقال رسول الله صلّعم امكثوا فى المدينة واجعلوا النساء والذرارىّ فى الآطام فقال فتيان احداثٌ لم يشهدوا بدرا فطلبوا من رسول الله صلّعم الخروج الى عدوّهم ورغبوا فى الشهادة وقالوا اخرجْ بنا الى عدوّنا فغَلَبَ على الأمر الذى يريدون الخروج فصلّى رسول الله صلّعم الجمعة بالناس ثمّ وعظهم وأمرهم بالجدّ والجهاد وأخبرهم انّ لهم النصر ما صبروا وأمرهم بالتهيّؤ لعدوّهم ففرح الناس بالشخوص ثمّ صلّى بالناس العصر وقد حشدوا وحضر اهل العوالى ثمّ دخل رسول الله صلّعم بيتَه ومعه ابو بكر وعمر فعمّماه ولبّساه وصفّ الناس له ينتظرون خروجه فقال لهم سعد بن معاذ وأُسيد بن حُضير استكرهتم رسولَ الله صلّعم على الخروج والأمرُ ينزل عليه من السماء فردّوا الأمرَ اليه فخرج رسول الله صلّعم قد لبس لأمته وأَظهر الدرع وحزم وسطها بمِنْطَقة من أُدُم من حمائل سيف واعتمّ وتقلّد السيفَ وألقى الترس فى ظهره فندموا جميعا على ما صنعوا وقالوا ما كان لنا ان نخالفك فاصنعْ ما بدا لك فقال رسول الله صلّعم لا ينبغى لنبىّ اذا لبس لأمته ان يضعها حتّى يحكم الله بينه وبين اعدائه فانظروا ما امرتُكم به فافعلوه وامضوا على اسم الله فلكم النصر ما صبرتم ثمّ دعا بثلاثة ارماح فعقد ثلاثة الوية فدفع لواء

الاوس الى أُسيد بن حُضير ودفع لواء الخزرج الى الحُباب بن المنذر ويقال الى سعد بن عُبادة ودفع لواءه لواء المهاجرين الى علىّ بن ابى طالب رضى الله عنه ويقال الى مُصعب بن عُمير واستخلف على المدينة عبد الله بن امّ مكتوم ثمّ ركب رسول الله صلعم فرسه وتنكّب القوسَ وأخذ قناةً بيده والمسلمون عليهم السلاحُ قد اظهروا الدروع فيهم مائةُ دارع وخرج السَّعْدانِ أمامه يعدُوانِ سعد بن معاذ وسعد بن عُبادة وكلّ واحد منهما دارعٌ والناس عن يمينه وشماله فمضى حتّى اذا كان بالشيْخين وهما أُطمان التفت فنظر الى كتيبة خشناء لها زَجَلٌ فقال ما هذه قالوا حلفاء ابن أُبىّ من يهود فقال رسول الله صلعم لا تستنصروا بأهل الشرك على اهل الشرك وعرض من عرض بالشيخين فردّ من ردّ وأَجاز من اجاز وغابت الشمس وأذّن بلال المغرب فصلّى النبىّ صلعم بأصحابه وبات بالشيخين وكان نازلا فى بنى النجّار واستعمل على الحَرَس تلك الليلةَ محمد بن مَسْلمة فى خمسين رجلا يُطيفون بالعسكر وكان المشركون قد رأوا رسول الله صلعم حيث راح ونزل فاجتمعوا واستعملوا على حَرَسهم عكرمة بن ابى جهل فى خيل من المشركين وأدلج رسول الله صلعم فى السحر ودليله ابو حَثْمة الحارثى فانتهى الى أُحُد الى موضع القنطرة اليومَ فحانت الصلاة وهو يرى المشركين فأمر بلالا واذّن وأقام فصلّى بأصحابه الصبحَ صفوفا وانخزل ابن أُبىّ من ذلك المكان فى كتيبة كأنّه ظَيْفٌ يقدمهم وهو يقول عصانى وأطاع الوِلْدانَ ومن لا رأْىَ له وانخزل معه ثلاثمائة فبقى رسول الله صلعم فى سبعمائة ومعه فرسه وفرس لأبى بُرْدَةَ بن نيار وأقبل يصفّ اصحابه ويُسوّى الصفوف على رجليه وجعل ميمنةً وميسرةً وعليه درعان ومغفر وبيضة وجعل أُحدا خلف ظهره واستقبل المدينة وجعل عَيْنَيْنِ جبلا بقناة عن يساره وجعل عليه خمسين من الرماة واستعمل عليهم عبد الله بن جُبير وأَوْعز اليهم فقال قوموا على مصافّكم هذه فاحموا ظهورنا فان رأيتمونا قد غنمنا فلا تَشْرَكونا وان رأيتمونا نُقْتَل فلا تنصرونا وأقبل المشركون قد صفّوا صفوفهم واستعملوا على الميمنة خالد بن الوليد وعلى الميسرة عكرمة بن ابى جهل ولهم مُجَنّبتان مائتا فرس وجعلوا على الخيل صَفْوان بن امية ويقال عمرو بن العاص وعلى الرُماة عبد الله بن ابى ربيعة وكانوا مائة رامٍ ودفعوا اللواء الى طلحة بن

ابى طلحة واسم ابى طلحة عبد الله بن عبد العُزّى بن عثمان بن عبد الدار بن قُصىّ وسأل رسول الله صلّعم من يحمل لواء المشركين قيل عبد الدار قال نحن احقّ بالوفاء منهم اين مُصْعَب بن عُمير قال هاأنذا قال خُذ اللواء فأخذه مصعب بن عُمير فتقدّم به بين يدى رسول الله صلّعم فكان اوّل من انشب الحرب بينهم ابو عامر الفاسق طلع فى خمسين من قومه فنادى انا ابو عامر فقال المسلمون لا مرحبا بك ولا اهلًا يا فاسق قال لقد اصاب قومى بعدى شرٌّ ومعه عَبيدُ قريشٍ فتراموا بالحجارة هم والمسلمون حتّى ولّى ابو عامر وأصحابه وجعل نساء المشركين يضربن بالأكبار والدُّفوف والغرابيل ويحرّضن ويذكّرنهم قتلى بدر ويقلن

نَحْنُ بناتُ طارِقْ   نَمْشِى عَلَى النَّمارِقْ
إنْ تُقْبِلُوا نُعانِقْ   أَوْ تُدْبِرُوا نُفارِقْ
فِراقَ غَيْرِ وامِقْ

قال ودنا القوم بعضهم من بعض والرماة يَرْشُقون خيل المشركين بالنبل فتولّى هوازن فصاح طلحة بن ابى طلحة صاحب اللواء من يبارز فبرز له علىّ ابن ابى طالب رضى الله عنه فالتقيا بين الصفّين فبدره علىّ فضربه على رأسه حتّى فلق هامته فوقع وهو كبش الكتيبة فسُرّ رسول الله صلّعم بذلك واظهر التكبير وكبّر المسلمون وشدّوا على كتائب المشركين يضربونهم حتّى نَغَضَتْ صفوفهم ثمّ حمل لواءهم عثمان بن ابى طلحة ابو شيبة وهو امامُ النسوة يرتجز ويقول

إنَّ عَلَى أَهْلِ ٱللِّواءِ حَقّا   أَنْ تُخْضَبَ الصَّعْدَةُ أَوْ تَنْدَقّا

وحمل عليه حمزة بن عبد المطّلب فضربه بالسيف على كاهله فقطع يده وكَتِفَه حتّى انتهى الى مُؤْتَزَرِه وبدا سَحْرُه ثمّ رجع وهو يقول انا ابن ساقى الحَجيج ثمّ حمله ابو سعد ابن ابى طلحة فرماه سعد بن ابى وقّاص فأصاب حَنْجَرَتَه فأدلع لسانَه إدلاعَ الكلب فقتله ثمّ حمله مُسافِع بن طلحة ابن ابى طلحة فرماه عصم بن ثابت بن ابى الأقلح فقتله ثمّ حمله الحارث ابن طلحة بن ابى طلحة فرماه عصم بن ثابت فقتله ثمّ حمله كِلاب بن طلحة بن ابى طلحة فقتله الزُبير بن العوّام ثمّ حمله الجُلاس بن طلحة ابن ابى طلحة فقتله طلحة بن عُبيد الله ثمّ حمله أَرْطاة بن شُرَحْبيل

فقتله علىّ بن ابى طالب ثمّ حمله شُريح بن قارظ فلسنا ندرى من قتله ثمّ حمله صُؤاب غلامهم وقال قائل قتله سعد ابن ابى وقّاص وقال قائل قتله علىّ بن ابى طالب وقال قائل قتله قُزْمان وهو اثبتُ القول ن فلمّا قُتل اصحاب اللواء انكشف المشركون منهزمين لا يلوون على شىء ونساؤهم يدعون بالويل وتبعهم المسلمون يضعون السلاح فيهم حيث شاؤا حتّى اجهضوهم عن العسكر ووقعوا ينتهبون العسكر ويأخذون ما فيه من الغنائم وتكلّم الرماة الذين على عَيْنَيْن واختلفوا بينهم وثبت أميرهم عبد الله بن جُبير فى نفر يسير دون العشرة مكانَهم وقال لا اجوز امرَ رسول الله صلعم ووعظ اصحابه وذكّرهم امرَ رسول الله صلعم فقالوا لم يُرِدْ رسول الله صلعم هذا قد انهزم المشركون فما مُقامنا هاهنا فانطلقوا يتبعون العسكر ينتهبون معهم وخلّوا الجبل ونظر خالد بن الوليد الى خلاء الجبل وقلّة اهله فكرّ بالخيل وتبعه عكرمة ابن ابى جهل فحملوا على من بقى من الرماة فقتلوهم وقُتل اميرهم عبد الله بن جُبير رحمه الله وانتقضت صفوف المسلمين واستدارت رَحاهم وحالت الريح فصارت دبُورا وكانت قبل ذلك صبا ونادى ابليس لعنه الله انّ محمدا قد قُتل واختلط المسلمون فصاروا يقتتلون على غير شِعار ويضرب بعضهم بعضا ما يشعرون به من العجلة والدهش وقُتل مُصْعَب بن عُمير فأخذ اللوا ملَكٌ فى صورة مُصْعَب وحضرت الملائكة يومئذ ولم تقاتل ونادى المشركون بشِعارهم يا للعُزّى يا لهُبَل وأوجعوا فى المسلمين قتلا ذريعا وولّى من ولّى منهم يومئذ وثبت رسول الله صلعم ما يزول يرمى عن قوسه حتّى صارت شظايا ويرمى بالحجر وثبت معه عصابة من اصحابه اربعة عشر رجلا سبعة من المهاجرين فيهم ابو بكر الصدّيق رضى الله عنه وسبعة من الانصار حتّى تحاجزوا ودنوا من رسول الله صلعم فى وجهه ما نالوا أُصيبت رباعيته وكُلم فى وجنتيه وجبهته وعلاه ابن قميئة بالسيف فضربه على شقّه الايمن واتّقاه طلحة بن عُبيد الله بيده فشلّت اصبعه وادّعى ابن قميئة انّه قد قتله وكان ذلك ممّا رعب المسلمين وكسرهم ن

من قُتل من المسلمين يوم أُحُد

وقُتل يومئذ حمزة بن عبد المطّلب رحمه الله قتله وحشىّ وعبد الله

ابن جحش قتله ابو الحَكَم بن الاخنس بن شَرِيق ومُصْعب بن عُمير قتله ابن قِميئة وشمّاس بن عثمان بن الشَرِيد المخزومى قتله أُبىّ بن خلف الجُمَحى وعبد الله وعبد الرحمن ابنا الهُبَيب من بنى سعد بن ليث ووهب بن قابوس المُزَنى وابن اخيه الحارث بن عُقبة بن قابوس **ن** وقتل من الانصار سبعون رجلا فيهم عمرو بن مُعاذ اخو سعد بن معاذ واليمان ابو حُذيفة قتله المسلمون خطأً وحنظلة بن ابى عامر الراهب وخيثمة ابو سعد بن خيثمة وخارجة بن زيد بن ابى زهير صِهْر ابى بكر وسعد ابن الربيع ومالك بن سِنان ابو ابى سَعيد الخُدْرى والعبّاس بن عُبادة بن نَضْلة ومُجذَّر بن ذِياد وعبد الله بن عمرو بن حرام وعمرو بن الجموح فى ناس كثير من اشرافهم **ن** وقتل من المشركين ثلاثة وعشرون رجلا فيهم حَمَلَة اللواء وعبد الله بن حُميد بن زُهير بن الحارث بن اسد بن عبد العُزّى وأبو عزيز بن عُمير وابو الحكم بن الاخنس بن شَريق الثقفى قتله علىّ بن ابى طالب وسِباع بن عبد العُزّى الخزاعى وهو ابن امّ أنمار قتله حمزة بن عبد المطّلب رضى الله عنه وهشام بن ابى اميّة بن المُغيرة والوليد بن العاص بن هشام وامية بن ابى حذيفة بن المُغيرة وخالد بن الاعلم العُقيلى وأُبىّ بن خَلَف الجُمَحى قتله رسول الله صلّعم بيده وابو عَزّة الجُمَحى واسمه عمرو بن عبد الله بن عُمير بن وَهْب بن حُذافة ابن جُمَح وقد كان أُسِر يوم بدر فمَنّ عليه رسول الله صلّعم فقال لا أُكثِر عليك جمعًا ثمّ خرج مع المشركين يوم أُحد فأخذه رسول الله صلّعم أسيرًا ولم يأخذ اسيرًا غيره فقال مُنّ علىّ يا محمد فقال رسول الله صلّعم انّ المؤمن لا يُلْدَغُ من جُحْرٍ مرّتين لا ترجع الى مكّة تمسح عارِضَيْك تقول سَخِرْتُ بمحمّد مرّتين ثمّ امر به عاصم بن ثابت بن ابى الاقلح فضرب عنقه **ن** فلمّا انصرف المشركون عن أُحُد أقبل المسلمون على امواتهم وأتى رسول الله صلّعم بحمزة بن عبد المطّلب فلم يغسله ولم يغسل الشهداء وقال لُفُّوهم بدمائهم وجراحهم انا الشهيد على هؤلاء ضَعُوهم فكان حمزة اوّل من كبّر عليه رسول الله صلّعم اربعًا ثمّ جُمع اليه الشهداء فكان كلّما أُتى بشهيد وُضع الى جنب حمزة فصلّى عليه وعلى الشهيد حتّى صلّى عليه سبعين مرّة وقد سمعنا من يقول لم يصلّ رسول الله صلّعم على قَتْلى أُحُد

وقال رسول الله صلعم احفروا وأَعْمِقوا وأَوْسِعوا وقَدِّموا أَكثرهم قرآنًا فكان ممّن نعرف انّه دُفن في قبر واحد عبد الله بن عمرو بن حرام وعمرو بن الجموح في قبر وخارجة بن زيد وسعد بن الربيع في قبر والنعمان بن مالك وعَبْدة بن الحَسْحاس في قبر واحد فكان الناس او عامّتهم قد حملوا قتلاهم الى المدينة فدفنوهم في نواحيها فنادى منادى رسول الله صلعم رُدّوا القتلى الى مضاجعهم فأُدرك المنادى رجلا واحدا لم يكن دُفن فرُدّ وهو شمّاس بن عثمان المخزومى ن ثمّ انصرف رسول الله صلعم يومئذ فصلّى المغرب بالمدينة وشَمِتَ ابنُ أُبَىّ والمنافقون بما نيل من رسول الله صلعم في نفسه وأَصحابه فقال رسول الله صلعم لن ينالوا منّا مثل هذا اليوم حتّى نستلم الرُّكْنَ وبكت الانصار على قتلاهم فسمع ذلك رسول الله صلعم فقال لكنّ حمزة لا بواكىَ له فجاء نساء الانصار الى باب رسول الله صلعم فبكين على حمزة فدعا لهنّ رسول الله صلعم وأَمرهنّ بالانصراف فهنّ الى اليوم اذا مات الميّت من الانصار بدأ النساء فبكين على حمزة ثمّ بكين على ميّتهنّ ن اخبرنا جرير بن عبد الحميد عن عطاء بن السائب عن الشعبى قال * مكر رسول الله صلعم يوم احد بالمشركين وكان ذلك اوّل يوم مكر فيه ن اخبرنا هُشيم بن بَشير انا حُميد الطويل عن انس بن مالك * انّ النبىّ صلعم كُسرت رَباعيتُه يوم أُحد وشُجّ في جبهته حتّى سال الدم على وجهه صلوات الله عليه ورضوانه ورحمته وبركاته فقال كيف يُفلح قوم فعلوا هذا بنبيّهم وهو يدعوهم الى ربّهم فنزلت هذه الآية لَيْسَ لَكَ مِنَ ٱلْأَمْرِ شَىْءٌ أَوْ يَتُوبَ عَلَيْهِمْ أَوْ يُعَذِّبَهُمْ فَإِنَّهُمْ ظَالِمُونَ ن اخبرنا ابو أُسامة حمّاد بن أُسامة عن هشام بن عروة عن ابيه عن عائشة قالت * لمّا كان يوم أُحد هُزم المشركون فصاح ابليس اى عباد الله أُخْراكم قال فرجعت أُولاهم فاجتلدت هى وأُخراهم فنظر حُذيفة فاذا هو بأَبيه اليمان فقال عبادَ الله أَبى أَبى قالت والله ما احتجزوا حتّى قتلوه فقال حُذيفة غفر الله لكم قال عروة فوالله ما زال في حذيفة منه بقيّةُ خيرٍ حتّى لحق بالله ن اخبرنا عفّان بن مسلم انا حمّاد بن سلمة عن ابى الزُّبير عن جابر بن عبد الله انّ رسول الله صلعم قال * رأيت كأَنّى في درع حصينة ورأيت بقرا منحّرة فأَوّلتُ انّ الدرع المدينة والبقر نَفَرٌ فإن شئتم أَقمنا بالمدينة فإن دخلوا علينا قاتلناهم فيها فقالوا والله ما دُخلت علينا في الجاهليّة

فتدخلَ علينا في الاسلام قال فشأنكم اذًا فذهبوا فلبس رسول الله صلّعم لأمته فقالوا ما صنعنا رددنا على رسول الله صلّعم رأيه فجاؤا فقالوا شأنك يا رسول الله فقال الآن ليس لنبيّ اذا لبس لأمته ان يضعها حتّى يقاتل ن حدثنا محمد بن حُميد العبدى عن مَعْمر عن قتادة * انّ رَباعية النبيّ صلّعم أُصيبت يوم احد اصابها عتبة بن ابى وقّاص وشجّه في جبهته فكان سالم مولى ابى حُذيفة يغسل عن النبيّ صلّعم الدم والنبيّ صلّعم يقول كيف يُفلح قوم صنعوا هذا بنبيّهم فأنزل الله تبارك وتعالى لَيْسَ لَكَ مِنَ ٱلْأَمْرِ شَيْءٌ أَوْ يَتُوبَ عَلَيْهِمْ أَوْ يُعَذِّبَهُمْ الى آخر الآية ن اخبرنا محمد ابن حُميد عن مَعْمر عن الزهرى * انّ الشيطان صاح يوم احد إنّ محمدا قد قُتل قال كعب بن مالك فكنت انا اوّل من عرف النبيّ صلّعم عرفت عينيه تحت المغفر فناديت بصوتى الاعلى هذا رسول الله فأشار الىّ ان اسكتْ فأنزل الله تعالى جدّه وَمَا مُحَمَّدٌ إِلَّا رَسُولٌ قَدْ خَلَتْ مِنْ قَبْلِهِ ٱلرُّسُلُ أَفَإِنْ مَاتَ أَوْ قُتِلَ الآية ن اخبرنا قُتيبة بن سعيد البَلْخى نا ليث بن سعد عن عبد الرحمن بن خالد عن ابن شهاب عن سعيد ابن المسيّب * انّ أُبىّ بن خلف الجُمَحى أُسر يوم بدر فلمّا افتدى من رسول الله صلّعم قال لرسول الله صلّعم انّ عندى فرسًا أُعلفها كلّ يوم فَرَق ذُرة لعلّى اقتلك عليها فقال رسول الله صلّعم بل انا اقتلك عليها ان شاء الله فلمّا كان يوم احد اقبل أُبىّ بن خلف يركض فرسه تلك حتّى دنا من رسول الله صلّعم فاعترض رجال من المسلمين له ليقتلوه فقال لهم رسول الله صلّعم استأخروا استأخروا فقام رسول الله صلّعم بحَرْبَة في يده فرمى بها أُبىّ بن خلف فكسرت الحربة ضلعًا من اضلاعه فرجع الى اصحابه ثقيلًا فاحتملوه حتّى ولّوا به وطفقوا يقولون له لا بأس بك فقال لهم أُبىّ الم يَقُلْ لى بل انا اقتلك ان شاء الله فانطلق به اصحابه فمات ببعض الطريق فدفنوه قال سعيد بن المسيّب وفيه انزل الله تبارك وتعالى وَمَا رَمَيْتَ إِذْ رَمَيْتَ وَلَٰكِنَّ ٱللَّهَ رَمَىٰ الآية ن اخبرنا عتّاب بن زياد نا عبد الله بن المبارك عن سفيان بن عُيينة عن يزيد بن خُصيفة عن السائب بن يزيد او غيره قال * كانت على رسول الله صلّعم يوم احد درعان ن اخبرنا عتّاب بن زياد نا ابن المبارك انا سفيان بن عُيينة

قال *لقد أُصيب مع رسول الله صلعم يومَ احد نحو من ثلاثين كلّهم يجيء حتّى يجثو بين يديه او قال يتقدّم بين يديه ثمّ يقول وجهي لوجهك الوفاء ونفسي لنفسك الفداء وعليك سلام الله غيرَ مودَّع ن أخبرنا الحسن ابن موسى الأشْيَب وعمرو بن خالد المصري قالا نا زُهير بن معاوية نا ابو اسحاق عن البراء بن عازب قال *لمّا كان يوم احد جعل رسول الله صلعم على الرماة وكانوا خمسين رجلًا عبد الله بن جُبير الانصاري ووضعهم موضعًا وقال ان رأيتمونا تخطفنا الطَّيْرُ فلا تبرحوا مكانكم حتّى أُرسل اليكم وان رأيتمونا قد هزمْنا القومَ وظهرنا عليهم وأَوطأناهم فلا تبرحوا حتّى أُرسل اليكم قال فهزمهم رسول الله صلعم فأنا والله رأيت النساء يشتددن على الجبل قد بدت أَسْوُقُهنّ وخلاخلهنّ رافعاتٍ ثيابَهنّ فقال اصحاب عبد الله بن جُبير الغنيمةَ أَيْ قومِ الغنيمةَ قد ظهر اصحابكم فما تنتظرون فقال عبد الله بن جُبير أَنَسِيتم ما قال لكم رسول الله صلعم فقالوا انّا والله لنأتينّ الناسَ فلنُصيبنّ من الغنيمة قال فلمّا اتوهم صُرفت وجوههم فأقبلوا منهزمين فذلك اذ يدعوهم الرسول في أُخْراهم فلم يبق مع رسول الله صلعم غير اثني عشر رجلًا فأصابوا منّا سبعين رجلًا وكان رسول الله صلعم وأصحابه اصاب من المشركين يوم بدر اربعين ومائة سبعين اسيرا وسبعين قتيلا فأقبل ابو سُفيان فقال أَفي القوم محمد ثلاث مرّات قال فنهاهم رسول الله صلعم ان يجيبوه ثمّ قال أَفي القوم ابن ابي قُحافة أَفي القوم ابن ابي قُحافة أَفي القوم ابن ابي قحافة أَفي القوم ابن الخطّاب أَفي القوم ابن الخطّاب أَفي القوم ابن الخطّاب قال ابو اسحاق اتمّ قال الحسن بن موسى اي ليس فوقهم احد ثمّ اقبل ابو سفيان على اصحابه فقال امّا هؤلاء فقد قُتلوا وقد كُفيتموهم فما ملك عمرُ نفسَه ان قال كذبتَ والله يا عدوّ الله انّ الذين عددتَ لأَحياءٌ كلّهم وقد بقي لك ما يسوءك قال فقال يومٌ بيوم بدر والحربُ سِجالٌ ثمّ انّكم ستجدون في القوم مُثْلَةً لم آمُرْ بها ولم تَسُؤْني ثمّ جعل يرتجز ويقول أُعْلُ هُبَلْ أُعْلُ هُبَل فقال رسول الله صلعم الا تجيبونه قالوا يا رسول الله وما ذا نُجيبه قال قولوا اللهُ اعلى وأَجَلّ قال ابو سفيان لنا العُزّى ولا عُزّى لكم فقال رسول الله صلعم الا تجيبونه قالوا وما ذا نجيبه يا رسول الله قال قولوا اللهُ مولانا ولا مولى لكم ن أخبرنا خالد بن خِداش نا عبد العزيز بن

ابى حازم حدّثنى ابى عن سَهْل بن سعد قال * كُسِرت رَباعيةُ رسول الله صلّعم يومَ احد وجُرِح وجهه وكُسِرت البيضة على رأسه فكانت فاطمة عليها السلام تغسل جُرْحَه وعلىٌّ يسكب الماء عليها بالمِجنّ تعنى الترس فلمّا رأت فاطمة انّ الماء لا يزيد الدمَ الّا كَثْرةً اخذت فاطمة قطعةَ حَصيرٍ فأحرقته فألصقته عليه فاستمسك الدمُ **ن** اخبرنا خالد بن خِداش نا الفضل بن موسى السِينانى عن محمد بن عمرو عن سعد بن المُنذر عن ابى حُميد الساعدى * انّ رسول الله صلّعم خرج يوم احد حتى اذا جاوز ثنيّةَ الوَداع اذا هو بكتيبة خَشْناء فقال من هؤلاء قالوا هذا عبد الله بن أُبىّ بن سَلُول فى ستّمائةٍ من مواليه من اليهود من اهل قينقاع وهم رهط عبد الله بن سَلام قال وقد اسلموا قالوا لا يا رسول الله قال قولوا لهم فليرجعوا فانّا لا نستعين بالمشركين على المشركين **ن** اخبرنا ابو المنذر البزّاز نا سفيان الثورى عن حُصين عن ابى مالك * انّ رسول الله صلّعم صلّى على قَتْلَى أُحد **ن**

غزوة رسول الله صلّعم حَمْراء الأَسَد

ثمّ غزوة رسول الله صلّعم حمراء الاسد يوم الأَحد لثمانى ليال خلون من شوّال على رأس اثنين وثلاثين شهرا من مُهاجَره قالوا لمّا انصرف رسول الله صلّعم من أُحد مساءَ يوم السبت بات تلك الليلة على بابه ناسٌ من وجوه الانصار وبات المسلمون يُداوون جِراحاتهم فلمّا صلّى رسول الله صلّعم الصبح يوم الأَحد امر بلالا ان ينادى انّ رسول الله يأمركم بطلب عدوّكم ولا يخرج معنا الّا من شهد القتالَ بالأَمس فقال جابر بن عبد الله انّ ابى خلّفنى يومَ أُحد على اخواتٍ لى فلم اشهد الحرب فَأْذَنْ لى ان أَسير معك فأذن له رسول الله صلّعم فلم يخرج معه احدٌ لم يشهد القتالَ غيرُه ودعا رسول الله صلّعم بلوائه وهو معقودٌ لم يُحَلّ فدفعه الى علىّ بن ابى طالب ويقال الى ابى بكر الصدّيق رضى الله عنهما وخرج وهو مجروح فى وجهه ومشجوج فى جَبْهته ورَباعيتُه قد شَظِيَتْ وشفته السفلى قد كُلِمت فى باطنها وهو متوهّنٌ منكبَه الايمنَ من ضربة ابن قمئة وركبتاه مجحوشتان وحشد اهل العوالى ونزلوا حيث اتاهم الصريخ وركب رسول الله صلّعم فرسه

وخرج الناس معه فبعث ثلاثة نفر من أَسْلَم طليعةً فى آثر القوم فلحق اثنان منهم القومَ بحمراء الاسد وهى من المدينة على عشرة اميال طريق العقيق متياسرةً عن ذى الحُليفة اذا اخذتها فى الوادى وللقوم زَجَلٌ وهم يأتمرون بالرجوع وصَفْوان بن اميّة ينهاهم عن ذلك فبصروا بالرَجُلين فعطفوا عليهما فعَلَوْهما ومضوا ومضى رسول الله صلعم بأصحابه حتّى عسكروا بحمراء الاسد فدفن الرجلين فى قبر واحد وهما القرينان وكان المسلمون يوقدون تلك الليالى خمسمائةَ نارٍ حتّى تُرَى من المكان البعيد وذهب صوت مُعَسْكَرهم ونيرانهم فى كلّ وجه فكَبَتَ الله تبارك وتعالى بذلك عدوّهم فانصرف رسول الله صلعم الى المدينة فدخلها يوم الجمعة وقد غاب خمس ليال وكان استخلف على المدينة عبدَ الله ابن امّ مكتوم ن

سريّة ابى سلمة بن عبد الأَسَد المخزومى

ثمّ سريّة ابى سَلمة بن عبد الأَسَد المخزومى الى قَطَن وهو جبل بناحية فَيْد به ماءٌ لبنى اسد بن خُزيمة فى هلال المحرّم على رأس خمسة وثلاثين شهرا من مُهاجَر رسول الله صلعم وذلك انّه بلغ رسول الله صلعم انّ طُليحة وسَلمة ابنى خُويلد قد سارا فى قومهما ومن اطاعهما يدعونهم الى حرب رسول الله صلعم فدعا رسول الله صلعم ابا سلمة وعقد له لواءً وبعث معه مائة وخمسين رجلا من المهاجرين والانصار وقال سِرْ حتّى تنزل ارضَ بنى اسد فأَغِرْ عليهم قبل ان تَلاقى عليك جموعهم فخرج فأغذّ السيرَ ونكب عن سَنَن الطريق وسبق الاخبارَ وانتهى الى ادنى قَطَن فأغار على سَرْح لهم فضمّوه وأخذوا رعاءً لهم مماليك ثلاثةً وأفلت سائرهم فجاءوا جَمْعَهم فحذّروهم فتفرّقوا فى كلّ ناحية ففرّق ابو سلمة اصحابه ثلاث فِرَق فى طلب النَّعَم والشاء فآبوا اليه سالمين قد اصابوا ابلا وشاءً ولم يلقوا احدا فانحدر ابو سلمة بذلك كلّه الى المدينة ن

سريّة عبد الله بن أُنيس

ثمّ سريّة عبد الله بن أُنيس الى سُفيان بن خالد بن نُبيح الهُذَلى بعُرَنة خرج من المدينة يوم الاثنين لخمس خلون من المحرّم على رأس

خمسة وثلاثين شهرا من مُهاجَر رسول الله صلّعم وذلك انّه بلغ رسول الله صلّعم انّ سفيان بن خالد الهُذَلى ثمّ اللحْيانى وكان ينزل عُرَنَةَ وما والاها فى ناس من قومه وغيرهم قد جمع الجموع لرسول الله صلّعم فبعث رسول الله صلّعم عبد الله بن أُنيس ليقتله فقال صِفْه لى يا رسول الله قال اذا رأيته هِبْتَه وفَرِقت منه وذكرت الشيطانَ قال وكنت لا اهاب الرجال واستأذنت رسول الله صلّعم ان اقولَ فأذن لى فأخذت سيفى وخرجت اعتزى الى خُزاعة حتّى اذا كنت ببطن عُرَنة لقيته يمشى ووراءه الاحابيش ومن ضوى اليه فعرفته بِنَعْتِ رسول الله صلّعم وهِبْته فرأيتنى أَقْطُر فقلت صدق الله ورسولُه فقال مَن الرجل فقلت رجلٌ من خزاعة سمعتُ بجمعك لمحمد فجئتك لأكون معك قال أَجَلْ انّى لاجمع له فمشيت معه وحدّثته واستحلى حديثى حتّى أَنْتَهِى الى خبائه وتفرّق عنه اصحابه حتّى اذا هدأ الناس وناموا اغتررتُه فقتلته وأخذتُ رأسه ثمّ دخلت غارا فى الجبل وضربَتِ العنكبوتُ علىّ وجاء الطَلَبُ فلم يجدوا شيئا فانصرفوا راجعين ثمّ خرجت فكنت اسيرُ الليلَ واتوارى بالنهار حتّى قدمت المدينةَ فوجدت رسول الله صلّعم فى المسجد فلمّا رآنى قال أَفْلَحَ الوجهُ قلت افلح وجهُك يا رسول الله فوضعتُ رأسه بين يديه وأخبرته خبرى فدفع الىّ عصًا وقال تَخَصَّرْ بهذه فى الجنّة فكانت عنده فلمّا حضرته الوفاةُ اوصى اهلَه ان يُدرجوها فى كَفَنِه ففعلوا وكانت غيبته ثمان عشرة ليلة وقدم يومَ السبت لسبع بقين من المحرّم ن

سرية المنذر بن عمرو

ثمّ سريّة المنذر بن عمرو الساعدى الى بئر مَعُونة فى صفر على رأس ستّة وثلاثين شهرًا من مُهاجَر رسول الله صلّعم قالوا وقدم عامر بن مالك بن جعفر ابو براء مُلاعِب الأَسِنَّة الكِلابى على رسول الله صلّعم فأَهْدى له فلم يقبل منه وعرض عليه الاسلامَ فلم يُسلم ولم يُبعد وقال لو بعثتَ معى نفرًا من اصحابك الى قومى لرجوتُ ان يجيبوا دعوتك ويتّبعوا امرك فقال انّى اخاف عليهم اهلَ نَجْدٍ فقال انا لهم جارٌ إن يعرض لهم احدٌ فبعث معه رسولُ الله صلّعم سبعين رجلا من الانصار شَبَبَةً يُسَمَّون القُرّاء وأَمَّر

عليهم المنذرَ بن عمرو الساعدى فلمّا نزلوا ببئر معونة وهو ماء من مياه بنى سُليم وهو بين ارض بنى عامر وأرض بنى سُليم كلا البلدين يُعَدّ منه وهو بناحية المعدن نزلوا عليها وعسكروا بها وسرحوا ظَهْرَهم وقدّموا حَرامَ بن مِلْحان بكتاب رسول الله صلعم الى عامر بن الطُفيل فوثب على حرام فقتله واستصرخ عليهم بنى عامر فأبوا وقالوا لا يُخْفَر جِوار ابى بَراء فاستصرخ عليهم قبائلَ من سُليم عُصَيَّةَ ورِعْلًا وذَكْوانَ فنفروا معه ورأسوه واستبطأ المسلمون حرامًا فأقبلوا فى اثره فلقيهم القوم فأحاطوا بهم فكاثروهم فتقاتلوا فقُتل اصحاب رسول الله صلعم وفيهم سليم بن مِلحان والحَكَم بن كَيْسان فى سبعين رجلًا فلمّا أُحيط بهم قالوا اللهمّ انّا لا نجد من يُبلّغ رسولَك منّا السلامَ غيرَك فأَقْرِئْه منّا السلامَ فأخبره جبرئيل صلعم بذلك فقال وعليهم السلام وبقى المنذر بن عمرو فقالوا ان شئت آمنّاك فأبى وأتى مَصْرَعَ حرام فقاتلهم حتّى قُتل فقال رسول الله صلعم أَعْنَقَ ليموت يعنى انّه تقدّم على الموت وهو يعرفه وكان معهم عمرو بن أُميّة الضَمْرى فقتلوا جميعا غيرَه فقال عامر بن الطُفيل قد كان على أُمّى نَسَمَةٌ فأنتَ حُرٌّ عنها وجزّ ناصيتَه وفقد عمرو بن اميّة عامرَ بن فُهيرة من بين القَتْلَى فسأل عنه عامرَ ابن الطُفيل فقال قتله رجل من بنى كلاب يُقال له جبّار بن سُلْمَى لمّا طعنه قال فزتُ والله ورُفع الى السماء عُلُوًّا فأسلم جبّار بن سلمى لما رأى من قتل عامر بن فُهيرة ورَفْعِه وقال رسول الله صلعم انّ الملائكة وارتْ جُثّتَه وأُنزل عِلّيّينَ وجاء رسولَ الله صلعم خبرُ اهل بئر معونة وجاءه تلك الليلة ايضا مُصاب خُبيب بن عدىّ ومَرْثَد بن ابى مرثد وبعث محمد بن مَسلمة فقال رسول الله صلعم هذا عملُ ابى براء قد كنت لهذا كارها ودعا رسول الله صلعم على قَتَلَتهم بعد الركعة من الصبح فقال اللهمّ اشْدُدْ وَطْأتَك على مضر اللهمّ سنينَ كسنى يُوسُف اللهمّ عليك ببنى لِحيان وعَضَل والقارة وزِغْب ورِعْل وذَكْوان وعُصَيّة فانّهم عصوا الله ورسولَه ولم يجد رسول الله صلعم على قَتْلَى ما وجد على قَتْلَى بئر معونة وأنزل الله فيهم قرآنا حتّى نُسخ بعدُ بَلِّغوا قَوْمَنا عَنّا أَنّا لَقِينا رَبَّنا فَرَضِىَ عَنّا ورَضِينا عَنْهُ وقال رسول الله صلعم اللهمّ اهْدِ بنى عامر واطلُبْ خُفْرتى من عامر بن الطُفيل وأقبل عمرو بن اميّة سار اربعا على رجليه فلمّا دنا بصدور قناة لقى

رجلين من بنى كلاب قد كان لهما من رسول الله صلعم أمانٌ فقتلهما وهو لا يعلم ذلك ثمّ قدم على رسول الله صلعم فأخبره بمقتل اصحاب بئر معونة فقال رسول الله صلعم أَبْتَ من بينهم وأخبر النبيّ صلعم بقتل العامريَّيْن فقال بئس ما صنعتَ قد كان لهما منّى أمانٌ وجوار لأَدِيَنَّهما فبعث بدِيَتِهما الى قومهما **ن** اخبرنا محمد بن عبد الله الانصارى نا سعيد بن ابى عَرُوبَة عن قتادة عن أنس بن مالك * انّ رِعْلا وذكوان وعُصَيّة وبنى لحيان اتوا رسول الله صلعم فاستمدّوه على قومهم فأمدّهم سبعين رجلا من الانصار وكانوا يُدْعَون فينا القُرّاء كانوا يحطبون بالنهار ويصلّون بالليل فلمّا بلغوا بئر معونة غدروا بهم فقتلوهم فبلغ ذلك نبيّ الله صلعم فقنت شهرًا فى صلاة الصبح يدعو على رِعْل وذكوان وعُصَيّة وبنى لحيان قال فقرأنا بهم قرآنا زمانا ثمّ انّ ذلك رُفع او نُسى بَلّغوا عنّا قومَنا أنّا لقينا ربّنا فرضى عنّا وأرضانا **ن** اخبرنا يحيى بن عبّاد نا عُمارة بن زاذان حدّثنى مكحول قال * قلت لأنس بن مالك ابا حمزة القرّاء قال ويحك قُتلوا على عهد رسول الله صلعم كانوا قوما يستعذبون لرسول الله صلعم ويحطبون حتّى اذا كان الليل قاموا الى السّوارى للصلاة **ن** اخبرنا يعقوب ابن ابراهيم بن سعد الزهرى عن ابيه عن صالح بن كيسان عن ابن شهاب اخبرنى عبد الرحمن بن عبد الله بن كعب بن مالك ورجال من اهل العلم * انّ المنذر بن عمرو الساعدى قُتل يوم بئر مَعونة وهو الذى يقال له أَعْنَقَ ليموت وكان عامر بن الطفيل استنصر لهم بنى سُليم فنفروا معه فقتلوهم غيرَ عمرو بن أُميّة الضَّمْرى اخذه عامر بن الطفيل فأرسله فلمّا قدم على رسول الله صلعم قال له رسول الله صلعم أَبْتَ من بينهم وكان من اولئك الرهط عامر بن فُهيرة قال ابن شهاب فزعم عروة بن الزبير انّه قُتل يومئذ فلم يوجَد جسده حين دُفنوا قال عروة كانوا يرون انّ الملائكة هى دفنته **ن** اخبرنا عتّاب بن زياد نا عبد الله بن المبارك انا مالك بن انس عن اسحاق بن عبد الله بن ابى طلحة عن انس بن مالك قال * أُنزل فى الذين قُتلوا ببئر معونة قرآن حتى نُسخ بعد بلّغوا قومَنا أنّا قد لقينا ربّنا فرضى عنّا ورضينا عنه ودعا رسول الله صلعم على الذين قتلوهم ثلاثين غداة يدعو على رِعْل وذكوان وعُصَيّة عصت

الله ورسوله **ن** اخبرنا الفضل بن دُكين نا سفيان بن عيينة عن عاصم قال سمعتُ انس بن مالك قال * ما رأيت رسول الله صلعم وجد على احد ما وجد على اصحاب بئر معونة **ن**

سريّة مَرْثَد بن ابى مرثد

ثمّ سريّة مرثد بن ابى مرثد الغَنَوى الى الرّجيع فى صفر على رأس ستّة وثلاثين شهرا من مُهاجَر رسول الله صلعم **ن** اخبرنا عبد الله بن ادريس الأَوْدى نا محمد بن اسحاق عن عاصم بن عمر بن قتادة بن النعمان الظَفَرى وأخبرنا مَعْن بن عيسى الأَشْجَعى نا ابراهيم بن سعد عن ابن شهاب عن عمر بن أَسيد بن العلاء بن جارية وكان من جلساء ابى هريرة قال * قدم على رسول الله صلعم رهط من عَضَل والقارة وهم الى الهُون بن خُزيمة فقالوا يا رسول الله انّ فينا إسلامًا فابعثْ معنا نفرا من اصحابك يفقّهونا ويُقرِئونا القرآن ويعلّمونا شرائع الاسلام فبعث رسول الله صلعم معهم عشرة رهط عاصمَ بن ثابت بن ابى الأَقْلح ومرثدَ بن ابى مرثد وعبد الله بن طارق وخُبيب بن عدىّ وزيد بن الدَّثِنَة وخالد بن ابى البُكير ومعتّب بن عُبيد وهو اخو عبد الله بن طارق لأُمّه وهما من بلىّ حليفان فى بنى ظَفَر وأمّر عليهم عاصم بن ثابت وقال قائل مرثد بن ابى مرثد فخرجوا حتّى اذا كانوا على الرجيع وهو ماء لهُذيل بصدور الهَدّة والهَدّة على سبعة اميال منها والهَدّة على سبعة اميال من عُسْفان فغدروا بالقوم واستصرخوا عليهم هذيلا فخرج اليهم بنو لحيان فلم يَرُعِ القوم الّا الرجال بأيديهم السيوف قد غشوهم فأخذ اصحاب رسول الله صلعم سيوفهم فقالوا لهم انّا والله ما نريد قتالكم انّما نريد ان نُصيب بكم ثمنا من اهل مكّة ولكم العهدُ والميثاقُ ألّا نقتلكم فامّا عاصم بن ثابت ومرثد بن ابى مرثد وخالد بن ابى البُكير ومُعتّب بن عُبيد فقالوا والله لا نقبل من مشرك عهدا ولا عقدا ابدا فقاتلوهم حتّى قُتلوا وامّا زيد بن الدّثنة وخُبيب ابن عدىّ وعبد الله بن طارق فاستأسروا وأعطوا بأيديهم وأرادوا رأس عاصم ليبيعوه من سُلافة بنت سعد بن شُهيد وكانت نذرت لتشربنّ فى قِحْف عاصم الخَمْرَ وكان قتل ابنيها مُسافعا وجُلاسا يوم أُحد فحمَتْهُ الدَّبْرُ فقال

أَمْهِلوه حتّى تُمْسِى فانّها لو قد امست ذهبت عنه فبعث الله الوادى فاحتمله وخرجوا بالنفر الثلاثة حتّى اذا كانوا بمرّ الظَّهْران انتزع عبد الله بن طارق يده من القِران وأخذ سيفه واستأخر عنه القوم فرموه بالحجارة حتّى قتلوه فقبره بمَرّ الظَّهْران وقدموا بخُبيب وزيد مكّة فأمّا زيد فابتاعه صَفْوان ابن أُميّة فقتله بأبيه وابتاع حُجير بن ابى إهاب خُبيبَ بن عدىّ لابن اخته عقبة بن الحارث بن عامر بن نوفل ليقتله بأبيه فحبسوهما حتّى خرجت الأَشْهُر الحُرُم ثمّ اخرجوهما الى التَّنْعيم فقتلوهما وكانا صلّيا ركعتين ركعتين قبل ان يُقْتَلا فخُبيب اوّل من سَنّ ركعتين عند القتل ن اخبرنا عبد الله بن ادريس حدّثنى عمرو بن عثمان بن عبد الله بن مَوْهَب مولى الحارث بن عامر قال * قال موهب قال لى خُبيب وكانوا جعلوه عندى يا مَوْهَب أَطلبُ اليك ثلاثا ان تسقينى العَذْبَ وان تجنّبنى ما ذُبح على النُّصُب وان تُؤْذِنَنى اذا ارادوا قَتْلى ن اخبرنا عبد الله بن ادريس عن محمّد بن اسحاق عن عاصم بن عمر بن قتادة * انّ نفرا من قريش فيهم ابو سفيان حضروا قتل زيد فقال قائل منهم يا زيد أَنْشُدك اللهَ أتحبّ انّك الآن فى اهلك وأنّ محمّدا عندنا مكانك نضرب عنقه قال لا والله ما أُحبّ انّ محمّدا يُشاك فى مكانه بشوكة تؤذيه وانّى جالس فى اهلى قال يقول ابو سفيان والله ما رأيت من قوم قطّ اشدّ حبّا لصاحبهم من اصحاب محمّد له ن

غزوة رسول الله صلعم بنى النضير

ثمّ غزوة رسول الله صلعم بنى النضير فى شهر ربيع الاوّل سنة اربع على رأس سبعة وثلاثين شهرا من مُهاجَره وكانت منازل بنى النضير بناحية الغَرْس وما والاها مقبرةُ بنى خَطْمة اليومَ فكانوا حلفاء لبنى عامر ن قالوا خرج رسول الله صلعم يوم السبت فصلّى فى مسجد قُباء ومعه نفر من اصحابه من المهاجرين والانصار ثمّ اتى بنى النضير فكلّمهم ان يُعينوه فى دية الكلابيَّيْن اللَّذَيْن قتلهما عمرو بن أُميّة الضَّمْرى فقالوا نفعل يا ابا القاسم ما احببت وخلا بعضهم ببعض وهمّوا بالغدر به وقال عمرو بن جحّاش بن كعب بن بَسيل النَّضَرى انا اظهر على البيت فاطرح عليه صخرةً فقال

سَلّام بن مِشْكم لا تفعلوا والله لَيُخْبَرَنّ بما هممتم به وإنّه لنقض العهد الذي بيننا وبينه وجاء رسولَ الله صلعم الخبرُ بما همّوا فنهض سريعًا كأنّه يريد حاجةً فتوجّه الى المدينة ولحقه اصحابه فقالوا أَقُمْتَ ولم نشعر قال همّت يهود بالغدر فأخبرني الله بذلك فقمت وبعث اليهم رسول الله صلعم محمدَ بن مَسْلمة ان اخرجوا من بلادي فلا تساكنوني بها وقد هممتم بما هممتم به من الغدر وقد أَجّلْتُكم عشرا فمن رُئي بعد ذلك ضُرِبَتْ عنقه فمكثوا على ذلك ايّامًا يتجهّزون وأرسلوا الى ظَهْرٍ لهم بذي الجَدْر وتكاروا من ناس من أَشْجَع ابلا فأرسل اليهم ابن أُبَيّ لا تخرجوا من دياركم وأقيموا في حصونكم فإنّ معي ألفين من قومي وغيرهم من العرب يدخلون معكم حصنكم فيموتون عن آخرهم وتُمِدّكم قريظة وحُلفاؤكم من غطفان فطمع حُيَيّ فيما قال ابن أُبَيّ فأرسل الى رسول الله صلعم انّا لا نخرج من ديارنا فاصنعْ ما بدا لك فأظهر رسول الله صلعم التكبيرَ وكبّر المسلمون لتكبيره وقال حاربت يهود فسار اليهم النبيّ صلعم في اصحابه فصلّى العصر بفضاء بني النضير وعليّ رضي الله عنه يحمل رايته واستخلف على المدينة ابنَ امّ مكتوم فلمّا رأوا رسول الله صلعم قاموا على حصونهم معهم النبل والحجارة واعتزلتهم قريظة فلم تُعِنْهُمْ وخذلهم ابن أُبيّ وحُلفاؤهم من غطفان فأَيِسوا من نصرهم فحاصرهم رسول الله صلعم وقطع نخلهم فقالوا نحن نخرج عن بلادك فقال لا اقبله اليومَ ولكن اخرجوا منها ولكم دماؤكم وما حملت الابل الّا الحَلْقة فنزلت يهود على ذلك وكان حاصرهم خمسة عشر يوما فكانوا يُخرّبون بيوتهم بأيديهم ثمّ اجلاهم عن المدينة وولّى اخراجهم محمد بن مَسلمة وحملوا النساء والصبيان وتحمّلوا على ستّمائة بعير فقال رسول الله صلعم هؤلاء في قومهم بمنزلة بني المغيرة في قريش فلحقوا بخيبر وحزن المنافقون عليهم حزنًا شديدا وقبض رسول الله صلعم الاموال والحلقة فوجد من الحلقة خمسين درع وخمسين بيضة وثلاثمائة سيف وأربعين سيفا وكانت بنو النضير صفيًّا لرسول الله صلعم خالصةً له حَبْسا لنوائبه ولم يخمّسها ولم يُسْهِم منها لأحد وقد اعطى ناسًا من اصحابه ووسّع في الناس منها فكان ممّن أُعطي ممّن سُمّي لنا من المهاجرين ابو بكر الصدّيق بئرَ حجر وعمر بن الخطّاب بئر جرم وعبد الرحمن بن عوف سوالة وصُهيب بن سنان الضراطة والزبير بن العوّام وابو

سلمة بن عبد الأسد الهُبيلة وسهل بن حُنيف وابو دُجانة مالا يقال له مال ابن خَرَشة ن اخبرنا محمد بن حرب المكّي وهاشم بن القاسم الكناني قالا نا الليث بن سعد عن نافع عن عبد الله بن عمر * انّ رسول الله صلعم حرّق نخل النضير وهي البُويرة فانزل الله تعالى مَا قَطَعْتُمْ مِنْ لِينَةٍ أَوْ تَرَكْتُمُوهَا قَائِمَةً عَلَى أُصُولِهَا ن اخبرنا هَوْذة بن خليفة نا عوف عن الحسن * انّ النبيّ صلعم لمّا اجلى بني النضير قال امضوا فهذا اوّل الحشر وانا على الأثر ن

غزوة رسول الله صلعم بدر الموعد

ثمّ غزوة رسول الله صلعم بدر الموعد وهي غير بدر القتال وذلك لهلال ذي القعدة على رأس خمسة واربعين شهرًا من مُهاجَره ن قالوا لمّا اراد ابو سفيان بن حرب ان ينصرف يوم احد نادى الموعدُ بيننا وبينكم بدرُ الصَّفْراء رأسَ الحول نلتقي بها فنقتتل فقال رسول الله صلعم لعمر بن الخطّاب قُلْ نَعَمْ ان شاء الله فافترق الناس على ذلك ثمّ رجعت قريش فخبّروا مَن قِبَلَهم بالموعد وتهيّؤا للخروج فلمّا دنا الموعد كره ابو سفيان الخروج وقدم نُعيم بن مسعود الأشجعي مكّةَ فقال له ابو سفيان انّي قد واعدت محمدا وأصحابه ان نلتقي ببدر وقد جاء ذلك الوقت وهذا عامُ جَدْبٍ وانّما يُصلحنا عامُ خِصْبٍ غَيْداقٍ وأكره ان يخرج محمد ولا اخرج فيجترئَ علينا فنجعل لك عشرين فريضة يضمنها لك سُهيل بن عمرو على ان تقدم المدينة فتُخذّل اصحابَ محمد قال نعم ففعلوا وحملوه على بعير فأسرع السَّيْرَ فقدم المدينة فأخبرهم بجمع ابي سفيان لهم وما معه من العُدّة والسلاح فقال رسول الله صلعم والذي نفسي بيده لأخرجنّ وان لم يخرج معي احدٌ فنصر الله المسلمين وأذهب عنهم الرُّعْب فاستخلف رسول الله صلعم على المدينة عبد الله بن رَواحة وحمل لواءه عليّ بن ابي طالب وسار في المسلمين وهم الف وخمسمائة وكانت الخيل عشرة افراس وخرجوا ببضائع لهم وتجارات وكانت بدر الصفراء مجتمعًا يجتمع فيه العرب وسوقًا تقوم لهلال ذي القعدة الى ثمان تخلو منه ثمّ يتفرّق الناس الى بلادهم فانتهوا الى بدرٍ ليلةَ هلال ذي القعدة وقامت السوق صبيحةَ الهلال فأقاموا بها ثمنية ايّام وباعوا

ما خرجوا به من التجارات فربحوا للدرهم درهمًا وانصرفوا وقد سمع الناس بمسيرهم وخرج ابو سفيان ابن حرب من مكّة في قريش وهم الفان ومعهم خمسون فرسًا حتّى انتهوا الى مَجَنَّة وهي مَرّ الظَهْران ثمّ قال ارجعوا فانّه لا يُصلحنا الّا عام خِصْبٍ غَيْداقٍ نرعى فيه الشجر ونشرب فيه اللبن وانّ عامكم هذا عامُ جَدْب فانّي راجع فارجعوا فسمّى اهل مكّة ذلك الجيش جيشَ السَويق يقولون خرجوا يشربون السويق وقدم مَعْبَد بن ابي معبد الخُزاعي مكّة بخبر رسول الله صلعم وموافاته بدرا في اصحابه فقال صَفْوان بن اميّة لأبي سفيان قد نهيتك يومئذ ان تَعِدَ القومَ وقد اجترؤا علينا ورأوا ان قد اخلفناهم ثمّ اخذوا في الكَيْد والنَفَقة والتهيُّؤ لغزوة الخندق ن اخبرنا حجّاج بن محمد عن ابن جُرَيج عن مجاهد * ٱلَّذِينَ قَالَ لَهُمُ ٱلنَّاسُ إِنَّ ٱلنَّاسَ قَدْ جَمَعُوا لَكُمْ قال هذا ابو سفيان قال يومَ أُحد يا محمد موعدكم بدرٌ حيث قتلتم اصحابنا فقال محمد صلعم عسى فانطلق النبيّ صلعم لموعده حتّى نزلوا بدرًا فوافقوا السوقَ فذلك قول الله تبارك وتعالى فَٱنْقَلَبُوا بِنِعْمَةٍ مِنَ ٱللَّهِ وَفَضْلٍ لَمْ يَمْسَسْهُمْ سُوءٌ والفضل ما اصابوا من التجارة وهي غزوة بدر الصغرى ن

غزوة رسول الله صلعم ذاتَ الرِقاع

ثمّ غزوة رسول الله صلعم ذات الرقاع في المحرّم على رأس سبعة واربعين شهرا من مُهاجَره قالوا قدم قادمٌ المدينة بجَلَب له فأخبر اصحابَ رسول الله صلعم انّ أنمارا وثعلبة قد جمعوا لهم الجموعَ فبلغ ذلك رسول الله صلعم فاستخلف على المدينة عثمن بن عفّان وخرج ليلةَ السبت لعشر خلون من المحرّم في اربعمائة من اصحابه ويقال سبعمائة فمضى حتّى اتى محالّهم بذات الرِقاع وهو جبل فيه بُقَعُ حُمْرة وسوادٍ وبياضٌ قريبٌ من النُخيل بين الشَعْد والشُقْرة فلم يجد في محالّهم احدًا الّا نسوةً فأخذهنّ وفيهنّ جارية وضيئة وهربت الأعراب الى رؤوس الجبال وحضرت الصلاة فخاف المسلمون ان يُغيروا عليهم فصلّى رسول الله صلعم صلاةَ الخوف فكان ذلك اوّلَ ما صلّاها وانصرف رسول الله صلعم راجعا الى المدينة فابتاع من جابر بن عبد الله في سَفَره ذلك جملًا بأُوقيّة وشرط له ظَهْرَه الى المدينة وسأله عن دين

ابيه وأخبره به فاستغفر له رسول الله صلعم فى تلك الليلة خمسا وعشرين مرّةً وبعث رسول الله صلعم جِعال بن سُراقة بشيرا الى المدينة بسلامته وسلامة المسلمين وقدم صِرارًا يوم الأَحد لخمس ليال بقين من المحرّم وصرار على ثلاثة اميال من المدينة وهى بئرٌ جاهليّةٌ على طريق العراق وغاب خمس عشرة ليلة **ن** اخبرنا عفّان بن مُسلم نا أبان بن يزيد وحدّثنى يحيى بن ابى كثير عن ابى سَلمة بن عبد الرحمن عن جابر بن عبد الله قال * اقبلنا مع رسول الله صلعم حتّى اذا كنّا بذات الرقاع كنّا اذا اتينا على شجرةٍ ظليلة تركناها لرسول الله صلعم قال فجاء رجل من المشركين وسيف رسول الله صلعم معلّق بشجرة فأخذه فاخترطه وقال لرسول الله صلعم اتخافنى قال لا قال فمن يمنعك منّى قال الله يمنعنى منك قال فتهدّده اصحاب رسول الله صلعم فأغمد السيفَ وعلّقه قال فنودى بالصلاة قال فصلّى بطائفة ركعتين ثمّ تأخّروا وصلّى بالطائفة الاخرى ركعتين فكانت لرسول الله صلعم اربع ركعات وللقوم ركعتان **ن**

غزوة رسول الله صلعم دُومةَ الجَنْدل

ثمّ غزوة رسول الله صلعم دُومةَ الجَنْدَل فى شهر ربيع الاوّل على رأس تسعة وأربعين شهرا من مُهاجَره قالوا * بلغ رسولَ الله صلعم انّ بدومة الجندل جمعًا كثيرًا وانّهم يظلمون من مرّ بهم من الضافطة وانّهم يريدون ان يدنوا من المدينة وهى طَرَف من افواه الشأم بينها وبين دمشق خمس ليال وبينها وبين المدينة خمس عشرة او ستّ عشرة ليلة فندب رسول الله صلعم الناسَ واستخلف على المدينة سِباعَ بن عُرْفُطة الغِفارى وخرج لخمس ليال بقين من شهر ربيع الاوّل فى الف من المسلمين فكان يسير الليل ويكمن النهار ومعه دليلٌ له من بنى عُذْرة يقال له مذكور فلمّا دنا منهم اذا هم مُغرِّبون وإذا آثار النَعَم والشاء فهجم على ماشيتهم ورُعاتهم فأصاب من اصاب وهرب من هرب فى كلّ وجه وجاء الخبرُ اهلَ دُومة فتفرّقوا ونزل رسول الله صلعم بساحتهم فلم يجد بها احدا فأقام بها ايّامًا وبثّ السرايا وفرّقها فرجعت ولم تُصِبْ منهم احدًا وأُخذ منهم رجل فسأله رسول الله صلعم عنهم فقال هربوا حيث سمعوا انّك اخذت نَعَمهم فعرض عليه الاسلامَ

فأسلم ورجع رسول الله صلعم الى المدينة ولم يلق كيدا لعشر ليال بقين من شهر ربيع الآخر وفي هذه الغزاة وادع رسول الله صلعم عُيينة بن حصن ان يرعى بتَغْلَمَيْن وما والاه الى المَراض وكان ما هناك قد اخصب وبلاد عُيينة قد اجدبت وتغلمين من المَراض على ميلين والمراض على ستة وثلاثين ميلا من المدينة على طريق الربذة ن

غزوة رسول الله صلعم المُريسيع

ثمّ غزوة رسول الله صلعم المريسيع في شعبان سنة خمس من مُهاجَره ن قالوا انّ بَلْمُصْطَلِق من خزاعة وهم من حلفاء بنى مُدْلِج وكانوا ينزلون على بئر لهم يقال له المُريسيع بينها وبين الفُرْع نحو من يوم وبين الفُرْع والمدينة ثمانية بُرُد وكان رأسهم وسيّدهم الحرث بن ابى ضرار فسار في قومه ومن قدر عليه من العرب فدعاهم الى حرب رسول الله صلعم فأجابوه وتهيّؤوا للمسير معه اليه فبلغ ذلك رسول الله صلعم فبعث بُريدةَ بن الحُصيب الأَسْلَمى يعلم علم ذلك فأتاهم ولقى الحارث بن ابى ضرار وكلّمه ورجع الى رسول الله صلعم فأخبره خبرهم فندب رسول الله صلعم الناسَ اليهم فأسرعوا الخروجَ وقادوا الخيول وهي ثلاثون فرسا في المهاجرين منها عشرة وفي الانصار عشرون وخرج معه بَشَرٌ كثير من المنافقين لم يخرجوا في غزاة قطّ مثلها واستخلف على المدينة زيدَ بن حارثة وكان معه فرسان لِزاز والظَرِب وخرج يوم الاثنين لِليلتين خلتا من شعبان وبلغ الحارثَ بن ابى ضرار ومن معه مسير رسول الله صلعم وانّه قد قَتل عَيْنَه الذى كان وجّهه ليأتيه بخبر رسول الله صلعم فسِىءَ بذلك الحارث ومن معه وخافوا خوفًا شديدا وتفرّق عنهم من كان معهم من العرب وانتهى رسول الله صلعم الى المُريسيع وهو الماء فضرب عليه قبّته ومعه عائشة وامّ سلمة فتهيّؤوا للقتال وصفّ رسول الله صلعم اصحابه ودفع راية المهاجرين الى ابى بكر الصدّيق وراية الانصار الى سعد بن عُبادة فرموا بالنبل ساعة ثمّ امر رسول الله صلعم اصحابه فحملوا حملة رجل واحد فما افلت منهم انسانٌ وقُتل عشرة منهم وأُسر سائرهم وسبى رسول الله صلعم الرجالَ والنساء والذرّيّة والنَعَم والشاء ولم يُقتل من المسلمين الّا رجل واحد وكان ابن عمر يحدّث انّ النبيّ صلعم

اغار عليهم وهم غارّون ونَعَمهم تُسْقَى على الماء فقتل مُقاتِلَتهم وسبى ذراريّهم والاوّل اثبت وأمر بالأَسارى فكُتِفوا واستعمل عليهم بُرَيدة بن الحُصَيب وأمر بالغنائم فجُمعت واستعمل عليها شُقْران مولاه وجمع الذرّيّة ناحيةً واستعمل على مَقْسَم الخُمْس وسُهْمان المسلمين مَحْمِيَة بن جَزْء واقتسم السبى وفُرِّق وصار فى ايدى الرجال وقُسم النعم والشاء فعُدلت الجزور بعشر من الغنم وبِيعت الرِّثّة فى من يزيد وأُسهم للفرس سهمان ولصاحبه سهم وللراجل سهم وكانت الابل الفَى بعير والشاء خمسة آلاف شاة وكان السبى مائتى اهل بيت وصارت جُويرية بنت الحارث بن ابى ضِرار فى سهم ثابت بن قيس ابن شمّاس وابن عمّ له فكاتباها على تسع اواقى ذهبٍ فسألت رسولَ الله صلعم فى كتابتها وأدّاها عنها وتزوّجها وكانت جارية حلوة ويقال جعل صَداقَها عِتْقَ كلّ اسير من بنى المصطلق ويقال جعل صداقها عتقَ اربعين من قومها وكان السبى منهم من منّ عليه رسول الله صلعم بغير فداء ومنهم من افتدى فافتُديت المرأة والذُرّيّة بستّ فرائض وقدموا المدينة ببعض السبى فقدم عليهم اهلوهم فافتدوهم فلم تبق امرأة من بنى المصطلق الّا رجعت الى قومها وهو الثبت عندنا وتنازع سِنان بن وَبر الجُهَنى حليف بنى سالم من الانصار وجَهْجاه بن سعيد الغِفارى على الماء فضرب جهجاه سنانا بيده فنادى سنان يا للانصار ونادى جهجاه يالقريش يا لكنانة فأقبلت قريش سراعًا وأقبلت الاوس والخزرج وشهروا السلاح فتكلّم فى ذلك ناسٌ من المهاجرين والانصار حتّى ترك سنان حقّه وعفا عنه واصطلحوا فقال عبد الله بن أُبىّ لئن رجعنا الى المدينة ليُخرِجنّ الاعزّ منها الاذلّ ثمّ اقبل على من حضر من قومه فقال هذا ما فعلتم بأنفسكم وسمع ذلك زيد بن ارقم فأبلغ النبىّ صلعم قوله فأمر بالرحيل وخرج من ساعته وتبعه الناس فتقدّم عبد الله بن عبد الله بن أُبىّ الناسَ حتّى وقف لابيه على الطريق فلمّا رآه اناخ به وقال لا افارقك حتّى تزعم انّك الذليل ومحمد العزيز فمرّ به رسول الله صلعم فقال دَعْهُ فلعَمرى لنُحسننّ صُحْبتَه ما دام بين أَظْهُرنا وفى هذه الغزاة سقط عِقْدٌ لعائشة فاحتبسوا على طلبه فنزلت آية التيمّم فقال أُسيد بن الحُضير ما هى بأوّل بركتكم يا آل ابى بكر وفى هذه الغزاة كان حديث عائشة وقول اهل الافك فيها قال وأنزل الله

تبوك وتعالى براءته وغاب رسول الله صلعم فى غزاته هذه ثمانية وعشرين يوما وقدم المدينة لهلال شهر رمضان ن

غزوة رسول الله صلعم الخندق وهى غزاة الاحزاب

ثمّ غزوة رسول الله صلعم الخندق وهى غزوة الاحزاب فى ذى القعدة سنة خمس من مُهاجَره ن قالوا لمّا اجلى رسول الله صلعم بنى النضير ساروا الى خيبر فخرج نفر من اشرافهم ووجوههم الى مكة فألّبوا قريشا ودعوهم الى الخروج الى رسول الله صلعم وعاهدوهم وجامعوهم على قتاله ووعدوهم لذلك موعدا ثمّ خرجوا من عندهم فأتوا غطفان وسُليم ففارقوهم على مثل ذلك وتجهّزت قريش وجمعوا احابيشهم ومن تبعهم من العرب فكانوا اربعة آلاف وعقدوا اللواء فى دار الندوة وحمله عثمان بن طلحة بن ابى طلحة وقادوا معهم ثلاثمائة فرس وكان معهم الف وخمسمائة بعير وخرجوا يقودهم ابو سفيان بن حرب بن امية ووافتهم بنو سُليم بمرّ الظهران وهم سبعمائة يقودهم سفيان بن عبد شمس حليف حرب بن امية وهو ابو ابى الأعور السلمى الذى كان مع معوية بصفّين وخرجت معهم بنو اسد يقودهم طلحة بن خُويلد الأسدى وخرجت فزارة فأوعبت وهم الف بعير يقودهم عُيينة بن حصن وخرجت أشجع وهم اربعمائة يقودهم مسعود بن رُخيلة وخرجت بنو مُرّة وهم اربعمائة يقودهم الحرث بن عوف وخرج معهم غيرهم وقد روى الزهرى انّ الحرث بن عوف رجع ببنى مرّة فلم يشهد الخندق منهم احد وكذلك روت بنو مُرّة والأوّل اثبت انّهم قد شهدوا الخندق مع الحارث بن عوف وهجاه حسّان بن ثابت فكان جميع القوم الذين وافوا الخندق ممّن ذُكر من القبائل عشرة آلاف وهم الاحزاب وكانوا ثلاثة عساكر وعِناجُ الامر الى ابى سفيان بن حرب فلمّا بلغ رسول الله صلعم فصولهم من مكة ندب الناس وأخبرهم خبر عدوّهم وشاورهم فى امرهم فأشار عليه سلْمان الفارسى بالخندق فأعجب ذلك المسلمين وعسكر بهم رسول الله صلعم الى سَفْح سَلْع وجعل سَلْعا خلف ظهره وكان المسلمون يومئذ ثلاثة آلاف واستخلف على المدينة عبد الله بن امّ مكتوم ثمّ خندق على المدينة وجعل المسلمون يعملون مستعجلين يبادرون قدوم عدوّهم عليهم وعمل رسول الله صلعم معهم

بيده لينشّط المسلمين ووكّل بكلّ جانب منه قومًا فكان المهاجرون يحفرون من ناحية راتج الى ذُباب وكانت الانصار يحفرون من ذُباب الى جبل بنى عُبيد وكان سائر المدينة مشبّكًا بالبنيان فهى كالحصن وخَنْدَقت بنو عبد الاشهل عليها ممّا يلى راتج الى خلفها حتّى جاء الخندق من وراء المسجد وخندقت بنو دينار من عند جُرْبا الى موضع دار ابن ابى الجَنُوب اليومَ وفرغوا من حفره فى ستّة ايّام ورفع المسلمون النساء والصبيان فى الآطام وخرج رسول الله صلعم يوم الاثنين لثمانى ليال مضين من ذى القعدة وكان يحمل لواءه لواءَ المهاجرين زيدُ بن حارثة وكان يحمل لواء الانصار سعدُ بن عُبادة ودسّ ابو سفيان بن حرب حُيَىَّ بن أَخْطب الى بنى قُرَيظة يسألهم ان ينقضوا العهد الذى بينهم وبين رسول الله صلعم ويكونوا معهم عليه فامتنعوا من ذلك ثمّ اجابوا اليه وبلغ ذلك النبىّ صلعم فقال حسبُنا الله ونِعْمَ الوكيلُ قال ونجم النفاق وفشل الناس وعظُم البلاء واشتدّ الخوف وخيف على الذرارىّ والنساء وكانوا كما قال الله تبارك وتعالى إِذْ جَآؤُكُمْ مِن فَوْقِكُمْ وَمِنْ أَسْفَلَ مِنْكُمْ وَإِذْ زَاغَتِ ٱلْأَبْصَارُ وَبَلَغَتِ ٱلْقُلُوبُ ٱلْحَنَاجِرَ ورسول الله صلعم والمسلمون وِجاهَ العدوّ لا يزولون غير انّهم يعتقبون خندقهم ويحرسونه وكان رسول الله صلعم يبعث سَلَمة بن أَسْلم فى مائتى رجل وزيد بن حارثة فى ثلاثمائة رجل يحرسون المدينة ويُظهرون التكبير وذلك انّه كان يخاف على الذرارىّ من بنى قُرَيظة وكان عبّاد بن بشر على حرس قُبّة رسول الله صلعم مع غيره من الانصار يحرسونه كلّ ليلة فكان المشركون يتناوبون بينهم فيغدو ابو سفيان بن حرب فى اصحابه يومًا ويغدو خالد ابن الوليد يومًا ويغدو عمرو بن العاص يومًا ويغدو هُبيرة بن ابى وَهْب يومًا ويغدو ضرار بن الخطّاب الفِهْرى يومًا فلا يزالون يُجيلون خَيْلَهم ويتفرّقون مرّةً ويجتمعون اخرى ويناوشون اصحابَ رسول الله صلعم ويُقدّمون رُماتهم فيرمون فرمى حِبّان بن العَرِقة سعدَ بن معاذ بسهم فأصاب اكحله فقال خُذْها وأنا ابن العَرِقة فقال رسول الله صلعم عرّق الله وجهك فى النار ويقال الذى رماه ابو أُسامة الجُشَمى ثمّ اجمع رؤساءهم ان يغدوا يومًا فغدوا جميعا ومعهم رؤساء سائر الاحزاب وطلبوا مضيقًا من الخندق يُقحمون منه خيلَهم الى النبىّ صلعم وأصحابه فلم يجدوا ذلك وقالوا انّ هذه لمكيدة ما

كانت العرب تصنعها فقيل لهم انّ معه رجلا فارسيًّا اشار عليه بذلك قالوا فمِنْ هناك اذًا فصاروا الى مكان ضيّق اغفله المسلمون فعَبَرَ عِكْرِمة بن ابى جَهْل ونَوْفَل بن عبد الله وضِرار بن الخطّاب وهُبَيرة بن ابى وَهْب وعمرو ابن عبد وُدّ فجعل عمرو بن عبد ودّ يدعو الى البراز ويقول

وَلَقَدْ بَحِحْتُ مِنَ النِدَا ۚ ءِ بِجَمْعِهِمْ هَلْ مِنْ مُبَارِزْ

وهو ابن تسعين سنة فقال علىّ بن ابى طالب انا ابارِزُه يا رسول الله فأَعطاه رسول الله صلعم سيفَه وعمّمه وقال اللهمّ أَعِنْهُ عليه ثمّ برز له ودنا احدهما من صاحبه وثارت بينهما غَبَرةٌ وضربه علىّ فقتله وكبّر فعلمنا انّه قد قتله وولّى اصحابه هاربين وظفرت بهم خيولهم وحمل الزُبير بن العوّام على نوفل بن عبد الله بالسيف فضربه فشقّه باثنين ثمّ اتّعدوا ان يغدوا من الغد فباتوا يعبّئون اصحابهم وفرّقوا كتائبهم ونحوا الى رسول الله صلعم كتيبةً غليظةً فيها خالد بن الوليد فقاتلوهم يومهم ذلك الى هُوِىّ من الليل ما يقدرون ان يزولوا من موضعهم ولا صلّى رسول الله صلعم ولا اصحابه ظُهرا ولا عصرا ولا مغربًا ولا عشاء حتّى كشفهم الله فرجعوا متفرّقين الى منازلهم وعسكرهم وانصرف المسلمون الى قبّة رسول الله صلعم وأقام أُسيد بن الحُضير على الخندق فى مائتين من المسلمين وكرّ خالد بن الوليد فى خيل من المشركين يطلبون غِرّةً من المسلمين فناوشوهم ساعة ومع المشركين وَحْشِىٌّ فزرق الطُفيلَ بن النعمان من بنى سَلِمة بمِزْراقه فقتله وانكشفوا وصار رسول الله صلعم الى قبّته فأمر بلالا فأذّن وأقام الظهر فصلّى ثمّ اقام بعد كلّ صلاة اقامة اقامة وصلّى هو وأصحابه ما فاتهم من الصلوات وقال شغلونا عن الصلاة الوسطى يعنى العصر ملأ الله اجوافهم وقبورهم نارًا ولم يكن لهم بعد ذلك قتال جميعًا حتّى انصرفوا الّا انّهم لا يَدَعون يبعثون الطلائع بالليل يطمعون فى الغارة وحُصِر رسول الله صلعم وأصحابه بضع عشرة ليلة حتّى خلص الى كلّ امرئٍ منهم الكَرْبُ فأراد رسول الله صلعم ان يصالح غطفانَ على ان يعطيهم ثُلُثَ الثمرة ويخذّلوا بين الناس وينصرفوا عنه فأبت ذلك الانصار فترك ما كان اراد من ذلك وكان نُعيم بن مسعود الأَشْجَعى قد اسلم فحسن اسلامه فمشى بين قريش وقُريظة وغَطَفان وابلغ هؤلاء عن هؤلاء كلاما وهؤلاء عن هؤلاء كلاما يُرِى كلّ حزب منهم انّه ينصح له فقبلوا قوله وخذّله عن رسول الله صلعم واستوحش كلّ حزب

من صاحبه وطلبت قُرَيظة من قريش الرهنَ حتّى يخرجوا فيقاتلوا معهم فأبت ذلك قريش واتّهموهم واعتلّت قُرَيظة عليهم بالسَّبْت وقالوا لا نقاتل فيه لانّ قومًا منّا عدوا فى السبت فمُسخوا قِرَدَةً وخنازيرَ فقال ابو سفيان ابن حرب ألا ارانى استعين باخوة القِرَدَة والخنازير وبعث الله الريح ليلة السبت ففعلت بالمشركين وتركت لا تُقِرّ لهم بناء ولا قِدْرا وبعث رسول الله صلّعم حُذيفة بن اليَمان اليهم ليأتيه بخبرهم وقام رسول الله صلّعم يصلّى تلك الليلة فقال ابو سفيان بن حرب يا معشر قريش انّكم لستم بدار مُقامٍ لقد هلك الخُفّ والحافر وأجدب الجَناب وأخلفتنا بنو قريظة ولقد لقينا من الريح ما ترون فارتحِلوا فإنّى مرتحل وقام فجلس على بعيره وهو معقول ثمّ ضربه فوثب على ثلاث قوائم فما اطلق عقاله الّا بعد ما قام وجعل الناس يرحلون وابو سفيان قائم حتّى خفّ العسكر فأقام عمرو بن العاص وخالد بن الوليد فى مائتى فارس ساقةً للعسكر وردءًا لهم مخافةَ الطلب فرجع حُذيفة الى رسول الله صلّعم فأخبره بذلك كلّه وأصبح رسول الله صلّعم وليس بحضرته احدٌ من العساكر قد انقشعوا الى بلادهم فأذن النبىّ صلّعم للمسلمين فى الانصراف الى منازلهم فخرجوا مبادرين مسرورين بذلك وكان فيمن قُتل ايضا فى ايّام الخندق أَنَس بن اوس بن عتيك من بنى عبد الاشهل قتله خالد بن الوليد وعبد الله بن سَهْل الأَشْهَلىّ وثعلبة ابن عنمة بن عَدِىّ بن نابئ قتله هُبيرة بن ابى وهب وكعب بن زيد من بنى دِينار قتله ضِرار بن الخطّاب وقُتل ايضا من المشركين عثمان بن مُنبّه بن عُبيد بن السبّاق من بنى عبد الدار بن قُصىّ وحاصرهم المشركون خمس عشرة ليلة وانصرف رسول الله صلّعم يوم الاربعاء لسبع ليالٍ بقين من ذى القعدة سنة خمس **ن** اخبرنا عبد الوهّاب بن عطاء انا حُميد الطويل عن انس بن مالك قال * خرج المهاجرون والانصار يحفرون الخندق فى غداة باردة فجعل رسول الله صلّعم يقول اللهمّ انّ الخيرَ خيرُ الآخرهْ فاغفرْ للانصار والمهاجرهْ فاجابوه نحن الذين بايعوا محمّدا على الجهاد ما بقينا ابدا **ن** اخبرنا عفّان بن مُسلم نا حمّاد بن سَلَمة انا ثابت عن انس بن مالك * انّ اصحاب النبىّ صلّعم كانوا يقولون وهم يحفرون الخندق نحن الذين بايعوا محمّدا على الجهاد ما بقينا ابدا والنبىّ صلّعم

يقول اللهمّ انّ الخيرَ خيرُ الآخرهْ فاغفرْ للانصار والمهاجرهْ وأُتِى رسول الله صلّعم بخبزِ شعيرٍ عليه إِهالةٌ سَنِخةٌ فأَكلوا منها وقال النبىّ صلّعم اللهم انّ الخير خير الآخرة **ن** اخبرنا عبد الله بن مَسْلَمة بن قَعْنَب نا عبد العزيز بن ابى حازم عن ابيه عن سَهْل بن سَعْد قال * جاءنا رسول الله صلّعم ونحن نحفر الخندق وننقل التُرابَ على اكتافنا فقال رسول الله صلّعم لا عيشَ الّا عيش الآخرهْ فاغفرْ للانصار والمهاجره **ن** اخبرنا عبد الوهّاب بن عطاء نا شعبة عن ابى اسحاق الهَمْدانى عن البَراء بن عازب قال * كان رسول الله صلّعم يوم الاحزاب ينقل معنا التراب ولقد وارى الترابُ بياضَ بطنه ويقول

لاهُمَّ لَوْلَا أَنْتَ مَا اهْتَدَيْنَا وَلَا تَصَدَّقْنَا وَلا صَلَّيْنَا
فَأَنْزِلَنْ سَكِينَةً عَلَيْنَا وَثَبِّتِ الأَقْدَامَ إِنْ لَاقَيْنَا
إِنَّ الأُولَى قَدْ بَغَوْا عَلَيْنَا إِذَا أَرَادُوا فِتْنَةً أَبَيْنَا

أَبَيْنَا يرفع بها صوته صلّعم **ن** اخبرنا ابو الوليد الطَيالسى نا ابو عَوانة عن ابى بشر عن سعيد بن جُبير قال * كان يوم الخندق بالمدينة قال فجاء ابو سفيان بن حرب ومن معه من قريش ومن تبعه من كنانة وعُيينة بن حِصْن ومن تبعه من غطفان وطُليحة ومن تبعه من بنى اسد وأبو الأَعْور ومن تبعه من بنى سُليم وقُريظة كان بينهم وبين رسول الله صلّعم عهدٌ فنقضوا ذلك وظاهروا المشركين فأنزل الله تعالى فيهم وَأَنْزَلَ الَّذِينَ ظَاهَرُوهُمْ مِنْ أَهْلِ الْكِتَابِ مِنْ صَيَاصِيهِمْ فأتى جبريل عليه السلام ومعه الريح فقال حين رأى جبريلَ الا أَبْشِروا ثلاثا فأرسل الله عليهم الريحَ فهتكت القبابَ وكفأت القدور ودفنت الرحال وقطعت الاوتاد فانطلقوا لا يَلْوِى احد على احد فأنزل الله تعالى إِذْ جَاءَتْكُمْ جُنُودٌ فَأَرْسَلْنَا عَلَيْهِمْ رِيحًا وَجُنُودًا لَمْ تَرَوْهَا فرجع رسول الله صلّعم **ن** قال ابو بشر وبلغنى انّ رسول الله صلّعم لمّا رجع الى منزله غسل جنب رأسه الأيمن وبقى الايسر قال فقال له يعنى جبريل صلّعم الا اراك تغسل رأسك فوالله ما نزلنا بعدُ انهض فأمر رسول الله صلّعم اصحابه ان ينهضوا الى بنى قُريظة **ن** اخبرنا محمد بن عبد الله الانصارى حدّثنى هشام بن حسّان نا محمد ابن سيرين نا عُبيدة نا علىّ بن ابى طالب رضى الله عنه * ان النبىّ صلّعم قال يوم الخندق ملأ الله قبورهم وبيوتهم نارا كما حبسونا عن الصلاة

الوُسْطَى حتّى غابت الشمس ن اخبرنا عمرو بن عاصم الكلابى نا همّام ابن يحيى عن قتادة عن ابى حسّان عن عُبيدة عن علىّ بن ابى طالب رضى الله عنه * انّهم لم يصلّوا يوم الاحزاب العصر حتّى غربت الشمس او قال آبت الشمس فقال النبىّ صلعم اللهمّ املأ بيوتهم نارا كما حبسونا عن الصلاة الوسطى حتّى غابت الشمس او قال آبت الشمس قال فعرفنا انّ صلاة الوسطى هى العصر ن اخبرنا عارم بن الفضل نا حمّاد بن زيد عن عاصم عن زرّ بن حُبيش عن علىّ قال * قال رسول الله صلعم يوم الخندق ما لهم ملأ الله قبورهم نارا كما شغلونا عن صلاة الوسطى وهى العصر ن اخبرنا محمد بن معاوية النيسابورى نا ابن لَهيعة عن يزيد ابن ابى حبيب عن محمد بن عبد الله بن عوف عن ابى جُمْعة وقد ادرك النبىّ صلعم * انّ النبىّ صلعم عام الاحزاب صلّى المغرب فلمّا فرغ قال هل علم احد منكم انّى صلّيت العصر قالوا يا رسول الله صلّى الله عليك ما صلّيناها فأمر المؤذّنَ فأقام الصلاة فصلّى العصر ثمّ اعاد المغرب ن اخبرنا الحسن بن موسى نا زُهير نا ابو اسحاق عن المهلّب بن ابى صُفْرة قال * قال رسول الله صلعم حين حفر الخندق وخاف ان يُبيّته ابو سفيان فقال ان بُيّتّم فانّ دعواكم حم لا يُنْصَرون ن حدثنا الفضل بن دُكين نا شريك عن ابى اسحاق عن المهلّب بن ابى صُفْرة قال حدّثنى رجل من اصحاب رسول الله صلعم قال * قال النبىّ صلعم ليلة الخندق وإنّى لا ارى القوم الّا مُبَيّتيكم الليلة كان شِعاركم حم لا يُنْصَرون ن اخبرنا عارم بن الفضل نا حمّاد بن زيد عن يحيى بن سَعيد قال قال سعيد بن المسيّب * حاصر النبىّ صلعم المشركون فى الخندق اربعا وعشرين ليلة ن اخبرنا محمد بن حُميد العَبْدى عن مَعْمر عن الزهرى عن ابن المسيّب قال * لمّا كان يوم الاحزاب حُصر النبىّ صلعم وأصحابه بضع عشرة ليلة حتّى خلص الى كلّ امرئ منهم الكَرْب وحتّى قال النبىّ صلعم اللهمّ انّى أَنْشُدُك عهدك ووعدك اللهمّ انّك ان تشأْ لا تُعْبَد فبينا هم على ذلك ارسل النبىّ صلعم الى عُيينة ابن حِصْن بن بدر أرأيت إنْ جعلتُ لك ثُلُثَ ثمرِ الانصار اترجع بمن معك من غَطَفان وتخذّل بين الاحزاب فأرسل اليه عُيينة ان جعلتَ لى الشَطْرَ فعلتُ فأرسل النبىّ صلعم الى سعد بن عُبادة وسعد بن مُعاذ

فأخبرتُما بذلك فقالا ان كنت أُمِرْتَ بشىء فمضِ لأَمر الله قال لو كنت أُمِرْتُ بشىء لم استأْمِرْ بكما ولكنّ هذا رأْىٌ اعرضه عليكما قالا فانّا نرى ان لا نُعطيهم الّا السيف **ن** قال محمد بن حُميد قال معمر عن ابن ابى نجيح * فبينا هم على ذلك اذ جاء نُعيم بن مسعود الأَشْجَعى وكان يأمنه الفريقان جميعا فخذّل بين الناس فانطلق الاحزاب منهزمين من غير قتال فذلك قوله وَكَفَى ٱللَّهُ ٱلْمُؤْمِنِينَ ٱلْقِتَالَ **ن** اخبرنا عُبيد الله بن عبد المجيد الحنفى البصرى نا كثير بن زيد قال سمعت عبد الرحمن بن كعب بن مالك قال سمعت جابر بن عبد الله قال * دعا رسول الله صلعم فى مسجد الاحزاب يوم الاثنين ويوم الثلثاء ويوم الاربعاء فاستُجيب له يوم الاربعاء بين الصلاتين الظهر والعصر فعرفنا البشر فى وجهه قال جابر فلم ينزل بى امر مُهِمٌّ غائظ الّا توخّيتُ تلك الساعة من ذلك اليوم فدعوت الله فعرفت الاجابة **ن** اخبرنا عتّاب بن زياد نا عبد الله بن المبارك انا اسماعيل بن ابى خالد انّه سمع عبد الله بن ابى أَوْفى يقول * دعا رسول الله صلعم يوم الاحزاب على المشركين فقال اللهمّ مُنزِلَ الكتاب سَرِيعَ الحسابِ اهزم الاحزابَ اللهمّ اهزمهم وزَلْزِلْهم **ن**

غزوة رسول الله صلعم الى بنى قريظة

ثمّ غزوة رسول الله صلعم بنى قُريظة فى ذى القعدة سنة خمس من مُهاجَره قالوا * لمّا انصرف المشركون عن الخندق ورجع رسول الله صلعم فدخل بيت عائشة اتاه جبريل فوقف عند موضع الجنائز فقال عَذيرك من مُحارِب فخرج اليه رسول الله صلعم فَزِعًا فقال انّ الله يأمرك ان تسير الى بنى قُريظة فانّى عامدٌ اليهم فمزلزلٌ بهم حصونهم فدعا رسول الله صلعم عليًّا رضى الله عنه فدفع اليه لواءه وبعث بلالا فنادى فى الناس انّ رسول الله صلعم يأمركم ألّا تصلّوا العصر الّا فى بنى قريظة واستخلف رسول الله صلعم على المدينة عبد الله بن امّ مكتوم ثمّ سار اليهم فى المسلمين وهم ثلاثة آلاف والخيل ستّة وثلاثون فرسا وذلك يومَ الاربعاء لسبع بقين من ذى القعدة فحاصرهم خمسة عشر يوما اشدّ الحصار ورموا بالنبل فانجحروا فلم يطلع منهم احد فلمّا اشتدّ عليهم الحصار ارسلوا الى رسول الله صلعم

أَرْسِلْ الينا ابا لُبابة بن عبد المُنْذِر فأرساه اليهم فشاوروه فى امرهم فأشار اليهم بيده انه الذَّبْحُ ثم ندم فاسترجع وقال خُنْتُ اللهَ ورسولَه فانصرف فارتبط فى المسجد ولم يأت رسولَ الله صلعم حتى انزل الله توبته ثمّ نزلوا على حكم رسول الله صلعم فأمر بهم رسول الله صلعم محمد بن مسلمة فكُتِفوا ونُحُّوا ناحيةً وأُخرِج النساء والذّرّية فكانوا ناحيةً واستعمل عليهم عبدَ الله بن سَلام وجمع امتِعَتهم وما وجد فى حصونهم من الحلقة والأثاث والثياب فوُجد فيها الف وخمسمائة سيف وثلاثمائة درع والفا رمح والف وخمسمائة ترس وحَجَفة وخمرٌ وجِرار سَكَرٍ فأُهريق ذلك كلّه ولم يُخَمَّس ووجدوا جمالا نواضحَ وماشيةً كثيرة وكلّمت الاوس رسولَ الله صلعم ان يهبهم لهم وكانوا حلفاءهم فجعل رسول الله صلعم الحكم فيهم الى سعد بن مُعاذ فحكم فيهم ان يُقتَل كلّ من جرت عليه المَواسى وتُسْبَى النساء والذُّرّيّة وتُقسَم الاموال فقال رسول الله صلعم لقد حكمتَ بحكم الله من فوق سبعة ارقعة وانصرف رسول الله صلعم يوم الخميس لسبع ليال خلون من ذى الحجّة ثمّ امر بهم فأُدْخلوا المدينة وحفر لهم أُخدودا فى السوق وجلس رسول الله صلعم ومعه اصحابه وأُخرجوا اليه رِسْلا رِسْلا فضُربت اعناقهم فكانوا ما بين ستّمائة الى سبعمائة واصطفى رسول الله صلعم رَيْحانة بنت عمرو لنفسه وأمر بالغنائم فجُمعت فأخرج الخمس من المتاع والسبى ثمّ امر بالباقى فبيع فى من يَزيد وقسمه بين المسلمين فكانت السُّهمان على ثلاثة آلاف واثنين وسبعين سهما للفرس سهمانِ ولصاحبه سهمٌ وصار الخمس الى مَحْمِيَة بن جَزْء الزُّبيدى فكان رسول الله صلعم يُعْتِق منه ويهب منه ويُخْدِم منه من اراد وكذلك صنع بما صار اليه من الرِّثّة ن اخبرنا كثير بن هشام نا جعفر بن بُرْقان نا يزيد يعنى ابن الاصمّ قال * لمّا كشف الله الاحزاب ورجع النبىّ صلعم الى بيته فأخذ يغسل رأسه اتاه جبريل عليه السلام فقال عفا الله عنك وضعتَ السلاحَ ولم تَضَعْه ملائكةُ الله ائتنا عند حصن بنى قريظة فنادى رسول الله صلعم فى الناس ان ائتُوا حصنَ بنى قُريظة ثمّ اغتسل رسول الله صلعم فأتاهم عند الحصن ن اخبرنا مالك بن اسماعيل ابو غسّان النَّهْدى نا جُويرية بن اسماء عن نافع عن ابن عمر * انّ الاحزاب لمّا انصرفوا نادى فيهم يعنى النبىّ صلعم لا يصلّينّ احد الظهر الّا فى بنى

قريظة فتخوّف ناسٌ فَوْتَ الصلاةِ فصلّوا وقال آخرون لا نُصلّى الّا حيث امرَنا رسول الله صلعم وان فات الوقت قال فما عنّف رسول الله صلعم واحدا من الفريقين **ن** اخبرنا شباب بن عَبّاد العَبْدى نا ابرهيم بن حُميد الرُؤاسى عن اسمعيل بن ابى خالد عن البَهِىّ وغيره * انّ النبىّ صلعم لمّا اتى قريظة ركب على حمارٍ عُرْىٍ والناس يمشون **ن** اخبرنا موسى بن اسمعيل نا جرير بن حازم عن حُميد عن انس بن مالك قال * كأنّى انظر الى الغبار ساطعًا فى زُقاق بنى غَنْم موكبَ جبريل عليه السلام حين سار رسول الله صلعم الى بنى قريظة **ن** اخبرنا الفضل بن دُكين نا عبد العزيز بن ابى سَلمة اخبرنى عمّى الماجشون قال * جاء جبريل عليه السلام الى رسول الله صلعم يوم الاحزاب على فرس عليه عمامةٌ سوداء قد ارخاها بين كتفيه على ثناياه الغبارُ وتحته قطيفةٌ حمراء فقال أَوَضعتَ السلاح قبل ان نضعه انّ الله يأمرك ان تسير الى بنى قريظة **ن** اخبرنا عارم ابن الفضل نا حمّاد بن زيد عن يحيى بن سعيد عن سعيد بن المسيّب قال * حاصر نبىّ الله صلعم بنى قريظة اربع عشرة ليلة **ن** اخبرنا الفضل ابن دُكين نا سفين واخبرنا عمرو بن الهَيْثَم عن شعبة جميعا عن عبد الملك بن عُمير نا عطيّة القُرظى قال * كنت فيمن أُخذ يوم قريظة فكانوا يقتلون من انبت ويتركون من لم يُنْبِت فكنت فيمن لم يُنْبِت **ن** اخبرنا عمرو بن عاصم نا سليمان بن المُغيرة عن حُميد بن هلال قال * كان بين النبىّ صلعم وبين قُريظة وَلْث من عهد فلمّا جاءت الاحزاب بما جاءوا به من الجنود (نقضوا العهد وظاهروا المشركين على رسول الله صلعم) بعث الله الجنود والريح فانطلقوا هاربين وبقى الآخرون فى حصنهم قال فوضع رسول الله صلعم واصحابه السلاح فجاء جبريل صلعم الى النبىّ صلعم فخرج اليه فنزل رسول الله صلعم وهو متساند الى لَبان الفرس قال يقول جبريل ما وضعنا السلاح بعدُ وانّ الغبار لَعاصبٌ على حاجبه انْبِذْ الى بنى قريظة قال فقال رسول الله صلعم انّ فى اصحابى جَهْدًا فلو انظرتَهم ايّاما قال يقول جبريل عليه السلام انبِذْ اليهم لأُدخلنّ فرسى هذا عليهم فى حصونهم ثمّ لأُضعضعنّها قال فأدبر جبريل عليه السلام ومن معه من الملائكة حتّى سَطَع الغبار فى زقاق بنى غَنْم من الانصار وخرج رسول الله صلعم فاستقبله رجل

من اصحابه فقال يا رسول الله اجلس فلنكفك قال وما ذاك قال سمعتهم ينالون منك قال قد أُوذي موسى بأكثر من هذا قال وانتهى اليهم فقال يا اخوة القِرَدة والخنازير ايّاي ايّاي قال فقال بعضهم لبعض هذا ابو القاسم ما عهدناه فحّاشا قال وقد كان رُمي الاكحل سعدِ بن مُعاذ فرقأ الجرح وأجلب ودعا اللهَ ان لا يُميتَه حتّى يشفي صدره من بني قريظة قال فأخذهم من الغمّ في حصنهم ما اخذهم فنزلوا على حكم سعد بن معاذ من بين الخلق قال فحكم فيهم ان تُقْتَل مقاتلتُهم وتُسْبَى ذراريّهم قال حُميد قال بعضهم وتكون الديار للمهاجرين دون الانصار قال فقالت الانصار اخوتُنا كنّا معهم فقال انّي احببت ان يستغنوا عنكم قال فلمّا فرغ منهم وحكم فيهم بما حكم مرّت عليه عَنَزٌ وهو مضطجع فأصابت الجرحَ بظلفها فما رقأ حتّى مات وبعث صاحب دُومة الجَنْدَل الى رسول الله صلعم ببغلة وجُبّة من سُنْدُس فجعل اصحاب رسول الله صلعم يعجبون من حسن الجبّة فقال رسول الله صلعم لَمناديلُ سعد بن مُعاذ في الجنّة احسن يعني من هذا ن

سريّة محمّد بن مسلمة الى القُرَطاء

ثمّ سريّة محمّد بن مسلمة الى القُرَطاء خرج لعشر ليال خلون من المحرّم على رأس تسعة وخمسين شهرا من مُهاجَر رسول الله صلعم بعثه في ثلاثين راكبا الى القُرَطاء وهم بطن من بني بكر من كلاب وكانوا ينزلون البَكَرات بناحية ضَرِيّة وبين ضَرِيّة والمدينة سبع ليال وأمره ان يشنّ عليهم الغارة فسار الليل وكمن النهار وأغار عليهم فقتل نفرا منهم وهرب سائرهم واستاق نعما وشاء ولم يعرض للظعن وانحدر الى المدينة فخمّس رسول الله صلعم ما جاء به وفضّ على اصحابه ما بقي فعدلوا الجزور بعشر من الغنم وكانت النعم مائة وخمسين بعيرا والغنم ثلاثة آلاف شاة وغاب تسع عشرة ليلة وقدم لليلة بقيت من المحرّم ن

غزوة رسول الله صلعم بني لحيان

ثمّ غزوة رسول الله صلعم بني لِحيان وكانوا بناحية عُسْفان في شهر ربيع الاوّل سنة ستّ من مُهاجَره قالوا وجد رسول الله صلعم على عاصم بن ثابت وأصحابه وَجْدًا شديدا فأظهر انّه يريد الشأم وعسكر لغُرّة هلال شهر

ربيع الأوّل فى مائتى رجل ومعهم عشرون فرسا واستخلف على المدينة عبد الله بن امّ مكتوم ثمّ اسرع السَّيْرَ حتّى انتهى الى بطن غُران وبينها وبين عُسْفان خمسة اميال حيث كان مُصاب اصحابه فترحّم عليهم ودعا لهم فسمعتْ بهم بنو لحيان فهربوا فى رؤوس الجبال فلم يقدر منهم على احد فأقام يوما او يومين فبعث السرايا فى كلّ ناحية فلم يقدروا على احد ثمّ خرج حتّى اتى عُسْفان فبعث ابا بكر فى عشرة فوارس لتسمع به قريش فيذعرهم فأتوا الغَميم ثمّ رجعوا ولم يلقوا احدا ثمّ انصرف رسول الله صلعم الى المدينة وهو يقول آئبون تائبون عابدون لربّنا حامدون وغاب عن المدينة اربع عشرة ليلة ن اخبرنا عبد الله بن ادريس عن محمد بن اسحاق حدّثنى عاصم بن عمر وعبد الله بن ابى بكر * انّ رسول الله صلعم خرج فى غزوة بنى لحيان وأظهر انّه يريد الشأم ليصيب منهم غِرّةً فخرج من المدينة فسلك على غُراب ثمّ على مَحيص ثمّ على البَتْراء ثمّ صفق ذات اليسار فخرج على يَيْن ثمّ على صُخَيْرات الثُمام ثمّ استقام به الطريق على السَّيالة فأغذّ السير سريعا حتّى نزل على غُران هكذا قال ابن ادريس وهى منازل بنى لحيان فوجدهم قد تمنّعوا فى رؤوس الجبال فلمّا اخطأه من عدوّه ما اراد قالوا لو انّا هبطنا عُسفانَ فنُرِى اهل مكّة انّا قد جئناها فخرج فى مائتى راكب من اصحابه حتّى نزل عسفان ثمّ بعث فارسين من اصحابه حتّى بلغا كُراع الغَميم ثمّ كرّا وراح قافلا فكان جابر ابن عبد الله يقول سمعت رسول الله صلعم يقول تائبون آئبون ان شاء الله حامدون لربّنا عابدون اعوذ بالله من وَعْثاء السفر وكَآبة المُنقلب وسوء المنظر فى الاهل والمال ن اخبرنا رَوْح بن عُبادة نا حسين المعلّم عن يحيى بن ابى كثير عن ابى سَعيد مولى المَهْرى عن ابى سعيد الخُدْرى قال *بعث رسول الله صلعم بعثا الى بنى لحيان من هذيل وقال لِينبعث من كلّ رجلين احدهما والأَجْر بينهما ن اخبرنا اسماعيل بن عبد الكريم الصَّنْعانى حدّثنى ابراهيم بن عَقيل بن مَعْقِل عن ابيه عن وهب قال اخبرنى جابر بن عبد الله * انّه سمع رسول الله صلعم يقول اوّل ما غزا عُسفانَ ثمّ رجع آئبون تائبون عابدون لربّنا حامدون ن

غزوة رسول الله صلعم الغابة

ثمّ غزوة رسول الله صلعم الغابة وهى على بريد من المدينة طريق الشأم فى شهر ربيع الاوّل سنة ستّ من مهاجره قالوا كانت لقاح رسول الله صلعم وهى عشرون لقحة ترعى بالغابة وكان ابو ذرّ فيها فأغار عليهم عيينة بن حصن ليلة الاربعاء فى اربعين فارسا فاستاقوها وقتلوا ابن ابى ذرّ وجاء الصريخ فنادى الفزع الفزع فنودى يا خيل الله اركبى وكان اوّل ما نودى بها وركب رسول الله صلعم فخرج غداة الاربعاء فى الحديد مقنّعا فوقف فكان اوّل من اقبل اليه المقداد بن عمرو وعليه الدرع والمغفر شاهرا سيفه فعقد له رسول الله صلعم لواء فى رمحه وقال امض حتّى تلحقك الخيول انا على أثرك واستخلف رسول الله صلعم على المدينة عبد الله ابن امّ مكتوم وخلّف سعد بن عبادة فى ثلاثمائة من قومه يحرسون المدينة قال المقداد فخرجت فأدركت أخريات العدوّ وقد قتل ابو قتادة مسعدة فأعطاه رسول الله صلعم فرسه وسلاحه وقتل عكّاشة بن محصن اثار بن عمرو بن اثار وقتل المقداد بن عمرو حبيب بن عيينة بن حصن وقرفة بن مالك بن حذيفة ابن بدر وقتل من المسلمين محرز بن نضلة قتله مسعدة وأدرك سلمة بن الأكوع القوم وهو على رجليه فجعل يراميهم بالنبل ويقول

خذها وأنا ابن الأكوع اليوم يوم الرضّع

حتّى انتهى بهم الى ذى قرد وهى ناحية خيبر ممّا يلى المستناخ قال سلمة فلحقنا رسول الله صلعم والناس والخيول عشاء فقلت يا رسول الله انّ القوم عطاش فلو بعثتنى فى مائة رجل استنقذت ما بأيديهم من السرح وأخذت بأعناق القوم فقال النبىّ صلعم ملكت فأسجح ثمّ قال انّهم الآن ليقرون فى غطفان وذهب الصريخ الى بنى عمرو بن عوف فجاءت الأمداد فلم تزل الخيل تأتى والرجال على اقدامهم وعلى الابل حتّى انتهوا الى رسول الله صلعم بذى قرد فاستنقذوا عشر لقائح وأفلت القوم بما بقى وهى عشر وصلّى رسول الله صلعم بذى قرد صلاة الخوف وأقام به يوما وليلة يتحسّس الخبر وقسم فى كلّ مائة من اصحابه جزورا ينحرونها وكانوا خمسمائة ويقال سبعمائة وبعث اليه سعد بن عبادة بأحمال تمر وبعشر جزائر فوافت رسول الله

صلعم بذى قرد والثبت عندنا انّ رسول الله صلعم امّر على هذه السريّة سعد بن زيد الأشْهَلى ولكنّ الناس نسبوها الى المقداد لقول حسّان بن ثابت غَدَاةَ فَوارِسِ ٱلْمِقْدادِ

فعاتبه سعد بن زيد فقال اضطرّنى الرَّوِىُّ الى المقداد ورجع رسول الله صلعم المدينة يوم الاثنين وقد غاب خمس ليال ن اخبرنا هاشم بن القسم نا عكرمة بن عمّار العِجْلى نا إياس بن سلمة الأكْوَع عن ابيه قال *خرجتُ انا ورَبَاح غلام النبىّ صلعم بظَهر النبىّ صلعم وخرجت بفرس طلحة بن عُبيد الله كنت اريد ان اندّيه مع الابل فلمّا ان كان بغَلَس اغار عبد الرحمن بن عُيينة على ابل رسول الله صلعم فقتل راعِيَها وخرج يطردها هو وأُناس معه فى خيل فقلت يا رَبَاح اقعدْ على هذا الفرس فأَلْحِقْه بطلحة وأَخبِرْ رسولَ الله صلعم انّه قد أُغير على سَرْحه قال وقمت على تلٍّ فجعلت وجهى من قِبَل المدينة ثمّ ناديت ثلاث مرّات يا صَباحاهْ ثمّ اتّبعتُ القومَ ومعى سيفى ونبلى فجعلت ارميهم واعقر بهم وذلك حين يَكْثُرُ الشجرُ فاذا رجع الىّ فارس جلستُ له فى اصل شجرة ثمّ رميتُ فلا يُقْبِل علىّ فارس الّا عقرتُ به فجعلت ارميهم واقول

أَنا ابنُ الأَكْوَعِ وَاليومُ يومُ الرُّضَّعِ

فأَلْحَق برَجُل فأرميه وهو على رَحْله فيقع سهمى فى الرجل حتّى انتظمتُ كَبِدَه فقلت خذها وأَنا ابن الاكوع واليومُ يومُ الرُّضَّعِ فاذا كنت فى الشجرة احدقتهم بالنبل وإذا تضايقت الثنايا علوتُ الجبلَ فرميتهم بالحجارة فما زال ذلك شأنى وشأنهم أَتبعهم وارتجز حتّى ما خلق الله شيئا من ظَهْر النبىّ صلعم الّا خلّفتُه وراء ظهرى واستنقذته من ايديهم ثمّ لم ازل ارميهم حتّى القوا اكثر من ثلاثين رمحا واكثر من ثلاثين بُرْدة يستخفّون منها ولا يُلقون من ذلك شيئا الّا جعلتُ عليه حجارة وجمعته على طريق رسول الله صلعم حتّى اذا امتدّ الضحى اتاهم عُيينة بن بَدْر الفزارى مَدَدا لهم وهم فى ثنيّة ضيّقة ثمّ علوت الجبلَ فأنا فوقهم قال عُيينة ما هذا الذى ارى قالوا لقينا من هذا البَرْحَ ما فارقَنا بسَحَرٍ حتّى الآن وأخذ كلّ شىء فى ايدينا وجعله وراء ظهره فقال عُيينة لولا انّ هذا يرى انّ وراءه طَلَبًا لقد تركَكم ثمّ قال لِيقُمْ اليه نَفَرٌ منكم فقام اليّ نفر منهم اربعة فصعدوا فى الجبل فلمّا

اسمعتهم الصوت قلت لهم اتعرفوننى قالوا ومن انت قلت انا ابن الأكْوَع والذى كرّم وجه محمد لا يطلبنى رجل منكم فيُدْرِكنى ولا اطلبه فيفوتنى فقال رجل منهم انّ ذا ظنٌّ قال فما برحتُ مَقْعَدى ذلك حتّى نظرتُ الى فوارس رسول الله صلعم يتخلّلون الشجرَ واذا اوّلهم الأَخْرم الأَسَدى وعلى اثره ابو قتادة فارس رسول الله صلعم وعلى اثر ابى قتادة المِقْداد فولّى المشركون مدبرين وأَنزِلُ من الجبل فأعرضُ للأخرم فآخذ عنان فرسه قلتُ يا اخرمُ ٱنْذَرِ القومَ يعنى احذَرْهم فانّى لا آمنُ ان يقتطعوك فاتَّئِدْ حتّى يلحق رسول الله صلعم واصحابه قال يا سَلمة ان كنت تؤمن بالله واليوم الآخر وتعلم انّ الجنّة حقٌّ والنار حقّ فلا تَحُلْ بينى وبين الشهادة فخلّيتُ عنانَ فرسه فيلحق بعبد الرحمن بن عُيينة ويعطف عليه عبد الرحمن فاختلفا طعنتين فعقر الاخرم بعبد الرحمن فطعنه عبد الرحمن فقتله فتحوّل عبد الرحمن على فرس الأخرم فيلحق ابو قتادة بعبد الرحمن فاختلفا طعنتين فعقر بأبى قتادة وقتله ابو قتادة وتحوّل ابو قتادة على فرس الأخرم ثمّ انّى خرجت اعدو فى اثر القوم حتّى ما ارى من غبار اصحاب النبىّ صلعم شيئا ويعرضون الى شِعْب فيه ماء يقال له ذو قَرَد فأرادوا ان يشربوا منه فأبصرونى اعدو وراءهم فعطفوا عنه وأسندوا فى الثنيّة ثنيّة ذى دبر وغربت الشمس فألحق رجلًا فأرميه فقلت

خذها وانا ابنُ الأكْوَعِ   واليومُ يوم الرُّضَّعِ

فقال يا ثَكِلَ أُمّى أَأَكْوَعِى بُكْرَةَ قال قلت نعمْ يا عدوّ نفسه فكان الذى رميته بُكْرةَ فأتبعته بسهم آخر فعلق فيه سهمان ويخلّفون فرسين فجئت بهما اسوقهما الى رسول الله صلعم وهو على الماء الذى حلّأتهم عنه (ذو قَرَد) فاذا نبىّ الله فى خمسمائة واذا بلال قد نحر جزورا ممّا خلّفتُ فهو يشوى لرسول الله صلعم من كبدها وسنامها فأتيت رسولَ الله صلعم فقلت يا رسول الله خَلّنى فانتخب من اصحابك مائة فآخُذُ على الكفّار بالعَشْوة فلا يبقى منهم مُخْبِر الّا قتلته قال أَكُنْتَ فاعلا ذلك يا سلمة قلت نعم والذى اكرمك فضحك رسول الله صلعم حتّى رأيت نواجذه فى ضوء النار ثمّ قال انّهم الآن يُقْرَوْن بأرض بنى غطفان فجاء رجل من غطفان فقال مُرّوا على فلان الغطفانى فنحر لهم جزورا فلمّا اخذوا يكشطون جلدها رأوا غُبْرَةً

فتركوه وخرجوا هُرّابًا فلمّا اصبحنا قال رسول الله صلعم خير فرساننا اليومَ ابو قتادة وخير رَجّالتنا اليومَ سلمة فأعطانى رسول الله صلعم سهم الراجل والفارس ثمّ اردفنى وراءه على العَضْباء راجعين الى المدينة فلمّا كان بيننا وبينها قريبا من ضَحْوة وفى القوم رجل من الانصار كان لا يُسْبَق جعل ينادى هل من مسابق ألا رجل يسابق الى المدينة فأعاد ذلك مرارا وأنا وراء رسول الله صلعم مُرْدِفى فقلت له ما تُكْرِمُ كريما ولا تهاب شريفا قال لا الّا رسولَ الله صلعم فقلت يا رسول الله بأبى انت وامّى خَلّنى فلأُسابق الرجلَ فقال ان شئت فقلت اذهَبْ اليك فطفر عن راحلته وثنيتُ رِجْلى فطفرتُ عن الناقة ثمّ انّى ربطت عليه شرَفًا او شَرَفَيْن يعنى استبقيت نَفَسى ثمّ انّى عدوت حتّى الحقه فأصُكُّ بين كتفيه بيدى قلت سبقتُك والله الى هذه او كلمة نَحْوَها قال فضحك وقال انّى إنْ اظُنُّ حتّى قدمنا المدينة ن

سريّة عُكّاشة بن مِحْصَن الأَسَدى الى الغَمْر

ثمّ سريّة عكّاشة بن مِحْصَن الأَسدى الى الغَمْر غمر مرزوق وهو ماء لبنى اسد على ليلتين من فَيْد طريقَ الاوّل الى المدينة وكانت فى شهر ربيع الاوّل سنةَ ستّ من مُهاجَر رسول الله صلعم قالوا وجّه رسول الله صلعم عُكّاشة بن مِحْصن الى الغَمْر فى اربعين رجلا فخرج سريعا يُغِذّ السَّيْرَ ونَذِر به القوم فهربوا فنزلوا عَلْياء بلادهم ووجدوا دارهم خُلُوفًا فبعث شُجاع بن وَهْب طَليعةً فرأى اثر النعم فتحمّلوا فأصابوا ربيئة لهم فأمّنوه فدلّهم على نَعَمٍ لبنى عمّ له فأغاروا عليها فاستاقوا مائتى بعير فأرسلوا الرجل وحدروا النعمَ الى المدينة وقدموا على رسول الله صلعم ولم يلقوا كيدا ن

سريّة محمد بن مَسْلَمة الى ذى القَصّة

ثمّ سريّة محمد بن مسلمة الى ذى القَصّة فى شهر ربيع الآخر سنة ستّ من مُهاجَر رسول الله صلعم قالوا بعث رسول الله صلعم محمد بن مَسْلَمة الى بنى ثعلبة وبنى عُوال من ثعلبة وهم بذى القَصّة وبينها وبين المدينة اربعة وعشرون ميلا طريقَ الرَّبَذة فى عشرة نفر فوردوا عليهم ليلا فأحدق به القوم وهم مائة رجل فتراموا ساعةً من الليل ثمّ حملت الأعراب

عليهم بالرماح فقتلوهم ووقع محمد بن مسلمة جريحا فضُرب كعبه فلا يتحرّك وجرّدوهم من الثياب ومرّ بمحمد بن مسلمة رجلٌ من المسلمين فحمله حتّى ورد به المدينة فبعث رسول الله صلّعم ابا عبيدة بن الجرّاح فى اربعين رجلا الى مَصارِع القوم فلم يجدوا احدًا ووجدوا نَعَمًا وشاءً فساقه ورجع ن

سريّة ابى عبيدة بن الجرّاح الى ذى القَصّة

ثمّ سريّة ابى عبيدة بن الجرّاح الى ذى القَصّة فى شهر ربيع الآخر سنة ستّ من مُهاجَر رسول الله صلّعم قالوا اجدبت بلاد بنى ثعلبة وأَنْمار ووقعت سحابة بالمَراض الى تَغْلَمَيْن والمَراض على ستّة وثلاثين ميلا من المدينة فسارت بنو مُحارب وثعلبة وأَنْمار الى تلك السحابة وأجمعوا ان يُغيروا على سَرْح المدينة وهو يرعى بِهَيْفا موضع على سبعة اميال من المدينة فبعث رسول الله صلّعم ابا عبيدة بن الجرّاح فى اربعين رجلا من المسلمين حين صلّوا المغرب فمشوا اليهم حتّى وافوا ذا القَصّة مع عَماية الصبح فأغاروا عليهم فأعجزوهم هَرَبًا فى الجبال وأصاب رجلا واحدا فأسلم وتركه فأخذ نَعَمًا من نعمهم فاستاقه ورِثّةً من متاعهم وقدم بذلك المدينة فخمسه رسول الله صلّعم وقسم ما بقى عليهم ن

سريّة زيد بن حارثة الى بنى سُلَيْم بالجَمُوم

ثمّ سريّة زيد بن حارثة الى بنى سُليم بالجَموم فى شهر ربيع الآخر سنة ستّ من مُهاجَر رسول الله صلّعم قالوا بعث رسول الله صلّعم زيد بن حارثة الى بنى سُليم فسار حتّى ورد الجَموم ناحيةَ بطن نَخْل عن يسارها وبطن نَخْل من المدينة على اربعة بُرُد فأصابوا عليه امرأةً من مُزينة يقال لها حَليمة فدلّتهم على محَلّة من محالّ بنى سُليم فأصابوا فى تلك المحلّة نعما وشاءً وأَسْرَى فكان فيهم زوجُ حَليمة المُزَنيّة فلمّا قفل زيد بن حارثة بما اصاب وَهَبَ رسول الله صلّعم للمُزَنيّة نَفْسَها وزوجَها فقال بلال بن الحارث فى ذلك شعرًا

لَعَمْرُكَ مَا أَخْنَى المَسُولُ ولا وَنَتْ حَلِيمةُ حَتّى رَاحَ رَكْبُهُما مَعًا ن

سريّة زيد بن حارثة الى العِيص

ثمّ سريّة زيد بن حارثة الى العِيص وبينها وبين المدينة اربع ليال وبينها وبين ذى المَرْوة ليلة فى جمدى الاولى سنة ستّ من مُهاجَر رسول الله صلعم قالوا بلغ رسولَ الله صلعم انّ عِيرا لقريش قد اقبلت من الشأم فبعث زيدَ بن حارثة فى سبعين ومائة راكب يتعرّض لها فأخذوها وما فيها وأخذوا يومئذ فضّة كثيرة لصَفْوان بن اميّة واسروا ناسا ممّن كان فى العير منهم ابو العاص بن الربيع وقدم بهم المدينة فاستجار ابو العاص بزينب بنت رسول الله صلعم فأجارته ونادت فى الناس حين صلّى رسول الله صلعم الفجر انّى قد اجرتُ ابا العاص فقال رسول الله صلعم وما علمتُ بشىء من هذا وقد اجرنا من أجرْتِ وردّ عليه ما اخذ منه ن

سريّة زيد بن حارثة الى الطَرَف

ثمّ سريّة زيد بن حارثة الى الطَرَف فى جمادى الآخرة سنة ستّ من مُهاجَر رسول الله صلعم قالوا بعث رسول الله صلعم زيد بن حارثة الى الطَرَف وهو ماء قريب من المِراض دون النُخيل على ستّة وثلاثين ميلا من المدينة طريق البَقَرة على المَحَجّة فخرج الى بنى ثعلبة فى خمسة عشر رجلا فأصاب نعما وشاء وهربت الأعراب وصبّح زيد بالنعم المدينة وهى عشرون بعيرا ولم يلق كيدا وغاب اربع ليال وكان شعارهم أَمِتْ أَمِتْ ن

سريّة زيد بن حارثة الى حِسْمَى

ثمّ سريّة زيد بن حارثة الى حِسمى وهى وراء وادى القُرى فى جمادى الآخرة سنة ستّ من مُهاجَر رسول الله صلعم قالوا اقبل دِحْية بن خليفة الكلبى من عند قيصر وقد اجازه وكساه فلقيه الهُنَيد بن عارض وابنه عارض بن الهُنيد فى ناس من جُذام بحِسْمى فقطعوا عليه الطريق فلم يتركوا عليه الّا سَمَلَ ثوب فسمع بذلك نفرٌ من بنى الضُبَيب فنفروا اليهم فاستنقذوا لدحية متاعه وقدم دحية على النبىّ صلعم فأخبره بذلك فبعث زيد بن حارثة فى خمسمائة رجل وردّ معه دحية فكان زيد يسير الليل

ويكمن النهار ومعه دليل له من بنى عُذْرة فأقبل بهم حتّى هجم بهم مع الصبح على القوم فأغاروا عليهم فقتلوا فيهم فأوجعوا وقتلوا الهُنيد وابنه وأغاروا على ماشيتهم ونعمهم ونسائهم فأخذوا من النعم الفَ بعير ومن الشاء خمسة آلاف شاة ومن السبى مائةً من النساء والصبيان فرحل زيد بن رِفاعة الجُذامى فى نفر من قومه الى رسول الله صلعم فدفع الى رسول الله صلعم كتابه الذى كان كتب له ولقومه ليالىَ قدم عليه فأسلم وقال يا رسول الله لا تُحَرِّمْ علينا حلالا ولا تُحِلّ لنا حراما فقال كيف اصنع بالقتلى قال ابو يزيد بن عمرو أَطلِقْ لنا يا رسول الله من كان حيًّا ومن قُتل فهو تحتَ قدمىّ هاتين فقال رسول الله صلعم صدق ابو يزيد فبعث معهم عليًّا رضى الله عنه الى زيد بن حارثة يأمره ان يخلّى بينهم وبين حُرَمهم وأموالهم فتوجّه علىّ فلقى رافع بن مَكِيث الجُهَنى بشيرَ زيد بن حارثة على ناقة من ابل القوم فردّها علىّ على القوم ولقى زيدا بالفَحْلَتَيْن وهى بين المدينة وذى المَرْوة فأبلغه امرَ رسول الله صلعم فردّ الى الناس كُلّما كان اخذ لهم ن

سريّة زيد بن حارثة الى وادى القُرَى

ثمّ سريّة زيد بن حارثة الى وادى القُرَى فى رجب سنة ستّ من مُهاجَر رسول الله صلعم قالوا بعث رسول الله صلعم زيدا اميرا سنةَ ستّ ن

سريّة عبد الرحمن بن عوف الى دُومة الجَنْدل

ثمّ سريّة عبد الرحمن بن عوف الى دُومة الجَنْدل فى شعبان سنة ستّ من مُهاجَر رسول الله صلعم قالوا دعا رسول الله صلعم عبد الرحمن بن عوف فأقعده بين يديه وعمّمه بيده وقال اُغْزُ بسم الله وفى سبيل الله فقاتِلْ من كفر بالله لا تَغُلّ ولا تغدر ولا تقتل وليدا وبعثه الى كَلْب بدُومة الجندل وقال ان استجابوا لك فتزوّج ابنة ملكهم فسار عبد الرحمن حتّى قدم دُومة الجندل فمكث ثلاثة ايّام يدعوهم الى الاسلام فأسلم الأَصْبَغ بن عمرو الكلبى وكان نصرانيّا وكان رأسهم وأسلم معه ناس كثير من قومه

وأقام من اقام على إعطاء الجزية وتزوّج عبد الرحمن تماضر بنت الأصبغ وقدم بها الى المدينة وهى امّ ابى سلمة بن عبد الرحمن ن

سريّة علىّ بن ابى طالب الى بنى سعد بن بكر بفدك

ثمّ سريّة علىّ بن ابى طالب الى بنى سعد بن بكر بفدك فى شعبان سنة ستّ من مهاجر رسول الله صلعم قالوا بلغ رسول الله صلعم انّ لهم جمعا يريدون ان يمدّوا يهود خيبر فبعث اليهم علىّ بن ابى طالب فى مائة رجل فسار الليل وكمن النهار حتّى انتهى الى الهمج وهو ماء بين خيبر وفدك وبين فدك والمدينة ستّ ليال فوجدوا به رجلا فسألوه عن القوم فقال أخبركم على انكم تؤمنونى فآمنوه فدلّهم فأغاروا عليهم فأخذوا خمسمائة بعير وألفى شاة وهربت بنو سعد بالظعن ورأسهم وبر بن عليم فعزل علىّ صفىّ النبىّ صلعم لقوحا تدعى الحفدة ثمّ عزل الخمس وقسم سائر الغنائم على اصحابه وقدم المدينة ولم يلق كيدا ن

سريّة زيد بن حارثة الى امّ قرفة بوادى القرى

ثمّ سريّة زيد بن حارثة الى امّ قرفة بناحية بوادى القرى على سبع ليال من المدينة فى شهر رمضان سنة ستّ من مهاجر رسول الله صلعم قالوا خرج زيد بن حارثة فى تجارة الى الشأم ومعه بضائع لأصحاب النبىّ صلعم فلمّا كان دون وادى القرى لقيه ناس من فزارة من بنى بدر فضربوه وضربوا اصحابه واخذوا ما كان معهم ثمّ استبلّ زيد وقدم على رسول الله صلعم فأخبره فبعثه رسول الله صلعم اليهم فكمنوا النهار وساروا الليل ونذرت بهم بنو بدر ثمّ صبّحهم زيد وأصحابه فكبّروا وأحاطوا بالحاضر وأخذوا امّ قرفة وهى فاطمة بنت ربيعة بن بدر وابنتها جارية بنت مالك بن حذيفة ابن بدر فكان الذى اخذ الجارية مسلمة بن الأكوع فوهبها لرسول الله صلعم فوهبها رسول الله بعد ذلك لحزن بن ابى وهب وعمد قيس بن المحسّر الى امّ قرفة وهى عجوز كبيرة فقتلها قتلا عنيفا ربط بين رجليها حبلا ثمّ ربطها بين بعيرين ثمّ زجرهما فذهبا فقطعاها وقتل النعمن وعبيد الله ابنى مسعدة بن حكمة بن مالك بن بدر وقدم زيد بن حارثة من

وجهه ذلك فقرع بابَ النبيّ صلّعم فقام اليه عُريانا يجرّ ثوْبه حتّى اعتنقه وقبّله وسايله فأخبره بما ظفّره الله به ن

سريّة عبد الله بن عَتيك الى ابى رافع

ثمّ سريّة عبد الله بن عَتيك الى ابى رافع سَلام بن ابى الحُقيق النَضرى بخيبر فى شهر رمضان سنة ستّ من مُهاجَر رسول الله صلّعم قالوا كان ابو رافع بن ابى الحُقيق قد اجلب فى غطفان ومن حوله من مشركى العرب وجعل لهم الحَفْلَ العظيم لحرب رسول الله صلّعم فبعث رسول الله عبدَ الله بن عتيك وعبد الله بن أُنيس وابا قتادة والأسود بن خُزاعىْ ومسعود بن سِنان وأمرهم بقتله فذهبوا الى خيبر فكمنوا فلمّا هدأت الرِجل جاءوا الى منزله فصعدوا درجةً له وقدّموا عبد الله بن عُتيك لأنّه كان يرطن باليهوديّة فاستفتح وقال جئتُ ابا رافع بهديّة ففتحتْ له امرأته فلمّا رأت السلاح ارادت ان تصيح فأشاروا اليها بالسيف فسكتت فدخلوا عليه فما عرفوه الّا ببياضه كأنّه قِبْطيّة فَعَلَوْه بأسيافهم قال ابن أُنيس وكنت رَجُلا أَعْشَى لا ابصر فاتّكئ بسيفى على بطنه حتّى سمعت خَشَّه فى الفراش وعرفت انّه قد قضى وجعل القوم يضربونه جميعا ثمّ نزلوا وصاحت امرأته فتصايح اهل الدار واختبأ القوم فى بعض مناهر خيبر وخرج الحارث ابو زَيْنَب فى ثلاثة آلاف فى آثارهم يطلبونهم بالنيران فلم يروهم فرجعوا ومكث القوم فى مكانهم يومين حتّى سكن الطَلَب ثمّ خرجوا مُقْبلين الى المدينة كلّهم يدّعى قتله فقدموا على رسول الله صلّعم فقال أَفْلَحَت الوجوهُ فقالوا أَفْلَحَ وجهُك يا رسول الله وأخبروه خبرهم فأخذ اسيافهم فنظر اليها فاذا اثرُ الطعامِ فى ذُباب سيف عبد الله بن أُنيس فقال هذا قتله ن

سريّة عبد الله بن رَواحة الى أُسير بن زارم

ثمّ سريّة عبد الله بن رَواحة الى أُسير بن زارِم اليهوديّ بخيبر فى شوّال سنة ستّ من مُهاجَر رسول الله صلّعم قالوا لمّا قُتل ابو رافع سَلام ابن ابى الحُقيق أَمّرت يهودُ عليهم أُسيرَ بن زارم فسار فى غَطَفان وغيرهم يجمعهم لحرب رسول الله صلّعم وبلغ ذلك رسولَ الله صلّعم فوجّه عبدَ الله

ابن رَواحة فى ثلاثة نفر فى شهر رمضان سِرًّا فسأل عن خَبره وغِرّته فأُخبر بذلك فقدم على رسول الله صلّعم فأخبره فندب رسول الله صلّعم النّاس فانتدب له ثلاثون رجلا فبعث عليهم عبد الله بن رَواحة فقدموا على أُسير فقالوا نحن آمنون حتّى نعرض عليك ما جئنا له قال نعم ولى منكم مثل ذلك وقالوا نعمْ فقلنا انّ رسول الله صلّعم بعثنا اليك لتخرج اليه فيستعملك على خيبر ويُحسن اليك فطمع فى ذلك فخرج وخرج معه ثلاثون رجلا من اليهود مع كلّ رجل رَديفٌ من المسلمين حتّى اذا كنّا بقَرْقَرة ثِبار ندم أُسير فقال عبد الله بن أُنيس وكان فى السريّة وأهوى بيده الى سيفى ففطنتُ له ودفعت بعيرى وقلت غدرًا اى عدوّ الله فعل ذلك مرّتين فنزلتُ فسُقتُ بالقوم حتّى انفرد لى أُسير فضربته بالسيف فأندرتُ عامّة فَخِذه وساقه وسقط عن بعيره وبيده مِخْرَش من شَوْحَط فضربنى فشجّنى مأمومةً وملنا على اصحابه فقتلناهم كلّهم غير رجل واحد أَعْجَزَنا شَدًّا ولم يُصَبْ من المسلمين احدٌ ثمّ اقبلنا الى رسول الله صلّعم فحدّثناه الحديث فقال قد نجّاكم الله من القوم الظالمين

سريّة كُرز بن جابر الفِهْرى الى العُرَنيّين

ثمّ سريّة كُرْز بن جابر الفِهْرى الى العُرَنيّين فى شوّال سنة ستّ من مُهاجَر رسول الله صلّعم قالوا قدم نفر من عُرينة ثمانية على رسول الله صلّعم فأسلموا واستوبئوا المدينةَ فأمر بهم رسول الله صلّعم الى لقاحه وكانت ترعى بذى الجَدْر ناحيةَ قُباء قريبا من عَيْر على ستّة اميال من المدينة فكانوا فيها حتّى صحّوا وسمنوا فغدوا على اللقاح فاستاقوها فيُدْرِكهم يسارٌ مولى رسول الله صلّعم ومعه نَفَرٌ فقاتلهم فقطعوا يده ورجله وغرزوا الشَّوْك فى لسانه وعينيه حتّى مات وبلغ رسول الله صلّعم الخبرُ فبعث فى اثرهم عشرين فارسًا واستعمل عليهم كُرْز بن جابر الفِهْرى فأدركوهم فأحاطوا بهم وأسروهم وربطوهم وأردفوهم على الخيل حتّى قدموا بهم المدينةَ وكان رسول الله صلّعم بالغابة فخرجوا بهم نحوه فلقوه بالزَّغابة بمجتمع السيول وأمر بهم فقُطعت ايديهم وأَرْجُلهم وسمل أَعْيُنهم فصُلبوا هناك وأُنزل على رسول الله صلّعم إِنَّمَا جَزَاءُ ٱلَّذِينَ يُحَارِبُونَ ٱللَّهَ وَرَسُولَهُ وَيَسْعَوْنَ فِى ٱلْأَرْضِ فَسَادًا الآية فلم يسمل

بعد ذلك عينًا وكانت اللقاح خمس عشرة لقحة غِزارا فردّوها الى المدينة ففقد رسول الله صلعم منها لقحةً تُدْعَى الحناء فسأل عنها فقيل نحروها ن

سريّة عمرو بن أُميّة الضمْرى

ثمّ سريّة عمرو بن أُميّة الضمرى وسلمة بن اسلم بن حَريس الى ابى سفيان بن حرب بمكّة وذلك انّ ابا سفيان بن حرب قال لنفر من قريش أَلَا احدٌ يغتال محمدا فانّه يمشى فى الاسواق فأتاه رجل من الاعراب فقال قد وُجِدتُ أَجْمَعَ الرجالِ قلبًا وأَشَدَّه بَطْشًا وأَسْرَعَه شدًّا فانْ انت قوّيتنى خرجتُ اليه حتّى اغتاله ومعى خَنْجَرٌ مثل خافية النَسْر فأَسُورُه ثمّ آخُذُ فى عيرٍ واسبق القوم عَدْوًا فانّى هادٍ بالطريق خِرّيتٌ قال انت صاحبنا فأعطاه بعيرًا ونفقة وقال اطْوِ أَمْرَك فخرج ليلًا فسار على راحلته خمسا وصبّح ظهر الحرّة صُبْحَ سادسة ثمّ اقبل يسأل عن رسول الله صلعم حتّى دُلّ عليه فعقل راحلته ثمّ اقبل الى رسول الله صلعم وهو فى مسجد بنى عبد الأَشْهل فلمّا رآه رسول الله صلعم قال انّ هذا ليريد غَدْرًا فذهب ليَجْنِىَ على رسول الله صلعم فجذبه أُسيد بن الحُضير بداخلة ازاره فاذا بالخنجر فسقط فى يديه وقال دمى دمى فأخذ أُسيد بلبّته فذعته فقال رسول الله صلعم اصدُقْنى ما انت قال وأَنَا آمِنٌ قال نعَمْ فأخبره بأمره وما جعل له ابو سفيان فخلّى عنه رسول الله صلعم فأسلم وبعث رسول الله صلعم عمرو ابن أُميّة وسلمة بن اسلم الى ابى سفيان بن حرب وقال ان اصبتما منه غِرّةً فاقتلاه فدخلا مكّة ومضى عمرو بن اميّة يطوف بالبيت ليلا فرآه معاوية ابن ابى سفيان فعرفه فأخبر قريشا بمكانه فخافوه وطلبوه وكان فاتكا فى الجاهليّة وقالوا لم يأت عمرو لخير فحشد له اهل مكّة وتجمّعوا وهرب عمرو وسلمة فلقى عمرو عبيدَ الله بن مالك بن عبيد الله التَيْمى فقتله وقتل آخر من بنى الديل سمعه يتغنّى ويقول

وَلَسْتُ بِمُسْلِمٍ ما دُمْتُ حَيًّا   وَلَسْتُ أَدِينُ دِينَ ٱلْمُسْلِمِينَا

ولقى رسولَيْن لقريش بعثتهما يتحسّبان الخبرَ فقتل احدهما وأسر الآخر فقدم به المدينة فجعل عمرو يخبر رسول الله صلعم خبرَه ورسول الله صلعم يضحك ن

غزوة رسول الله صلّعم الحُديبية

ثمّ غزوة رسول الله صلّعم الحُديبية خرج للعُمْرة فى ذى القعدة سنة ست من مُهاجَرِه قالوا استنفر رسول الله صلّعم اصحابَه الى العُمْرة فأسرعوا وتهيّئوا ودخل رسول الله صلّعم بيته فاغتسل ولبس ثوبين وركب راحلته القَصْواء وخرج وذلك يومَ الاثنين لهلال ذى القعدة واستخلف على المدينة عبد الله بن امّ مكتوم ولم يُخْرِجْ معه بسلاح الّا السيوف فى القُرُب وساق بُدْنًا وساق اصحابُه ايضا بُدْنًا فصلّى الظُهْرَ بذى الحُليفة ثمّ دعا بالبدن التى ساق فجُلّلت ثمّ اشعرها فى الشقّ الأيْمن وقلّدها وأشعر اصحابه ايضا وهنّ موجَّهات الى القبلة وهى سبعون بَدَنة فيها جمل ابى جهل الذى غنمه يوم بدر وأحرم ولبّى وقدّم عَبّادَ بن بِشْر امامه طَليعةً فى عشرين فرسا من خيل المسلمين وفيهم رجال من المهاجرين والانصار وخرج معه من المسلمين الف وستّمائة ويقال الف وأربعمائة ويقال الف وخمسمائة وخمسة وعشرون رجلا وأخرج معه زوجته امّ سلمة رضى الله عنها وبلغ المشركين خروجُه فأُجمع رأيهم على صدّه عن المسجد الحرام وعسكروا ببَلْدَح وقدّموا مائتى فارس الى كُراع الغَميم وعليهم خالد بن الوليد ويقال عكرمة بن ابى جهل ودخل بُسْر بن سفيان الخُزاعى مكّة فسمع كلامهم وعرف رأيهم فرجع الى رسول الله صلّعم فلقيه بغَدير الأَشْطاط وراء عُسْفان فأخبره بذلك ودنا خالد بن الوليد فى خيله حتّى نظر الى اصحاب رسول الله صلّعم فأمر رسول الله صلّعم عبّاد بن بشر فتقدّم فى خيله فأقام بازائه وصفّ اصحابَه وحانت صلاة الظهر وصلّى رسول الله صلّعم باصحابه صلاة الخوف فلمّا امسى رسول الله صلّعم قال لاصحابه تيامنوا فى هذا الغَضَل فانّ عيونَ قريش بمرّ الظَهْران وبضَجْنان فسار حتّى دنا من الحُديبية وهى طَرَفَ الحرم على تسعة اميال من مكّة فوقعت يدا راحلته على ثنيّة تَهْبِطُه على غائط القوم فبركت فقال المسلمون حَلْ حَلْ يزجرونها فأبت ان تنبعث فقالوا خلأَت القصواء فقال النبيّ صلّعم انّها ما خلأت ولكن حبسها حابسُ الفيلِ أمَا والله لا يسألونى اليوم خُطّةً فيها تعظيم حُرْمة الله الّا اعطيتُهم ايّاها ثمّ زجرها فقامت تَوَلّى راجعا عوْدَهُ على بَدْئه حتّى نزل بالناس على ثَمَد من اثماد

الحُديبية ظَنُونٍ قليلِ الماء فانتزع سهمًا من كنانته فأمر به فغُرز فيها فجاشت لهم بالرّواء حتّى اغترفوا بآنيتهم جلوسا على شفير البئر ومُطر رسول الله صلّعم بالحُديبية مِرارا وكثرت المياه وجاءه بُديل بن وَرْقاء وركْبٌ من خُزاعة فسلّموا عليه وقال بُديل جئناك من عند قومك كعب بن لُؤَىّ وعامر بن لُؤَىّ قد استنفروا لك الاحابيش ومن اطاعهم معهم العُوذ والمَطافيل والنساء والصبيان يُقْسِمون بالله لا يخلّون بينك وبين البيت حتّى تَبيد خَضْراؤهم فقال رسول الله صلّعم لم نأت لقتال احد انّما جئنا لنطوف بهذا البيت فمن صدّنا عنه قاتلناه فرجع بُديل فأخبر بذلك قريشا فبعثوا عروة بن مسعود الثّقفى فكلّمه رسول الله صلّعم بنحو ممّا كلّم به بُديلا فانصرف الى قريش فأخبرهم فقالوا نَرُدّه عن البيت فى عامنا هذا ويرجع من قابل فيدخل مكّة ويطوف بالبيت ثمّ جاء مِكْرَز بن حَفْص بن الأَخْيَف فكلّمه بنحو ممّا كلّم به صاحبيه فرجع الى قريش فأخبرهم فبعثوا الحُليس بن علقمة وهو يومئذ سيّد الأحابيش وكان يتألّه فلمّا رأى الهَدْىَ عليه القلائدُ قد اكل أَوْباره من طول الحَبْس رجع ولم يَصِلْ الى رسول الله صلّعم إعْظامًا لما رأى فقال لقريش والله لَتُخَلُّنّ بينه وبين ما جاء له او لأَنْفِرَنّ بالأَحابيش قالوا فاكْفُفْ عنّا حتّى نأخذ لأنفسنا ما نرضى به وكان اوّل من بعث رسول الله صلّعم الى قريش خِراش بن اميّة الكَعْبى ليُخْبِرَهم ما جاء له فعقروا به وأرادوا قتله فمنعه مَن هناك من قومه فأرسل عثمانَ بن عفّان فقال اذهبْ الى قريش فأَخْبِرْهم انّا لم نأت لقتال احد وانّما جئنا زُوّارًا لهذا البيت معظّمين لحُرْمته معنا الهَدْىُ ننحره وننصرف فأتاهم فأخبرهم فقالوا لا كان هذا ابدًا ولا يدخلها علينا العامَ وبلغ رسول الله صلّعم انّ عثمان قد قُتل فذلك حين دعا المسلمين الى بيعة الرضوان فبايعهم تحت الشجرة وبايع لعثمان رضى الله عنه فضرب بشماله على يمينه لعثمان رضى الله عنه وقال انّه ذهب فى حاجة الله وحاجة رسوله وجعلت الرُسُل تختلف بين رسول الله صلّعم وبين قريش فأجمعوا على الصلح والمُوادعة فبعثوا سُهيلَ بن عمرو فى عدّة من رجالهم فصالحه على ذلك وكتبوا بينهم هذا ما صالح عليه محمد بن عبد الله وسُهيل بن عمرو واصطلحا على وَضْع الحَرْبِ عشرَ سنين يأمَن فيها الناس ويَكُفّ بعضُهم عن بعضٍ على انّه لا إسلالَ

ولا إغْلالَ وانّ بيننا عَيْبَةً مكفوفةً وانّه مَن احبّ ان يدخل فى عهد محمد وعقده فعل وانّه من احبّ ان يدخل فى عهد قريش وعقدها فعل وانّه من اتى محمدا منهم بغير اذنِ وليّه ردّه اليه وانّه من اتى قريشا من اصحاب محمد لم يردّوه وانّ محمدا يرجع عنّا عامَه هذا باصحابه ويدخل علينا قابلًا فى اصحابه فيُقيم بها ثلاثا لا يدخل علينا بسلاحٍ الّا سلاحَ المُسافرِ السيوفُ فى القُرُب شهد ابو بكر بن ابى قحافة وعمر بن الخطّاب وعبد الرحمن بن عوف وسعد بن ابى وقّاص وعثمان بن عفّان وابو عُبيدة ابن الجرّاح ومحمد بن مَسْلَمة وحُويطب بن عبد العُزّى ومِكْرَز بن حَفْص ابن الأَخْيف وكتب علىّ صدر هذا الكتاب فكان هذا عند رسول الله صلعم وكانت نسختُه عند سهيل بن عمرو وخرج ابو جَنْدل بن سُهيل بن عمرو من مكّة الى رسول الله صلعم يَرْسُف فى الحديد فقال سهيل هذا اوّل من اقاضيك عليه فردّه اليه رسول الله صلعم وقال يابا جندل قد تمّ الصلح بيننا وبين القوم فاصبرْ حتّى يجعل الله لك فَرَجًا ومَخْرجًا ووثبت خزاعة فقالوا نحن ندخل فى عهد محمد وعقده ووثبت بنو بكر فقالوا نحن ندخل مع قريش فى عهدها وعقدها فلمّا فرغوا من الكتاب انطلق سُهيل واصحابه ونحر رسول الله صلعم هَدْيَه وحُلِق حَلَقَهُ خِراش بن اميّة الكَعْبى ونحر اصحابه وحلّق عامّتهم وقصّر الآخرون فقال رسول الله صلعم رحم الله المحلِّقين قالها ثلاثا قيل يا رسول الله والمقصّرين قال والمقصّرين وأقام رسول الله صلعم بالحديبية بضعة عشر يوما ويقال عشرين يوما ثمّ انصرف رسول الله صلعم فلمّا كانوا بضَجْنان نزل عليه إِنَّا فَتَحْنَا لَكَ فَتْحًا مُبِينًا فقال جبريل عليه السلام يهنّئك يا رسول الله وهنّأه المسلمون **ن** اخبرنا الفضل ابن دُكين نا شَريك عن ابى اسحاق قال سمعت البراء يقول * كنّا يوم الحُديبية الفًا واربعمائة **ن** اخبرنا سليمان بن داود ابو داود الطّيالسى آنا شُعْبة اخبرنى عمرو بن مُرّة سمعت عبد الله بن ابى أَوْفى صاحب رسول الله صلعم وكان قد شهد بيعة الرضوان قال * كنّا يومئذ الفًا وثلاثمائة وكانت أَسْلَمُ يومئذ ثُمن المهاجرين **ن** اخبرنا سليمان بن داود الطّيالسى آنا شعبة عن عمرو بن مرّة سمعت سالم بن ابى الجَعْد قال * سألت جابر بن عبد الله كم كنتم يوم الشجرة قال كنّا الفا وخمسمئة وذكر عطشًا اصابهم

قال فأُتى رسولُ الله صلّعم بماء فى تَوْر فوضع يدَه فيه فجعل الماء يخرج من بين اصابعه كأنّها العيون قال فشربنا ووَسِعَنا وكفانا قال قلتُ كم كنتم قال لو كنّا مائة الف لكفانا كنّا الفا وخمسمائة **ن** واخبرنا موسى بن مسعود ابو حُذيفة النَّهْدى نا عكرمة بن عمّار عن إياس بن سَلمة عن ابيه قال * قدمنا الحُديبية مع رسول الله صلّعم ونحن اربع عشرة مائة وعليها خمسون شاة ما تُرويها قال فقعد رسول الله صلّعم على جَبَاها فإمّا دعا وإمّا بزق قال فجاشت قال فسقَيْنا واستقينا **ن** اخبرنا عُبيد الله بن موسى نا اسرائيل عن طارق قال * انطلقتُ حاجّا فمررت بقوم يصلّون فقلت ما هذا المسجد قالوا هذه الشجرة حيث بايع النبىّ صلّعم بيعة الرضوان فأتيت سعيد بن المسيّب فاخبرته فقال حدّثنى ابى انّه كان فى من بايع رسول الله صلّعم تحت الشجرة قال فلمّا خرجنا من العام المُقبل نسيناها فلم نقدر عليها قال سعيد إنْ كان اصحاب محمد لم يعلموها وعلمتموها انتم فانتم اعلمُ **ن** اخبرنا قَبيصة بن عُقبة ومحمد بن عبد الله الأَسَدى قالا نا سفيان عن طارق بن عبد الرحمن قال * كنت عند سعيد بن المسيّب فتذاكروا الشجرة فضحك ثمّ قال حدّثنى ابى انّه كان ذلك العام معهم وانّه قد شهدها فنسوها من العام المقبل **ن** اخبرنا عبد الوهّاب بن عطاء العِجْلى عن زياد بن الجَصّاص عن الحسن عن عبد الله بن مُغَفَّل قال عبد الوهّاب وأخبرنى سعيد عن قتادة عن عبد الله بن مغفّل قال * كان رسول الله صلّعم تحت الشجرة يبايع الناسَ وأنا رافعٌ اغصانها عن رأسه **ن** اخبرنا يونس بن محمد المؤدّب وأحمد بن اسحاق الحَضْرمى قالا نا يزيد ابن زريع عن خالد الحذّاء عن الحَكَم بن عبد الله الأعرج عن مَعْقِل ابن يَسار قال * كنت مع رسول الله صلّعم عام الحُديبية وكان يبايع الناس وأنا أرفع بيدى غُصْنا من اغصان الشجرة عن رأس رسول الله صلّعم فبايعهم على ان لا يفرّوا ولم يبايعهم على الموت فقلنا لمَعْقِل كم كنتم يومئذ قال الف واربعمائة رجل **ن** اخبرنا المعلّى بن اسد نا وُهيب عن خالد الحذّاء عن الحَكَم بن الاعرج عن مَعْقِل بن يَسار * انّ النبىّ صلّعم كان يبايع الناسَ عامَ الحُديبية تحت الشجرة ومَعْقِل بن يسار رافعٌ غُصْنًا من اغصان الشجرة بيده عن رأسه فبايعهم يومئذ على ان لا يفرّوا قال قلنا

كم كنتم قال الفا واربعمائة ن اخبرنا عبد الوهّاب بن عطاء نا عبد الله بن عوْن عن نافع قال * كان الناس يأتون الشجرة التى يقال لها شجرة الرضوان فيصلّون عندها قال فبلغ ذلك عمرَ بن الخطّاب فأوعدهم فيها وأمر بها فقُطعت ن اخبرنا وكيع بن الجرّاح وعبد الله بن نُمير عن اسماعيل بن ابى خالد عن عامر قال * انّ اوّل من بايع النبىّ صلّعم بيعة الرضوان ابو سنان الأَسَدى ن قال محمد بن سعد فذكرت هذا الحديث لمحمد بن عمر فقال * هذا وَهْلٌ ابو سنان الأَسَدى قُتل فى حصار بنى قُريظة قبل الحديبية والذى بايعه يوم الحديبية سِنان بن سِنان الاسدى ن اخبرنا اسماعيل بن عبد الكريم الصنْعانى حدّثنى ابراهيم بن عَقيل بن مَعْقِل عن ابيه عن وهب بن منبّه قال * سألت جابر بن عبد الله كم كانوا يوم الحُديبية قال كنّا اربع عشرة مائة فبايعناه تحت الشجرة وهى سَمُرة وعمر آخذ بيده غيرَ جَدّ بن قيس اختبأ تحت إبط بعيره وسألته كيف بايعوه قال بايعناه على ان لا نفرّ ولم نبايعه على الموت وسألته هل بايع النبىّ صلّعم بذى الحُليفة فقال لا ولكن صلّى بها ولم يبايع عند الشجرة الّا الشجرة التى بالحُديبية ودعا النبىّ صلّعم على بئر الحُديبية وانّهم نحروا سبعين بَدَنة بين كلّ سبعة منهم بَدَنةٌ ن قال جابر واخبرتنى امّ مبشر انّها سمعت النبىّ صلّعم يقول عند حفصة * لا يدخل النارَ ان شاء الله اصحابُ الشجرة الذين بايعوا تحتها قالت حفصة بلى يا رسول الله فانتهرها فقالت حفصة وَإِنْ مِنْكُمْ إِلَّا وَارِدُهَا كَانَ عَلَى رَبِّكَ حَتْمًا مقضيًّا فقال النبىّ صلّعم قال الله ثُمَّ نُنَجِّي ٱلَّذِينَ ٱتَّقَوْا وَنَذَرُ ٱلظَّالِمِينَ فِيهَا جِثِيًّا ن واخبرنا موسى بن مسعود النَّهْدى نا سفيان عن ابى اسحاق عن البَراء بن عازب قال * صالح النبىّ صلّعم المشركين يومَ الحُديبية على ثلاثة اشياء على انّ من اتاه من المشركين يُردّ اليهم ومن اتاهم من المسلمين لم يَرُدّوه اليهم وعلى ان يدخلها من قابلٍ فيقيم بها ثلاثة ايّام ولا يدخلها الّا بجُلُبّان السلاح السيف والقوس ونحوه فجاء ابو جَنْدل يحجُل فى قيده فردّه اليهم ن اخبرنا سليمان بن حرب نا حمّاد بن زيد عن ايّوب عن عكرمة قال * لمّا كتب النبىّ صلّعم الكتاب الذى بينه وبين اهل مكّة يوم الحُديبية قال اكتبوا بسم الله الرحمن الرحيم قالوا

امّا الله فنعرفه وأمّا الرحمنُ الرحيمُ فلا نعرفه قال فكتبوا باسمك اللهمّ قال وكتب رسول الله صلّعم في اسفل الكتاب ولنا عليكم مثل الذى لكم علينا ن اخبرنا موسى بن مسعود النَّهْدى نا عكرمة بن عَمّار عن ابى زُميل عن ابن عبّاس قال * قال عمر بن الخطّاب لقد صالح رسول الله صلّعم اهلَ مكّة على صلحٍ وأعطاهم شيئا لو انّ نبىّ الله امّر علىّ اميرًا فصنع الذى صنع نبىّ الله ما سمعتُ له ولا اطعتُ وكان الذى جعل لهم انّ مَنْ لحق من الكفّار بالمسلمين يردّوه ومن لحق بالكفّار لم يردّوه ن اخبرنا ابو سهل نَصْر بن باب عن الحجّاج عن ابى اسحاق عن البَراء بن عازب انّه قال * اشترط اهلُ مكّة على رسول الله صلّعم من الحُديبية ألّا يدخلَ احدٌ من اصحابه مكّة بسلاحٍ الّا سلاحا فى قِرابٍ ن اخبرنا اسحاق بن يوسف الازرق نا شريك عن ابى اسحاق عن البراء بن عازب قال * اشترط المشركون على رسول الله صلّعم عامَ الحُديبية الّا يدخلها بسلاحٍ فقال رسول الله صلّعم الّا جُلُبّانَ السلاح قال وهو القِراب وما فيه السيف والقوس ن واخبرنا محمد بن حُميد العَبْدى عن مَعْمَر عن قَتادة قال * لمّا كان سَفَرُ الحديبية صدّ المشركون النبىّ صلّعم وأصحابه عن البيت فقاضوا المشركين يومئذ قضيّة انّ لهم أَنْ يعتمروا العامَ المُقْبِلَ فى هذا الشهر الذى صدّوهم فيه فجعل الله لهم شهرا حرامًا يعتمرون فيه مكانَ شهرهم الذى صُدّوا فيه فذلك قوله ٱلشَّهْرُ ٱلْحَرَامُ بِٱلشَّهْرِ ٱلْحَرَامِ وَٱلْحُرُمَاتُ قِصَاصٌ ن اخبرنا هشام ابو الوليد الطَّيالسى نا ابو عَوانة عن حُصين عن عُبيد الله بن عبد الله ابن عُتْبة بن مسعود * انّ ابا سفيان بن حرب [قال] حين قدم رسول الله صلّعم مكّة عامَ الحُديبية كان بينهم وبين رسول الله صلّعم عهد ان لا يَلِجَ علينا بسلاحٍ ولا يُقيم بمكّة الّا ثلاثَ ليالٍ ومن خرج منّا اليكم رددتموه علينا ومن اتانا منكم رددناه اليكم ن . اخبرنا ابو معاوية الضَّرير ومحمد بن عُبيد قالا نا الأَعمش عن ابى سفيان عن جابر قال * نحر النبىّ صلّعم سبعين بَدَنَةً عامَ الحُديبية البدنة عن سبعة وزاد محمد بن عُبيد فى حديثه وكنّا يومئذ الفا واربعمائة ومن لم يُضَحِّ يومئذ اكثرُ ممّن ضَحّى ن اخبرنا عُبيد الله بن موسى آنا موسى بن عُبيدة عن إياس بن سَلمة بن الأَكْوَع عن ابيه قال * خرجنا مع رسول الله صلّعم غزوةَ الحُديبية فنحرنا

مائة بدنة ونحن بضع عشرة مائة ومعه عُدّة السلاح والرجال والخيل وكان في بُدْنه جَمَلُ ابي جهل فنزل بالحديبية فصالحته قريش على انّ هذا الهَدْى مَحِلُّه حيث حَبَسْناه ن اخبرنا اسحق بن عيسى اخبرني مالك بن انس عن ابي الزُبير عن جابر بن عبد الله قال *نحرنا مع رسول الله صلعم عامَ الحديبية البدنة عن سبعة والبقرة عن سبعة ن اخبرنا عبد الوهّاب بن عطاء أنا سعيد بن ابي عَرُوبة عن قتادة عن جابر ابن عبد الله قال *نحر اصحاب النبيّ صلعم يومَ الحديبية سبعين بَدَنة عن سبعة سبعة ن اخبرنا عفّان بن مُسْلم نا ابو عَوانة عن ابي بشر بن سليمان بن قيس عن جابر بن عبد الله قال *نحرنا مع رسول الله صلعم يوم الحديبية سبعين بدنة البدنة عن سبعة ن اخبرنا محمد ابن عبد الله الأسدي نا سفيان الثَوْري عن ابي الزُبير عن جابر قال *نحرنا يوم الحديبية سبعين بدنة البدنة عن سبعة وقال لنا رسول الله صلعم ليشترك منكم النفرُ في الهَدْى ن اخبرنا محمد بن عبد الله الانصاري نا سعيد بن ابي عَرُوبة عن قتادة عن انس بن مالك *انّهم نحروا يوم الحديبية سبعين بدنة عن كلّ سبعة بدنةً ن اخبرنا عبد الوهّاب بن عطاء أنا سعيد بن ابي عَرُوبة عن قتادة قال *ذُكر لنا انّ نبيّ الله صلعم خرج يومَ الحديبية فرأى رجالا من اصحابه قد قصّروا فقال يغفر الله للمحلّقين قالوا يا رسول الله والمقصّرين قال ذلك ثلاثا وأجابوه بمثل ذلك فقال عند الرابعة والمقصّرين ن اخبرنا عبد الوهّاب بن عطاء أنا هشام الدَسْتَوائي عن يحيى بن ابي كثير عن ابي ابراهيم عن ابي سَعيد الخُدْري *انّ رسول الله صلعم رأى اصحابه حلّقوا رؤسهم عامَ الحديبية غَيْرَ عثمان ابن عفّان وابي قتادة الانصاري فاستغفر رسول الله صلعم للمحلّقين ثلاث مرّات وللمقصّرين مرّةً ن اخبرنا يونس بن محمد المؤدّب نا اوس بن عبيد الله النصري نا بُريد بن ابي مريم عن ابيه مالك بن ربيعة *انّه سمع النبيّ صلعم يقول اللهمّ اغفرْ للمحلّقين فقال رجل والمقصّرين فقال في الثالثة او في الرابعة والمقصّرين قال وأنا محلوقٌ يومئذ فما سرّني حُمْرُ النَعَم او خطرٌ عظيمٌ ن اخبرنا اسماعيل ابن عبد الله بن ابي اويس عن مُجمّع ابن يعقوب عن ابيه انّه قال *لمّا صدر رسول الله صلعم وأصحابه [و]حلّقوا

بالحُديبية ونحروا بعث الله ريحا عاصفا فاحتملت اشعارهم فألقتها فى الحرم ن حدثنا الفضل بن دُكين نا شَريك عن ليث عن مُجاهد * إِنَّا فَتَحْنَا لَكَ فَتْحًا مُبِينًا قال نزلت عام الحديبية ن اخبرنا الفضل بن دُكين عن سفيان بن عُيينة عن ابن جُريج عن مُجاهد * إِنَّا فَتَحْنَا لَكَ فَتْحًا مُبِينًا انّا قضينا لك قضاءً مُبينا فنحر النبىّ صلعم بالحُديبية وحلق رأسه ن اخبرنا هاشم بن القاسم الكِنانى نا شعبة عن قتادة سمعت انس بن مالك يقول * نزلت هذه الآية حين رجع النبىّ صلعم من الحديبية إِنَّا فَتَحْنَا لَكَ فَتْحًا مُبِينًا لِيَغْفِرَ لَكَ ٱللَّهُ مَا تَقَدَّمَ مِنْ ذَنْبِكَ وَمَا تَأَخَّرَ ن اخبرنا قَبيصة بن عقبة نا سفيان الثَّورى عن داود عن الشعبى قال * الهجرة ما بين الحديبية الى الفتح والحديبية هى الفتح ن اخبرنا يونس بن محمد المؤدّب نا مجمّع بن يعقوب حدّثنى أَبى عن عمّه عبد الرحمن بن يزيد عن مجمّع بن جارية قال * شهدتُ الحُديبية مع رسول الله صلعم فلمّا انصرفنا عنها اذا الناس يُوجِفون الأَباعرَ قال فقال الناس بعضهم لبعض ما لِلناس قالوا أُوحِىَ الى رسول الله صلعم قال فخرجنا نُوجِف مع الناس حتّى وجدنا رسولَ الله صلعم واقفًا عند كُراع الغَميم فلمّا اجتمع اليه بعض ما يريد من الناس قرأ عليهم إِنَّا فَتَحْنَا لَكَ فَتْحًا مُبِينًا قال قال رجل من اصحاب محمد يا رسول الله أَوَفَتْحٌ هو قال اى والذى نفسى بيده انّه لَفَتْحٌ قال ثمّ قُسمت خَيْبَر على اهل الحديبية على ثمانية عشر سهما وكان الجيش الفًا وخمسمائة فيهم ثلاثمائة فرس وكان للفارس سهمانِ ن اخبرنا مالك بن اسماعيل نا زُهير نا ابو اسحاق قال قال البراء * امّا نحن فنسمّى الذى يسمّون فتح مكّة يوم الحُديبية بيعة الرِضْوان ن اخبرنا علىّ ابن محمد عن جُويرية بن أَسْماء عن نافع قال * خرج قوم من اصحاب رسول الله صلعم بعد ذلك بأعوامٍ فما عرف احد منهم الشجرة واختلفوا فيها قال ابن عمر كانت رحمة من الله ن اخبرنا عبد الله بن الوهّاب بن عطاء العِجلى انا خالد الحذّاء اخبرنى ابو المَليح عن ابيه قال * اصابنا يوم الحديبية مَطَرٌ لم يَبُلّ اسافلَ نِعالِنا فنادى منادى رسول الله صلعم أَنْ صَلُّوا فى رِحالكم ن

غزوة رسول الله صلعم خيبر

ثمّ غزوة رسول الله صلعم خيبر في جمادى الاولى سنة سبع من مهاجَره وهى على ثمانية بُرُد من المدينة قالوا امر رسول الله صلعم اصحابه بالتهيّؤ لغزوة خيبر ويُجَلِّب من حوله يغزون معه فقال لا يخرجنّ معنا الّا راغبٌ في الجهاد وشقّ ذلك على من بقى بالمدينة من اليهود فخرج واستخلف على المدينة سباع بن عُرْفُطة الغفارى وأَخرج معه امّ سلمة زوجته فلمّا نزل بساحتهم لم يتحرّكوا تلك الليلة ولم يَصِحْ لهم ديك حتّى طلعت الشمس وأصبحوا وأَفْئِدَتُهم تَخْفِق وفتحوا حصونهم وغدوا الى أعمالهم معهم المَساحى والكَرازين والمَكاتل فلمّا نظروا الى رسول الله صلعم قالوا محمد والخميس يعنون بالخميس الجيش فولّوا هاربين الى حصونهم وجعل رسول الله صلعم يقول الله اكبر خَرِبت خيبر انّا اذا نزلنا بساحة قوم فساء صباحُ المُنْذَرين ووعظ رسول الله صلعم الناس وفرّق فيهم الرايات ولم يكن الرايات الّا يوم خيبر انّما كانت الالوية فكانت راية النبىّ صلعم السوداء من بُرْد لعائشة تُدْعى العُقاب ولواءه ابيض ودفعه الى علىّ بن ابى طالب وراية الى الحباب بن المنذر وراية الى سعد بن عُبادة وكان شعارهم يا مَنْصُورُ أَمِتْ فقاتل رسول الله صلعم المشركين فقاتلوه اشدّ القتال وقتلوا من اصحابه عِدّةً وقتل منهم جماعة كثيرة وفتحها حصنًا حصنًا وهى حصون ذوات عدد منها النَطاة ومنها حصن الصَّعْب بن مُعاذ وحصن ناعم وحصن قلعة الزبير والشِقّ وبه حصون منها حصن أُبَىّ وحصن النزار وحصون الكتيبة منها القَموص والوطيح وسُلالم وهو حصن بنى ابى الحُقيق وأخذ كنز آل ابى الحُقيق الذى كان في مَسْك الجَمَل وكانوا قد غيّبوه في خَرِبة فدلّ الله رسوله عليه فاستخرجه وقتل منهم ثلاثة وتسعين رجلا من يهود منهم الحارث ابو زينب ومَرْحَب وأُسَير وياسر وعامر وكنانة بن ابى الحُقيق وأخوه وانّما ذكرنا هؤلاء وسمّيناهم لشرفهم واستُشْهِد من اصحاب النبىّ صلعم بخيبر ربيعة بن أَكْثم وثقف بن عمرو بن سُمَيط ورفاعة بن مَسْروح وعبد الله بن أُمَيّة بن وَهْب حليف بنى اسد بن عبد العُزّى ومحمود بن مسلمة وابو ضيّاح بن النعمان من اهل بدر والحرث بن حاطب من اهل

بدر وعدىّ بن مُرّة بن سُراقة واوس بن حبيب وأُنيف بن وائل ومسعود ابن سعد بن قيس وبشر بن البَراء بن معرور مات من الشاة المسمومة وفُضيل بن النعمان وعامر بن الأَكْوَع اصاب نفسه فدُفن هو ومحمود بن مسلمة فى غار واحد بالرَجيع خيبر وعُمارة بن عقبة بن عَبّاد بن مُليل ويَسار العبد الاسود ورجلٌ من أَشْجَع فجميعهم خمسة عشر رجلا وفى هذه الغزاة سمّت زينب بنت الحارث امرأة سَلّام بن مِشْكَم رسولَ الله صلعم اهدت له شاة مسمومة فأكل منها رسول الله صلعم ونَفَرٌ من اصحابه فيهم بشر ابن البَراء بن معرور فمات منها فيقال انّ رسول الله صلعم قتلها وهو الثبت عندنا وأمر رسول الله صلعم بالغنائم فجُمعت واستعمل عليها فَرْوَةَ بن عمرو البياضى ثمّ امر بذلك فَجُزِّئ خمسة اجزاء وكُتب فى سهمٍ منها لِلّهِ وسائر السهمان أَغْفال وكان اوّل ما خرج سهم النبىّ صلعم لم يتخيّر فى الاخماس فأمر بِبَيْع الاربعة الاخماس فى من يزيد فباعها فَرْوة وقسم ذلك بين اصحابه وكان الذى ولِىَ إحصاء الناس زيدَ بن ثابت فأحصاهم الفًا واربعمائة والخيل مئتى فرس وكانت السهمان على ثمانية عشر سهما لكلّ مائة رأس وللخيل اربعمائةُ سهمٍ وكان الخُمْس الذى صار الى رسول الله صلعم يُعطى منه على ما اراد الله من السلاح والكسوة واعطى منه اهل بيته ورجالا من بنى عبد المطّلب ونساءً واليتيم والسائل وأطعم من الكتيبة نساءه وبنى عبد المطّلب وغيرهم وقدم الدوْسيّون فيهم ابو هريرة وقدم الطُفيل بن عمرو وقدم الأَشعريّون ورسول الله صلعم بخيبر فلحقوه بها فكلّم رسول الله صلعم اصحابه فيهم ان يُشْرِكوهم فى الغنيمة ففعلوا وقدم جعفر بن ابى طالب وأهل السفينتين من عند النجاشى بعد ان فُتحت خيبر فقال رسول الله صلعم ما ادرى بأيّهما انا أَسَرّ بقُدوم جعفر او بفتح خيبر وكانت صَفيّة بنت حُيَىّ ممّن سبى رسولُ الله صلعم بخيبر فاعتقها وتزوّجها وقدم الحجّاج بن عِلاط السُلَمى على قريش بمكّة فأخبرهم انّ محمدا قد أَسَرَتْه يهود وتفرّق اصحابه وقُتلوا وهم قادمون بهم عليكم واقتضى الحجّاج دَيْنَه وخرج سريعًا فلقيه العبّاس بن عبد المطّلب فأخبره خبر رسول الله صلعم على حقّه وسأله ان يكتم عليه حتّى يخرج ففعل العبّاس فلمّا خرج الحجّاج اعلن بذلك العبّاس وأَظْهَرَ السُرورَ واعتق غلامًا يقال له ابو زبيبة **ن** اخبرنا وَهْب بن جرير بن حازم انا

هشام الدَّسْتَوائى عن قتادة عن ابى نَضْرة عن ابى سعيد الخُدْرى قال *خرجنا مع رسول الله صلعم الى خيبر لثمان عشرة مضت من شهر رمضان فصام طوائف من الناس وأفطر آخرون فلم يَعِبْ على الصائم صومُه ولا على المُفْطِر فِطْرُهُ ن اخبرنا محمد بن عبد الله الأَنصارى نا حُميد الطويل عن أَنَس *قال انتهينا الى خيبر ليلاً فلمّا اصبحنا وصلّى رسول الله صلعم الغداةَ ركب وركب المسلمون معه فخرج وخرج اهل خيبر حين اصبحوا بمَساحيهم ومَكاتلهم كما كانوا فى أَرَضيهم فلمّا رأوا رسول الله صلعم قالوا محمد والله محمد والجيش ثمّ رجعوا هُرّابًا الى مدينتهم فقال النبىّ صلعم الله اكبر خربت خيبر انّا اذا نزلنا بساحة قومٍ فساء صباحُ المنذَرين قال أَنس وأنا رديف ابى طلحة وانّ قدمى لتمسّ قَدَمَ رسول الله صلعم ن اخبرنا رَوْح بن عُبادة نا سعيد بن ابى عَروبة عن قتادة عن انس بن مالك عن ابى طلحة قال *لمّا صبّح رسول الله صلعم خيبرَ وقد اخذوا مَساحيَهم وغدوا الى حروثهم وأَرَضيهم فلمّا رأوا نبىّ الله صلعم ومعه الجيش نكصوا مُدْبِرين فقال نبىّ الله صلعم الله اكبر الله اكبر انّا اذا نزلنا بساحة قوم فساء صباحُ المنذَرين ن اخبرنا هَوْذة بن خليفة نا عوف عن الحسن قال *لمّا نزل رسول الله صلعم بحضْرة خيبر فزع اهل خيبر وقالوا جاء محمد واهل يَثْرِب قال فقال رسول الله صلعم حين رأى فَزَعهم انّا اذا نزلنا بساحة قومٍ فساء صَباحُ المنذَرين ن اخبرنا عفّان بن مسلم نا حمّاد بن سلمة نا ثابت عن انس قال *كنت رديف ابى طلحة يومَ خيبر وقدمى تمسّ قَدَمَ رسول الله صلعم قال فأتيناهم حين بَزَغَت الشمس وقد اخرجوا مواشيَهم وخرجوا بفؤوسهم ومَكاتلهم ومُرورهم وقالوا محمد والخميس قال وقال رسول الله صلعم الله اكبر الله اكبر انّا اذا نزلنا بساحة قوم فساء صباحُ المنذَرين قال فهزمهم الله ن اخبرنا سليمان بن حَرْب نا حمّاد بن زيد عن ثابت عن انس *انّ النبىّ صلعم صلّى الصبح بغَلَس وهو قريب من خيبر ثمّ اغار عليهم فقال الله اكبر خربت خيبر انّا اذا نزلنا بساحة قوم فساء صبح المنذَرين فدخل عليهم فخرجوا يسعون فى السكك ويقولون محمد والخميس محمد والخميس قال فقتل المقاتلة وسبى الذُرّيّة ن اخبرنا عفّان بن مسلم نا حمّاد بن سلمة انا عبيد الله بن عمر قال وأَظنّه عن نافع عن ابن عمر قال

*اتى رسولَ الله عليه السلام اهلُ خيبر عند الفجر فقاتلهم حتّى الجأهم الى قصرهم وغلبهم على الارض والنخل فصالحهم على أن يَحْقُن دِماءهم ولهم ما حملت رِكابهم وللنبىّ صلعم الصفراء والبيضاء والحلقة وهو السلاح ويُخْرِجهم وشرطوا للنبىّ صلعم ان لا يكتموه شيئًا فإنْ فعلوا فلا ذِمّةَ لهم ولا عَهْدَ فلمّا وجد المالَ الذى غيّبوه فى مَسْك الجمل سبى نساءهم وغلب على الارض والنخل ودفعها اليهم على الشَطْر فكان ابن رَواحة يَخْرُصها عليهم ويضمنهم الشَطْرَ **ن** اخبرنا عبد الله بن نُمير نا يحيى بن سعيد عن صالح بن كيسان قال *كان مع النبىّ صلعم يوم خيبر مائتا فرس **ن** اخبرنا عفّان بن مُسْلم نا وُهيب نا سُهيل عن ابيه عن ابى هريرة قال *قال رسول الله صلعم يوم خيبر لأدفعنّ الراية الى رجل يحبّ اللهَ ورسولَه ويحبّه اللهُ ورسولُه ويفتح عليه قال قال عمر فما احببت الامارةَ قبل يومئذ فتطاولتُ لها واستشرفتُ رجاءَ ان يدفعها الىّ فلمّا كان الغد دعا عليًّا فدفعها اليه فقال قاتِلْ ولا تَلْتفتْ حتّى يفتح الله عليك فسار قريبا ثمّ نادى يا رسول الله عَلامَ اقاتل قال حتّى يشهدوا انّ لا اله الّا الله وانّ محمدا رسول الله فاذا فعلوا ذلك فقد منعوا منّى دماءهم واموالهم الّا بحقّها وحسابهم على الله **ن** اخبرنا هاشم بن القاسم نا عكرمة بن عَمّار اخبرنى إياس بن سَلَمة بن الأكْوَع قال اخبرنى ابى *قال بارز عمّى يومَ خيبر مَرْحَبَ اليهودىَّ فقال مرحب

قَدْ عَلِمَتْ خَيْبَرُ أَنِّى مَرْحَبُ   شاكِى السِلاحِ بَطَلٌ مُجَرَّبُ
إذا الحُروبُ أَقْبَلَتْ تَلَهَّبُ

فقال عمّى عامر

قَدْ عَلِمَتْ خَيْبَرُ أَنِّى عامِرُ   شاكُ السِلاحِ بَطَلٌ مُغامِرُ

فاختلفا ضربتين فوقع سيف مرحب فى ترس عامر وذهب عامر يسفل له فرجع السيف على ساقه فقطع أَكْحَلَه فكانت فيها نَفْسُه قال سلمة بن الأكْوَع فلقيتُ ناسًا من اصحاب رسول الله صلعم فقالوا بَطَلَ عَمَلُ عامرٍ قتل نَفْسَه قال سلمة فجئت الى رسول الله صلعم ابكى فقلت يا رسول الله أَبَطَلَ عَمَلُ عامرٍ قال ومن قال ذاك قلت أُناس من اصحابك قال رسول الله صلعم كذب من قال ذاك بل له أَجْرُه مرّتين انّه حين خرج الى خيبر جعل يرجز بأصحاب رسول الله صلعم وفيهم النبىّ يسوق الركابَ وهو يقول

تَاللّٰهِ لَوْلَا اللّٰهُ مَا اهْتَدَيْنَا   وَمَا تَصَدَّقْنَا وَمَا صَلَّيْنَا
إِنَّ الَّذِينَ كَفَرُوا عَلَيْنَا   إِذَا أَرَادُوا فِتْنَةً أَبَيْنَا
وَنَحْنُ عَنْ فَضْلِكَ مَا اسْتَغْنَيْنَا   فَثَبِّتِ الْأَقْدَامَ إِنْ لَاقَيْنَا
وَأَنْزِلَنْ سَكِينَةً عَلَيْنَا

فقال رسول الله صلعم من هذا قالوا عامر يا رسول الله قال غفر لك ربّك قال وما استغفر لانسانٍ قطّ يخصّه الّا استشهد فلمّا سمع ذلك عمر بن الخطّاب قال يا رسول الله لولا متّعتنا بعامر فتقدّم فاستُشهد قال سلمة ثمّ انّ نبىّ الله صلعم أرسلنى الى علىّ فقال لأُعطينّ الراية اليوم رجلًا يُحبّ اللهَ ورسولَه ويُحبّه اللهُ ورسولُه قال فجئت به أقوده أرمد فبصق رسول الله صلعم فى عينيه ثمّ اعطاه الراية فخرج مَرْحَب يخطر بسيفه فقال

قَدْ عَلِمَتْ خَيْبَرُ أَنِّى مَرْحَبُ   شَاكُ السِّلَاحِ بَطَلٌ مُجَرَّبُ
إِذَا الحُرُوبُ أَقْبَلَتْ تَلَهَّبُ

فقال علىّ صلوات الله عليه وبركاته

أَنَا الَّذِى سَمَّتْنِى أُمِّى حَيْدَرَهْ   كَلَيْثِ غَابَاتٍ كَرِيهِ الْمَنْظَرَهْ
أَكِيلُهُمْ بِالصَّاعِ كَيْلَ السَّنْدَرَهْ

ففلق رأس مرحب بالسيف وكان الفتح على يديه ن اخبرنا بكر بن عبد الرحمن قاضى الكوفة حدّثنى عيسى بن المُختار بن عبد الله بن ابى لَيْلَى الانصارى عن محمد بن عبد الرحمان بن ابى لَيْلَى الانصارى عن الحَكَم عن مِقْسَم عن ابن عبّاس قال * لمّا ظهر النبىّ صلعم على خيبر صالحهم على ان يخرجوا بأنفسهم واهليهم ليس لهم بيضاء ولا صفراء فأُتى بكنانة والربيع وكان كنانة زوجَ صفيّة والربيع اخوه وابن عمّه فقال لهما رسول الله صلعم اين آنيتكما التى كنتما تُعيرونها اهلَ مكّة قالا هربنا فلم تزل تضعنا أرضٌ وترفعنا اخرى فذهبنا فأنفقنا كلّ شىء فقال لهما انّكما إنْ كتمتمانى شيئا فاطّلعتُ عليه استحللتُ به دماءكما وذراريكما فقالا نعمْ فدعا رجلا من الانصار فقال اذْهَبْ الى قَراح كذا وكذا ثمّ ائتِ النَّخْلَ فانظرْ نخلةً عن يمينك او عن يسارك فانظرْ نخلةً مرفوعة فأتنى بما فيها قال فانطلق فجاءه بالآنية والاموال فضرب اعناقهما وسبى اهليهما وأرسل رجلا فجاء بصفيّة فمرّ بها على مَصْرَعيهما فقال له نبىّ الله صلعم لِمَ فعلت فقال

احببتُ يا رسول الله ان أَغِيثَها قال فدفعها الى بلال والى رجل من الانصار فكانت عنده **ن** اخبرنا هاشم بن القاسم نا عكرمة بن عمّار عن يحيى ابن ابى كثير عن ابى سَلَمة بن عبد الرحمان عن جابر بن عبد الله قال * لمّا كان يوم خيبر اصاب الناسَ مجاعةٌ فاخذوا الحُمُرَ الانسيّة فذبحوها ومَلَأوا منها القدورَ فبلغ ذلك نبىَّ الله صلوات الله عليه قال جابر فأمرنا رسول الله صلعم فكفأنا القدورَ وهى تَغْلى فحرّم رسول الله صلعم الحُمُرَ الانسيّة ولُحوم البغال وكُلّ ذى نابٍ من السباع وكُلّ ذى مِخْلَب من الطير وحرّم المُجَثَّمة والخَلِيسة والنُهْبَة **ن** اخبرنا عفان بن مسلم نا حمّاد بن زيد نا عمرو بن دينار عن محمد بن علىّ عن جابر بن عبد الله * انّ رسول الله صلعم نهى يومَ خيبر عن لحوم الحُمُر وأَذن فى لحوم الخيل **ن** اخبرنا محمد بن عبد الله الانصارى نا هشام بن حسّان نا محمد نا انس بن مالك قال * أَتى آتٍ رسولَ الله صلعم يوم خيبر فقال يا رسول الله اكلت الحُمُر ثمّ اتاه آتٍ فقال يا رسول اغنيت الحُمُر فأمر ابا طلحة فنادى انّ الله ورسوله ينهياكم عن لحوم الحُمُر فانّها رِجْسٌ فأُكْفِئت القدور **ن** اخبرنا عفان ابن مُسْلم وهاشم بن القاسم قالا نا شعبة عن ابى اسحاق عن البراء بن عازب قال * اصَبْنا حُمُرًا يوم خيبر قال فنادى منادى رسول الله صلعم ان إِكْفَؤا القدور ☆ اخبرنا عبد الله بن محمد بن ابى شيبة نا عبد الله ابن نُمير عن محمد بن اسحاق عن عبد الله بن عمرو بن ضمرة الفزارى عن عبد الله بن ابى سَليط عن ابيه ابى سَليط وكان بدريّا قال * اتانا نَهْىُ رسولِ الله صلعم عن لُحومِ الحُمُر يومَ خيبر وإِنّا جِياعٌ فكفأناها **ن** اخبرنا يزيد بن هارون آنا يحيى بن سعيد عن بُشير بن يَسار * انّ رسول الله صلعم لمّا افاء الله عليه خيبر قسمها على ستّة وثلاثين سهمًا جَمَعَ كُلُّ سهم مائةَ سهمٍ وجعل نصفها لنوائبه وما ينزل به وعزل النصف الآخر فقسمه بين المسلمين وسهم النبىّ صلعم فيما قسم بين المسلمين الشِقّ ونَطاة وما حِيزَ معهما وكان فيما وُقِفَ الوطيحةُ والكتيبة وسُلالم وما حيز معهنّ فلمّا صارت الاموال فى يد النبىّ صلعم وأصحابه لم يكن لهم من العمّال ما يَكْفُون عَمَلَ الارض فدفعها النبىّ صلعم الى اليهود يعملونها على نصف ما يخرج منها فلم يزالوا على ذلك حتّى كان عمر بن الخطّاب وكثر فى يدَى

المسلمين العمّال وقووا على عمل الارض فأجلى عمر اليهودَ الى الشأم وقسم الاموال بين المسلمين الى اليوم ن اخبرنا سليمان بن حرب انا حمّاد بن زيد عن يحيى بن سعيد عن بُشير بن يَسار قال * لمّا افتتح النبىّ صلعم خيبر اخذها عنوةً فقسمها على ستّة وثلاثين سهما فأخذ لنفسه ثمانية عشر سهما وقسم بين الناس ثمانية عشر سهمًا وشهدها مائة فرس وجعل للفرس سهمين ن اخبرنا موسى بن داود نا محمد بن راشد عن مكحول * انّ رسول الله صلعم أَسْهَمَ يومَ خيبر للفارس ثلاثة اسهُم سهمانِ لفرسه وسهم له ن اخبرنا عتّاب بن زياد نا عبد الله بن المبارك انا ابن لَهيعة عن محمد بن زيد اخبرنى عُمير مولى آبى اللحم قال * غزوتُ مع سيّدى يومَ خيبر فشهدت فتحها مع رسول الله صلعم فسألته ان يَقْسمَ لى معهم فأعطانى من خُرْثىّ المتاع ولم يَقْسم لى ن اخبرنا عتّاب بن زياد نا عبد الله بن المبارك انا ابن لَهيعة حدّثنى الحارث بن يزيد الحَضْرَمى عن ثابت ابن الحارث الانصارى قال * قسم رسول الله صلعم عامَ خيبر لسُهْلة بنت عاصم ابن عَدِىّ ولابنة لها وُلدت ن اخبرنا عتّاب بن زياد نا عبد الله بن المبارك انا محمد بن اسحاق عن يزيد بن ابى حبيب عن فلان التَجَيْشانى او قال عن ابى مرزوق مولى تُجيب عن حَنَش قال * شهدت فتح جَرْبة مع رُويفع بن ثابت البَلَوى قال فخطبنا فقال شهدت فتح خيبر مع رسول الله صلعم فسمعته يقول من كان يؤمن بالله واليوم الآخر فلا يَسْقِ ماءه زرعَ غيره ومن كان يؤمن بالله واليوم الآخر فلا يَقَعْ على امرأة من السَبْى حتّى يستبرئها ومن كان يؤمن بالله واليوم الآخر فلا يبع مَغْنَماً حتى يُقْسَم ومن كان يؤمن بالله واليوم الآخر فلا يركب دابّة من فَىْء المسلمين حتّى اذا اعجفها ردّها فى فىء المسلمين او يلبس ثوبا حتّى اذا اخلقه ردّه فى فىء المسلمين ن اخبرنا عفّان بن مُسْلم وهاشم بن القاسم قالا نا شعبة قال قال الحَكَم * اخبرنى عبد الرحمان بن ابى لَيْلى فى قوله وَأَثَابَهُمْ فَتْحًا قَرِيبًا قال خيبر وَأُخْرَى لَمْ تَقْدِرُوا عَلَيْهَا قَدْ أَحَاطَ ٱللَّهُ بِهَا قال فارس والروم ن اخبرنا موسى بن داود انا لَيث بن سعد ان شاء الله عن سعيد بن ابى سعيد المَقْبُرى عن ابى هريرة انّه قال * لمّا فُتحت خيبر أُهْدِيت لرسول الله صلعم شاة فيها سمّ فقال النبىّ صلعم اجمعوا من كان هاهنا من اليهود

فجمعوا له فقال رسول الله صلعم انّى سائلكم عن شىء فهل انتم صادقىّ عنه قالوا نعم يابا القاسم فقال لهم رسول الله صلعم من ابُوكم قالوا ابونا فلان فقال رسول الله صلعم كذبتم ابوكم فلان قالوا صدقتَ وبَرِرْتَ فقال هل انتم صادقىّ عن شىء ان سألتكم قالوا نَعَمْ يابا القاسم فإنْ كذبْنَاك عرفت كِذْبَنا كما عرفته فى ابينا فقال لهم رسول الله صلعم مِن اهل النار فقالوا نكون فيها يسيرًا ثمّ تخلفونا فيها فقال رسول الله صلعم إخْسَؤا فيها ولا نخلفكم فيها ابدًا ثمّ قال لهم هل انتم صادقىّ عن شىء ان سألتكم عنه قالوا نعم يابا القاسم قال لهم هل جعلتم فى هذه الشاة سمّا قالوا نعم قال ما حملكم على ذلك قالوا اردنا إنْ كنت كاذبًا استرحنا منك وان كنت نبيّا لم يضرُرْك **ن** اخبرنا بكر بن عبد الرحمان قاضى اهل الكوفة نا عيسى ابن المختار عن محمد بن عبد الرحمن بن ابى لَيْلى عن الحَكَم عن مِقْسَم عن ابن عبّاس قال * لمّا اراد رسول الله صلعم ان يخرج من خيبر قال القوم الآن نعلم أَسُرِّيَّةٌ صَفيّة ام امرأة فان كانت امرأةً فانّه سيحجبها والّا فهى سُرِّيّة فلمّا خرج امر بسِتْرٍ فسُتِر دونها فعرف النّاس انّها امرأة فلمّا ارادت ان تركب أَدْنَى فَخِذه منها لتركب عليها فأبت ووضعت ركبتها على فخذه ثمّ حملها فلمّا كان الليل نزل فدخل الفُسْطاط ودخلت معه وجاء ابو ايّوب فبات عند الفُسْطاط معه السيفُ واضعٌ رأسه على الفسطاط فلمّا اصبح رسول الله صلعم سمع الحركة فقال من هذا فقال انا ابو ايّوب فقال ما شأنك قال يا رسول الله جارية شابّة حديثةُ عَهْدٍ بعُرْسٍ وقد صنعتَ بزوجها ما صنعت فلم آمَنْها قلتُ ان تحرّكَتْ كنتُ قريبا منك فقال رسول الله صلعم رحمك الله يابا ايّوب مرّتين **ن** اخبرنا عفّان بن مُسْلم نا حمّاد بن سَلمة انا ثابت عن انس قال * وقعت صفيّة فى سهم دِحْية وكانت جارية جميلة فاشتراها رسول الله صلعم بسبعة ارؤُس ودفعها الى امّ سُليم تصنعها وتُهيّئها وجعل رسول الله صلعم وليمتَها التمرَ والأَقِطَ والسمنَ قال ففُحِصت الارضُ افاحيصَ وجِيءَ بالأَنْطاع فوُضعت فيها ثمّ جىء بالاقط والسمن والتمر فشبع الناس قال وقال الناس ما ندرى اتزوّجها ام اتّخذها أُمَّ وَلَدٍ قال فقالوا ان حجبها فهى امرأته وان لم يحجبها فهى امّ ولد قال فلمّا اراد ان يركب حجبها حتّى قعدت على عجز البعير قال فعرفوا

انّه قد تزوّجها ن اخبرنا سليمان بن حرب نا حمّاد بن زيد عن ثابت عن انس قال * كان فى ذلك السبى صفيّة بنت حُيَىّ فصارت الى دِحْيَة الكَلْبى ثمّ صارت بَعْدُ الى النبىّ صلعم فأعتقها ثمّ تزوّجها وجعل عِتْقَها صداقَها قال حمّاد قال عبد العزيز لثابت يا ابا محمد انتَ قلتَ لأنس ما أصدقَها [ف]قال اصدقَها نفسَها قال فحرّك ثابت رأسه كأنّه صدّقه ن

سريّة عمر بن الخطّاب رحمه الله الى تُرَبة

ثمّ سريّة عمر بن الخطّاب رضى الله عنه الى تُرَبَة فى شعبان سنة سبع من مُهاجَر رسول الله صلعم قالوا بعث رسول الله صلعم عمرَ بن الخطّاب فى ثلاثين رجلا الى عَجُز هوازن بتُرَبَة وهى بناحية العَبْلاء على اربع ليال من مكّة طريق صَنْعاء ونجران فخرج وخرج معه دليل من بنى هلال فكان يسير الليلَ ويكمن النهارَ فأتى الخبرُ هوازنَ فهربوا وجاء عمر بن الخطّاب محالّهم فلم يلق منهم احدًا فانصرف راجعًا الى المدينة ن

سريّة ابى بكر الصدّيق رضى الله عنه الى بنى كِلاب بنَجْد

ثمّ سريّة ابى بكر الصدّيق الى بنى كلاب بنجد ناحية ضَرِيّة فى شعبان سنة سبع من مُهاجَر رسول الله صلعم ن اخبرنا هاشم بن القاسم الكِنانى نا عِكْرِمة بن عمّار نا إياس بن سَلَمة بن الأَكْوَع عن ابيه قال * غزوت مع ابى بكر اذ بعثه النبىّ صلعم علينا فسبى ناسًا من المشركين فقتلناهم فكان شعارنا أَمِتْ امت قال فقتلتُ بيدى سبعة اهل ابيات من المشركين ن اخبرنا هاشم بن القاسم نا عكرمة بن عمّار نا اياس بن سَلَمة بن الأَكْوَع عن ابيه قال * بعث رسول الله صلعم ابا بكر الى فَزارة وخرجتُ معه حتّى اذا ما دنونا من الماء عرّس ابو بكر حتّى اذا ما صلّينا الصبح أَمَرَنا فشننّا الغارةَ فوردنا الماء فقتل ابو بكر من قتل ونحن معه قال سلمة فرأيت عُنُقًا من الناس فيهم الذرارىّ فخشيت ان يسبقونى الى الجبل فأدركتهم فرميت بسهم بينهم وبين الجبل فلمّا رأوا السهم قاموا فاذا امرأة من فزارة فيهم عليها قَشْعٌ من أَدَم معها ابنتها من احسن العرب فجئت اسوقهم الى ابى بكر فنفّلنى ابو بكر ابنتَها فلم اكشف لها ثوبا حتّى قدمتُ المدينة ثمّ باتت

عندى فلم اكشف لها ثوبًا حتّى لقينى رسول الله صلّعم فى السوق فقال يا سلمة هَبْ لى المرأةَ فقلت يا نبىّ الله والله لقد اعجبَتْنى وما كشفتُ لها ثوبًا فسكت حتّى اذا كان من الغد لقينى رسول الله صلّعم فى السوق ولم اكشف لها ثوبًا فقال يا سلمة هب لى المرأة للّه ابوك قال فقلت هى لك يا رسول الله قال فبعث بها رسول الله صلّعم الى اهل مكّة ففدى بها أَسْرى من المسلمين كانوا فى ايدى المشركين ن

سريّة بَشِير بن سعد الأَنْصارى الى فَدَك

ثمّ سريّة بَشير بن سعد الى فدك فى شعبان سنة سبع من مُهاجَر رسول الله صلّعم قالوا بعث رسول الله صلّعم بَشيرَ بن سعد فى ثلاثين رجلا الى بنى مُرّة بفَدَك فخرج يلقى رِعاء الشاء فسأل عن الناس فقيل فى بواديهم فاستاق النعمَ والشاءَ وانحدر الى المدينة فخرج الصريخ فاخبرهم فأدركه الدَّهْم منهم عند الليل فأتوا يرامونهم بالنبل حتّى فَنِيَتْ نبلُ اصحابِ بَشير وأصبحوا فحمل المُرّيّون عليهم فأصابوا اصحابَ بشير وقاتل بشير حتّى ارْتُثّ وضُرِب كَعْبُه فقيل قد مات ورجعوا بنَعَمهم وشائهم وقدم عُلْبة بن زيد الحارثى بخبرهم على رسول الله صلّعم ثمّ قدم من بعده بشير بن سَعْد ن

سريّة غالب بن عبد الله الليثى الى المَيْفَعَة

ثمّ سريّة غالب بن عبد الله اللَّيْثى الى المَيْفَعَة فى شهر رمضان سنة سبع من مُهاجَر رسول الله صلّعم قالوا بعث رسول الله صلّعم غالبَ بن عبد الله الى بنى عُوال وبنى عبد بن ثعلبة وهم بالمَيْفَعة وهى وراء بطن نخل الى النَّقْرة قليلا بناحية نجد وبينها وبين المدينة ثمانية بُرُد بعثه فى مائة وثلاثين رجلا ودليلُهم يَسار مولى رسول الله صلّعم فهجموا عليهم جميعا ووقعوا وسط محالّهم فقتلوا مَنْ اشرف لهم واستاقوا نَعَمًا وشاءً فحدروه الى المدينة ولم يأسروا احدا وفى هذه السريّة قتل أُسامة بن زيد الرجلَ الذى قال لا اله الّا الله فقال النبىّ صلّعم أَلا شققتَ قَلْبَه فتَعْلَمَ صادقٌ هو ام كاذبٌ فقال اسامة لا اقاتل احدًا يشهد انْ لا اله الّا الله ن

سريّة بشير بن سعد الانصارى الى يَمْن وجَبار

ثمّ سريّة بشير بن سعد الانصارى الى يَمْن وجَبار فى شوّال سنة سبع من مُهاجَر رسول الله صلّعم قالوا بلغ رسولَ الله صلّعم انّ جمعًا من غَطَفان بالجِناب قد واعدهم عُيينة بن حِصْن ليكون معهم ليزحفوا الى رسول الله صلّعم فدعا رسول الله صلّعم بَشير بن سعد فعقد له لواءً وبعث معه ثلاثمائة رجل فساروا الليلَ وكمنوا النهارَ حتّى اتوا الى يمن وجبار وهى نحو الجِناب والجِناب يُعارِض سَلاح وخَيْبَر ووادى القُرَى فنزلوا بسلاح ثمّ دنوا من القوم فاصابوا لهم نعما كثيرًا وتفرّق الرِعاء فحذّروا الجمع فتفرّقوا ولحقوا بعَلْياء بلادهم وخرج بشير بن سعد فى اصحابه حتّى اتى محالّهم فيجدها وليس فيها احدٌ فرجع بالنعم واصاب منهم رجلين فأسرهما وقدم بهما الى رسول الله صلعم فأسلما فأرسلهما

عمرة رسول الله صلّعم القَضيّة

ثمّ عُمْرة رسول الله صلّعم القضيّة فى ذى القعدة سنة سبع من مُهاجَره قالوا لمّا دخل هلال ذى القعدة امر رسول الله صلّعم اصحابه ان يعتمروا قضاءً لعمرتهم التى صدّهم المشركون عنها بالحديبية وان لا يتخلّف احدٌ ممّن شهد الحديبية فلم يتخلّف منهم احد الّا رجالٌ استُشهدوا منهم بخيبر ورجال ماتوا وخرج مع رسول الله صلّعم قومٌ من المسلمين عُمّارًا فكانوا فى عُمْرة القضيّة الفين واستخلف على المدينة ابا رُهْم الغفارىّ وساق رسول الله صلّعم ستّين بَدَنَةً وجعل على هَدْيِه ناجيةَ بن جُنْدَب الأَسْلمى وحمل رسول الله صلّعم السلاحَ البَيْضَ والدُروع والرِماح وقاد مائةَ فرس فلمّا انتهى الى ذى الحُليفة قدّم الخيلَ أَمامَه عليها محمد بن مَسْلَمة وقدّم السلاحَ واستعمل عليه بَشير بن سعد وأحرم رسول الله صلّعم من باب المسجد ولبّى والمسلمون معه يُلَبّون ومضى محمد بن مَسْلَمة فى الخيل الى مرّ الظَهْران فوجد بها نفرا من قريش فسألوه فقال هذا رسول الله صلّعم يُصْبِح هذا المنزلَ غدًا ان شاء الله فأتوا قريشًا فأخبروهم ففزعوا ونزل رسول الله صلّعم بمَرِّ الظَهْران وقدّم السلاحَ الى بطن يَأْجَج حيث يُنْظَر الى انصاب الحرَم وخلّف عليه

أَوْسَ بن خَوْلِيّ الانصارى فى مائتى رجل وخرجت قريش من مكّة الى رؤوس الجبال وخلّوا مكّة فقدّم رسول الله صلعم البَدْىَ أَمامه فحُبس بذى طُوًى وخرج رسول الله صلعم على راحلته القَصْواء والمسلمون متوشّحون السيوف مُحْدِقون برسول الله صلعم يلبّون فدخل من الثَّنِيَّة التى تُطلعه على الحَجُون وعبد الله بن رَواحة آخذٌ بزمام راحلته فلم يزل رسول الله صلعم يُلَبِّى حتّى استلم الرُّكْنَ بمِحْجَنه مضطبعا بثوبه وطاف على راحلته والمسلمون يطوفون معه قد اضطبعوا بثيابهم وعبد الله بن رَواحة يقول

خَلُّوا بَنِى الكُفَّارِ عَنْ سَبِيلِهْ   خَلُّوا فَكُلُّ ٱلْخَيْرِ مَعْ رَسُولِهْ
نَحْنُ ضَرَبْنَاكُمْ عَلَى تَأْوِيلِهْ   كَمَا ضَرَبْنَاكُمْ عَلَى تَنْزِيلِهْ
ضَرْبًا يُزِيلُ الهَامَ عَنْ مَقِيلِهْ   وَيُذْهِلُ الخَلِيلَ عَنْ خَلِيلِهْ
يَا رَبِّ إِنِّى مُؤْمِنٌ بِقِيلِهْ

فقال عمر يا ابن رواحة ايهًا فقال رسول الله صلعم يا عمر انّى اسمعُ فأسكتَ عمرَ وقال رسول الله صلعم ايهًا يا ابن رَواحة قل قُلْ لا اله الّا الله وحده نصر عبده وأعزّ جنده وهزم الاحزابَ وَحْده قال فقالها ابن رواحة فقالها الناس كما قال ثمّ طاف رسول الله صلعم عن الصَفا والمَرْوة على راحلته فلمّا كان الطواف السابع عند فراغه وقد وقف البَدْىُ عند المَرْوة قال هذا المَنْحَرُ وكلّ فِجاجِ مكّة مَنْحَرٌ فنحر عند المروة وحلق هناك وكذلك فعل المسلمون فأمر رسول الله صلعم ناسًا منهم ان يذهبوا الى اصحابهم ببطن يَأْجَجَ فيقيموا على السلاح ويأتى الآخرون فيقضوا نُسُكَهم ففعلوا ثمّ دخل رسول الله صلعم الكعبةَ فلم يزل فيها الى الظُهْر ثمّ امر بلالا فأذّن على ظهر الكعبة وأقام رسول الله صلعم بمكّة ثلاثا وتزوّج مَيْمونةَ بنت الحارث الهلاليّة فلمّا كان عند ظُهر من اليوم الرابع اتاه سُهيل بن عمرو وحُويطب بن عبد العُزّى فقالا قد انقضى أَجَلُك فاخرُجْ عنّا وكان رسول الله صلعم لم ينزل بيتا بل ضُرِبتْ له قُبّةٌ من أَدَم بالأَبْطَح فكان هناك حتّى خرج منها وامر ابا رافع فنادى بالرَحيل وقال لا يُمْسِيَنّ بها احدٌ من المسلمين وأَخرج عُمارةَ بنت حمزة بن عبد المطّلب من مكّة وامّ عُمارة سَلْمَى بنت عُميس وهى امّ عبد الله بن شدّاد بن الهاد فاختصم فيها علىّ وجعفر وزيد بن حارثة ايّهم تكون عنده فقضى بها رسول الله صلعم لجعفر من اجل انّ خالتها

عنده اسماء بنت عُميس وركب رسول الله صلعم حتى نزل سرف وتتامّ الناس اليه وأقام ابو رافع بمكة حتى امسى فحمل اليه ميمونة بنت الحارث فبنى عليها رسول الله صلعم بسَرِف ثمّ أدْلَجَ فسار حتى قدم المدينة ن اخبرنا سليمان بن حرب نا حمّاد بن زيد وأخبرنا يحيى بن عبّاد نا حمّاد بن سلمة جميعا عن ايّوب عن سعيد بن جبير عن ابن عبّاس * انّ النبىّ صلعم وأصحابه قدموا مكة يعنى فى القضيّة فقال المشركون من قريش انّه يقدم عليكم قوم قد وَهَنَتْهم حُمّى يَثْرِب قال وقعدوا ممّا يلى الحجر فأمر النبىّ صلعم اصحابه ان يَرْمُلوا الاشواط الثلاثة ليرى المشركون قوّتهم وان يمشوا ما بين الرُكْنَيْن ن قال ابن عبّاس ولم يمنعه ان يأمرهم ان يَرْمُلوا الاشواط كلّها الّا إبقاء عليهم فلمّا رَملوا قالت قريش ما وهنتهم ن

سريّة ابن ابى العَوْجاء السُلَمى الى بنى سُليم

ثمّ سريّة ابن ابى العَوْجاء الى بنى سُليم فى ذى الحجّة سنة سبع من مُهاجَر رسول الله صلعم قالوا بعث رسول الله صلعم ابن ابى العَوْجاء السُلَمى فى خمسين رجلا الى بنى سُليم فخرج اليهم وتقدّمه عينٌ لهم كان معه فحذّرهم فجمّعوا فأتاهم ابن ابى العَوجاء وهم مُعدّون له فدعاهم الى الاسلام فقالوا لا حاجة لنا الى ما دعوتنا فتراموا بالنبل ساعةً وجعلت الامدادُ تأتى حتى احدقوا بهم من كلّ ناحية فقاتل القوم قتالا شديدا حتى قُتل عامّتهم وأُصيب ابن ابى العَوْجاء جريحا مع القتلَى ثمّ تحامل حتى بلغ رسولَ الله صلعم فقدموا المدينة فى اوّل يوم من صفر سنة ثمان ن

سريّة غالب بن عبد الله اللَيْثى الى بنى المُلَوِّح بالكَديد

ثمّ سريّة غالب بن عبد الله اللَيْثى الى بنى المُلَوِّح بالكديد فى صفر سنة ثمان من مُهاجَر رسول الله صلعم ن اخبرنا عبد الله بن عمرو ابو مَعْمَر نا عبد الوارث بن سَعيد نا محمد بن اسحاق عن يعقوب بن عُتْبة عن مُسْلِم بن عبد الله الجُهَنى عن جُنْدَب بن مَكِيث الجُهَنى قال * بعث رسول الله صلعم غالبَ بن عبد الله اللَيْثى ثمّ احد بنى كلب بن عوف فى سريّة فكنت فيهم وأمرهم ان يَشُنّوا الغارةَ على بنى المُلَوِّح بالكديد

وهم من بنى نُبيث قال فخرجنا حتّى اذا كنّا بقُديد لقينا الحارث بن البَرْصاء اللَّيْثى فأخذناه فقال انّما جئت اريد الاسلام وانّما خرجتُ الى رسول الله صلّعم قلنا إِنْ تَكُنْ مُسْلِمًا لم يضررك رباطُنا يومًا ولَيْلَةً وان تكن على غير ذلك نَسْتَوْثِق منك قال فشددناه وِثاقًا وخلّفنا عليه رُوَيجلا منّا أَسْوَدَ فقلنا إِن نازَعَك فاحْتَزّ رَأْسَه فسرنا حتّى اتينا الكَديد عند غروب الشمس فكمنّا فى ناحية الوادى وبعثنى اصحابى رَبيئةً لهم فخرجت حتّى اتيت تلًّا مشرفًا على الحاضر يُطْلِعنى عليهم حتّى اذا اسندتُ عليهم فيه علوتُ على رأسه ثمّ اضطجعتُ عليه قال فانّى لأَنْظُرُ اذ خرج رجلٌ منهم من خِباء له فقال لامرأته انّى ارى على هذا الجبل سوادا ما رأيته اوّل من يومى هذا فانْظُرى الى أَوْعِيَتِك لا تكون الكلاب جرّت منها شيئًا قال فنظرت فقالت والله ما افقد من اوعيتى شيئا قال فناولينى قوسى ونبلى فناولَتْه قوسَهُ وسهمَيْن معها فارسل سهمًا فوالله ما اخطأ بين عينىّ قال فانتزعته وثبتُّ مكانى ثمّ أَرسلَ آخَرَ فوضعه فى منكبى فانتزعته فوضعته وثبتُّ مكانى فقال لامرأته والله لو كانت ربيئةً لقد تحرّكتْ بعد والله لقد خالطَها سَهْماىَ لا ابا لَكِ فاذا اصبحْتِ فانظريهما لا تمضغهما الكلابُ قال ثمّ دخل وراحت الماشية من ابلهم واغنامهم فلمّا احتلبوا وعطنوا واطمأنّوا فناموا شننّا عليهم الغارة واستقْنا النَّعَمَ قال فخرج صريخُ القوم فى قومهم فجاء ما لا قِبَلَ لنا به فخرجنا بها نحدرها حتّى مررنا بابن البَرْصاء فاحتملناه واحتملنا صاحبَنا فأَدْرَكَنا القومُ حتّى نظروا الينا ما بيننا وبينهم الّا الوادى ونحن موجّهون فى ناحية الوادى اذ جاء الله بالوادى من حيث شاء يملأ جَنْبَتيه ماءً والله ما رأينا يومئذ سحابًا ولا مطرا فجاء بما لا يستطيع احد ان يجوزه فلقد رأيتهم وقوفًا ينظرون الينا وقد اسندناها فى المَسيل هكذا قال واما فى رواية محمد بن عمر قال اسندناها فى المُشَلَّل نحدرها وفتْناهم فوْتا لا يقدرون فيه على طلبنا قال فما أَنْسَى قولَ راجزٍ من المسلمين وهو يقول

أَبَى أَبُو القاسِمِ أَنْ تَعَزَّبِى فى خَضِلٍ نَباتُهُ مُغْلَوْلِبِ
صُفْرٍ أَعالِيهِ كَلَوْنِ المُذْهَبِ

وزاد محمد بن عمر فى روايته

وَذاكَ قَوْلُ صادِقٍ لَمْ يَكْذِبِ

قال فكانوا بضعة عشر رجلا قال عبد الوارث وحدّثنى هذا الحرف رجلٌ عن محمد بن اسحاق انّه حدّثه رجلٌ من اسلم انّه كان شعارهم يومئذ أَمِتْ أَمِتْ ن

سريّة غالب بن عبد الله اللَّيْثى ايضًا الى مُصاب اصحاب بشير بن سعد بفدك

ثمّ سريّة غالب بن عبد الله اللَّيْثى الى مُصاب بَشير بن سعد بفَدَك فى صفر سنة ثمان من مُهاجَر رسول الله صلعم ن اخبرنا محمد بن عمر حدّثنى عبد الله بن الحارث بن الفُضيل عن ابيه قال * هيّأ رسول الله صلعم الزُبيرَ بن العَوّام وقال له سِرْ حتّى تنتهى الى مُصاب اصحاب بَشير بن سعد فان اظفرك الله بهم فلا تُبْقِ فيهم وهيّأ معهم مائتى رجل وعقد له لواء فقدم غالبُ بن عبد الله الليثى من الكَديد من سريّة قد ظفّره الله عليهم فقال رسول الله صلعم للزبير اجلسْ وبعث غالبَ بن عبد الله فى مائتى رجل وخرج أُسامة بن زيد فيها حتّى انتهى الى مُصاب اصحاب بشير وخرج معه عُلْبة بن زيد فيها فأصابوا منهم نَعَمًا وقتلوا منهم قَتْلَى ن اخبرنا محمد بن عمر حدّثنى أَفْلَح بن سعيد عن بشير بن محمد بن عبد الله بن زيد قال * خرج مع غالب فى هذه السريّة عقبة بن عمرو ابو مسعود وكعب بن عُجْرة واسامة بن زيد الحارثى ن اخبرنا محمد ابن عمر حدّثنى شِبْل بن العَلاء بن عبد الرحمن عن ابراهيم بن حُويّصة عن ابيه قال * بعثنى رسول الله صلعم فى سريّة مع غالب بن عبد الله الى بنى مُرّة فأَغَرْنا عليهم مع الصبح وقد أَوْعَزَ الينا امرنا الّا نفترق وواخى بيننا فقال لا تعصونى فانّ رسول الله صلعم قال من اطاع اميرى فقد اطاعنى ومن عصاه فقد عصانى وانّكم متى ما تعصونى فانّكم تعصون نبيّكم قال فآخى بينى وبين ابى سَعيد الخدرى قال فأصبنا القومَ ن

سريّة شُجاع بن وَهْب الأَسَدى الى بنى عامر بالسِىّ

ثمّ سَريّة شُجاع بن وَهْب الاسدى الى بنى عامر بالسِىّ فى شهر ربيع الاوّل سنة ثمان من مُهاجَر رسول الله صلعم ن اخبرنا محمد بن عمر

الأَسْلَمى حدّثنى ابو بكر بن عبد الله بن ابى سَبْرَةَ عن اسحاق بن عبد الله بن ابى فَرْوَةَ عن عمر بن الحَكَم قال * بعث رسول الله صلّعم شُجاع ابن وَهْب فى اربعة وعشرين رجلا الى جمع من هوازن بالسِىّ ناحيةَ رُكْبة من وراء المَعْدِن وهى من المدينة على خمس ليال وأمره ان يُغير عليهم وكان يسير الليلَ ويكمن النهار حتّى صَبَّحهم وهم غارّون فأصابوا نعمًا كثيرًا وشاءً واستاقوا ذلك حتّى قدموا المدينةَ واقتسموا الغنيمة وكانت سهامهم خمسة عشر بعيرًا وعدلوا البعيرَ بعشر من الغنم وغابت السريّة خمس عشرة ليلة ن

سريّة كعب بن عُمير الغِفارى الى ذات أَطْلاح وهى من وراء وادى القُرى

ثمّ سريّة كعب بن عُمير الغِفارى الى ذات أَطْلاح وهى من وراء وادى القُرى فى شهر ربيع الاوّل سنة ثمان من مُهاجَر رسول الله صلّعم ن اخبرنا محمد بن عمر حدّثنى محمد بن عبد الله عن الزُهْرى قال * بعث رسول الله صلّعم كعب بن عُمير الغفارى فى خمسة عشر رجلا حتّى انتهوا الى ذات أَطْلاح من ارض الشأم فوجدوا جمعًا من جمعهم كثيرا فدعوهم الى الاسلام فلم يستجيبوا لهم ورشقوهم بالنبل فلمّا رأى ذلك اصحابُ رسول الله صلّعم قاتلوهم اشدّ القتال حتّى قُتلوا وأَفْلَتَ منهم رجل جريح فى القَتْلى فلمّا برد عليه الليلُ تحامل حتّى اتى رسولَ الله صلّعم فأخبره الخبر فشقّ ذلك عليه وهمّ بالبَعْث اليهم فبلغه انّهم قد ساروا الى موضع آخر فتركهم ن

سريّة مُؤْتَةَ وهى بأَدْنَى البَلْقاء والبلقاء دون دمشق

ثمّ سريّة مُؤْتة وهى بأدنى البلقاء والبلقاء دون دمشق فى جمادى الأُولى سنة ثمان من مُهاجَر رسول الله صلّعم ن قالوا بعث رسول الله صلّعم الحارثَ بن عُمير الأَزْدى احد بنى لِهْبٍ الى ملك بُصْرَى بكتاب فلمّا نزل مُؤْتَة عرض له شُرَحْبيل بن عمرو الغسّانى فقتله ولم يُقْتَلْ لرسول الله صلّعم رسولٌ غيره فاشتدّ ذلك عليه وندب الناسَ فأَسرعوا وعسكروا بالجُرْف وهم ثلاثة آلاف فقال رسول الله صلّعم اميرُ الناس زيدُ بن حارثة فإن قُتِل

فجعفر ابن ابى طالب فان قُتل فعبد الله بن رَواحة فان قُتل فليرتض المسلمون بينهم رجلا فيجعلوه عليهم وعقد لهم رسول الله صلعم لواء ابيض ودفعه الى زيد بن حارثة وأوصاهم رسول الله صلعم ان يأتوا مقتل الحارث ابن عُمير وأن يدعوا مَن هناك الى الاسلام فان اجابوا والّا استعانوا عليهم بالله وقاتلوهم وخرج مشيّعًا لهم حتى بلغ ثنيّة الوَداع فوقف وودّعهم فلمّا ساروا من مُعَسْكرهم نادى المسلمون دَفَعَ الله عنكم وردّكم صالحين غانمين فقال ابن رواحة عند ذلك

لَكِنَّنِى أَسْأَلُ ٱلرَّحْمَنَ مَغْفِرَةً   وَضَرْبَةً ذاتَ فَرْغٍ تَقْذِفُ الزَبَدا

قال فلمّا فصلوا من المدينة سمع العدوُّ بمسيرهم فجمعوا لهم وقام فيهم شُرَحْبيل ابن عمرو فجمع اكثرَ من مائة الف وقدّم الطلائع أَمامَه وقد نزل المسلمون مُعانَ من ارض الشأم وبلغ الناسَ انّ هِرَقْلَ قد نزل مآبَ من ارض البلقاء فى مائة الف من بَهْراء ووائل وبَكْر ولَخْم وجُذام فأقاموا ليلتين لينظروا فى امرهم وقالوا نكتب الى رسول الله صلعم فنخبره الخبر فشجّعهم عبد الله بن رَواحة على المُضىّ فمضوا الى مُؤْتَة ووافاهم المشركون فجاء منهم ما لا قِبَل لأَحد به من العدد والسلاح والكُراع والديباج والحرير والذهب فالتقى المسلمون والمشركون فقاتل الأُمراء يومئذ على ارجُلهم فأخذ اللواء زيد بن حارثة فقاتل وقاتل المسلمون معه على صفوفهم حتى قُتل طعنًا بالرماح رحمه الله ثمّ اخذ اللواء جعفر بن ابى طالب فنزل عن فرس له شَقْراء فعرقبها فكانت اوّل فرس عُرقبت فى الاسلام وقاتل حتى قُتل رضى الله عنه ضربه رجل من الروم فقطعه بنصفين فوُجد فى احد نصفيه بضعة وثلاثون جُرْحًا ووجدوا فيما قبل من بَدَن جعفر اثنتان وسبعون ضربة بسيف وطعنة برمح ثمّ اخذ اللواء عبد الله بن رَواحة فقاتل حتى قُتل رحمه الله فاصطلح الناس على خالد بن الوليد فأخذ اللواء وانكشف الناس فكانت الهزيمة فتبعهم المشركون فقُتل من قُتل من المسلمين ورُفعت الأرض لرسول الله صلعم حتى نظر الى مُعْتَرَك القوم فلمّا اخذ خالد بن الوليد اللواء قال رسول الله صلعم الآن حَمِىَ الوَطِيسُ فلمّا سمع اهل المدينة بجيش مُؤْتَة قادمين تلقّوهم بالجُرْف فجعل الناس يَحْثُون فى وجوههم التراب ويقولون يا فُرّار أَفَرَرتم فى سبيل الله فيقول رسول الله صلعم ليسوا بفُرّار ولكنّهم كُرّار ان شاء الله ن

اخبرنا بكر بن عبد الرحمن قاضى الكوفة نا عيسى بن المختار عن محمد ابن عبد الرحمن بن ابى لَيْلَى عن سالم بن ابى الجَعْد عن ابى اليَسَر عن ابى عامر قال * بعثنى رسول الله صلعم الى الشأم فلمّا رجعتُ مررت على اصحابى وهم يقاتلون المشركين بمُؤْتَة قلت والله لا ابرح اليومَ حتّى انظر الى ما يصير اليه امرهم فأخذ اللواء جعفر بن ابى طالب ولبس السلاحَ وقال غيره اخذ زيد اللواءَ وكان رأس القوم ثمّ حمل جعفر حتّى اذا همّ ان يخالط العدوّ رجع فوحّش بالسلاح ثمّ حمل على العدوّ وطاعن حتّى قُتل ثمّ اخذ اللواء زيد بن حارثة وطاعن حتّى قُتل ثمّ اخذ اللواء عبد الله ابن رواحة وطاعن حتّى قُتل ثمّ انهزم المسلمون أَسْوَأَ هزيمةٍ رأيتُها قطّ حتّى لم أَرَ اثنين جميعًا ثمّ اخذ اللواءَ رجلٌ من الأَنصار ثمّ سعى به حتّى اذا كان أَمامَ الناس رَكَزه ثمّ قال الىّ ايّها الناس فاجتمع اليه الناس حتّى اذا كثروا مشى باللواء الى خالد بن الوليد فقال له خالد لا آخذه منك انت احقُّ به فقال الأنصارى والله ما اخذته الّا لك فأخذ خالد اللواء ثمّ حمل على القوم فهزمهم الله اسوأَ هزيمةٍ رأيتها قطّ حتّى وضع المسلمون اسيافهم حيث شاؤا وقال فأتيتُ رسول الله صلعم فاخبرته فشقّ ذلك عليه فصلّى الظُهْرَ ثمّ دخل وكان اذا صلّى الظهر قام فركع ركعتين ثمّ اقبل بوجهه على القوم فشقّ ذلك على الناس ثمّ صلّى العصر ففعل مثل ذلك ثمّ صلّى المغرب ففعل مثل ذلك ثمّ صلّى العَتَمة ففعل مثل ذلك حتّى اذا كان صلاة الصبح دخل المسجد ثمّ تبسّم وكان تلك الساعة لا يقوم اليه انسانٌ من ناحية المسجد حتّى يصلّى الغداة فقال له القوم حين تبسّم يا نبىّ الله بأنفسنا انت ما يعلم الّا الله ما كان بنا من الوَجْد منذ رأينا منك الذى رأينا قال رسول الله صلعم كان الذى رأيتم منّى انّه أَحْزَنَنى قتل اصحابى حتّى رأيتهم فى الجنّة إخوانا على سُرُرٍ متقابلين ورأيت فى بعضهم إعراضًا كأنّه كره السيفَ ورأيت جعفرا مَلَكًا ذا جَناحَيْنِ مُضَرَّجًا بالدماء مصبوغَ القوادمِ ن

سريّة عمرو بن العاص الى ذات السَلاسِل وهى وراء وادى القُرَى

ثمّ سريّة عمرو بن العاص الى ذات السَلاسِل وهى وراء وادى القرى وبينها

وبين المدينة عشرة ايّام وكانت في جمادى الآخرة سنة ثمان من مُهاجَر رسول الله صلعم ن قالوا بلغ رسول الله صلعم انّ جَمْعًا من قضاعة قد تجمّعوا يريدون ان يدنوا الى اطراف رسول الله صلعم فدعا رسول الله صلعم عمرو بن العاص فعقد له لواء ابيض وجعل معه راية سوداء وبعثه في ثلاثمائة من سَراة المهاجرين والأنصار ومعهم ثلاثون فرسًا وأمره ان يستعين بمن يَمُرّ به من بَلِيّ وعُذْرة وبَلْقَيْن فسار اللَّيْلَ وكمن النهار فلمّا قرب من القوم بلغه انّ لهم جمعًا كثيرًا فبعث رافعَ بن مَكِيث الجُهَنى الى رسول الله صلعم يستمدّه فبعث اليه ابا عبيدة بن الجَرّاح في مائتين وعقد له لواء وبعث معه سَراة المهاجرين والأنصار وفيهم ابو بكر وعمر وأمّره ان يلحق بعمرو وان يكونا جميعًا ولا يختلفا فلحق بعمرو فاراد ابو عُبيدة ان يَؤُمّ الناسَ فقال عمرو انّما قدمتَ علىّ مددًا وأنا الامير فأطاع له بذلك ابو عُبيدة وكان عمرو يصلّى بالناس وسار حتّى وطئ بلادَ بَلِيّ ودَوّخها حتّى اتى الى أَقْصَى بلادهم وبلاد عُذْرة وبَلْقَيْن ولقى في آخر ذلك جمعًا فحمل عليهم المسلمون فهربوا في البلاد وتفرّقوا ثمّ قفل وبعث عوفَ بن مالك الأَشْجَعى بَرِيدًا الى رسول الله صلعم فأخبره بقفولهم وسلامتهم وما كان في غزاتهم ن

سريّة الخَبْط اميرها ابو عبيدة بن الجرّاح

ثمّ سريّة الخَبْط اميرها ابو عُبيدة بن الجرّاح وكانت في رَجَب سنة ثمان من مُهاجَر رسول الله صلعم ن قالوا بعث رسول الله صلعم ابا عُبيدة بن الجرّاح في ثلاثمائة رجل من المهاجرين والأنصار وفيهم عمر بن الخطّاب الى حيّ من جُهينة بالقَبَلِيّة ممّا يلى ساحلَ البحر وبينها وبين المدينة خمس ليال فاصابهم في الطريق جوعٌ شديد فأكلوا الخَبْط وابتاع قيس بن سعد جُزُرًا ونحرها لهم وألقى لهم البحر حُوتًا عظيما فأكلوا منه وانصرفوا ولم يلقوا كيدًا ن

سريّة ابى قتادة بن رِبْعِىّ الانصارى الى خُضْرة وهى ارض مُحارِب

ثمّ سريّة ابى قتادة بن رِبْعِىّ الأنصارى الى خُضْرة وهى ارض مُحارِب

بنجد فى شعبان سنة ثمان من مُهاجَر رسول الله صلّعم ن قالوا بعث رسول الله صلّعم ابا قَتادة ومعه خمسة عشر رجلا الى غَطَفان وامره ان يَشُنّ عليهم الغارةَ فسار الليلَ وكمن النهار فَهَجَم على حاضر منهم عظيم فأحاط بهم فصرخ رجل منهم يا خُضْرةُ وقاتل منهم رجال فقتلوا مَن اشرف لهم واستاقوا النَعَم فكانت الابل مائتى بعير والغنم الفَىْ شاةٍ وسَبَوا سبيًا كثيرًا وجمعوا الغنائم فأخرجوا الخُمْس فعزلوه وقسموا ما بقى على اهل السريّة فأصاب كلّ رجل منهم اثنا عشر بعيرا فعُدل البعير بعشر من الغَنَم وصارت فى سَهْم ابى قَتادة جاريةٌ وضيئةٌ فاستوهبها منه رسول الله صلّعم فوهبها له فوهبها رسول الله صلّعم لمَحْمِيَة بن جَزْء وغابوا فى هذه السريّة خمس عشرة ليلة ن

سريّة ابى قتادة بن رِبْعِىّ الانصارى الى بطن إضَم

ثمّ سريّة ابى قتادة بن رِبْعِىّ الانصارى الى بطن إضَم فى اوّل شهر رمضان سنة ثمان من مُهاجَر رسول الله صلّعم ن قالوا لمّا همّ رسول الله صلّعم بغَزْوِ اهل مكّة بعث ابا قتادة بن رِبْعِىّ فى ثمانية نفر سريّةً الى بطن إضَم وهى فيما بين ذى خُشُب وذى المَرْوَة وبينها وبين المدينة ثلاثة بُرُد ليظنّ ظانٌّ انّ رسول الله صلّعم توجّه الى تلك الناحية ولأَنْ تَذْهَبَ بذلك الاخبارُ وكان فى السريّة مُحَلِّم بن جثّامة اللَّيْثى فمرّ عامر بن الأَضْبَط الأَشْجَعى فسلّم بتحيّة الاسلام فأمسك عنه القوم وحمل عليه مُحَلِّم بن جثّامة فقتله وسلبه بعيره ومَتاعَه ووَطْبَ لَبَنٍ كان معه فلمّا لحقوا بالنبىّ صلّعم نزل فيهم القرآن يَا أَيُّهَا ٱلَّذِينَ آمَنُوا إِذَا ضَرَبْتُمْ فِى سَبِيلِ ٱللّٰهِ فَتَبَيَّنُوا وَلَا تَقُولُوا لِمَنْ أَلْقَى إِلَيْكُمُ ٱلسَّلَامَ لَسْتَ مُؤْمِنًا تَبْتَغُونَ عَرَضَ ٱلْحَيٰوةِ ٱلدُّنْيَا فَعِنْدَ ٱللّٰهِ مَغَانِمُ كَثِيرَةٌ الى آخر الآية فمضوا ولم يلقوا جمعًا فانصرفوا حتّى انتهوا الى ذى خُشُب فبلغهم انّ رسول الله صلّعم قد توجّه الى مكّة فأخذوا على يَيْن حتّى لقوا النبىّ صلّعم بالسُقْيا ن

غزوة رسول الله صلعم عامَ الفتح

ثمّ غزوة رسول الله صلّعم عامَ الفتح فى شهر رمضان سنة ثمان من مُهاجَر

رسول الله صلعم ن   قالوا لما دخل شعبان على رأس اثنين وعشرين شهرا من صلح الحديبية كلمت بنو نفاثة وهم من بنى بكر اشراف قريش ان يعينوهم على خزاعة بالرجال والسلاح فوعدوهم ووافوهم بالوتير متنكرين متنقبين فيهم صفوان بن امية وحويطب بن عبد العزى ومكرز بن حفص بن الأخيف فبيتوا خزاعة ليلا وهم غارون آمنون فقتلوا منهم عشرين رجلا ثم ندمت قريش على ما صنعت وعلموا ان هذا نقض للمدة والعهد الذى بينهم وبين رسول الله صلعم وخرج عمرو بن سالم الخزاعى فى اربعين راكبا من خزاعة فقدموا على رسول الله صلعم يخبرونه بالذى اصابهم ويستنصرونه فقام وهو يجر رداءه وهو يقول لا نصرت ان لم أنصر بنى كعب مما انصر منه نفسى وقال ان هذا السحاب ليستهل بنصر بنى كعب وقدم ابو سفيان ابن حرب على رسول الله صلعم المدينة يسأله ان يجدد العهد ويزيد فى المدة فأبى عليه فقام ابو سفيان فقال انى قد أجرت بين الناس فقال رسول الله صلعم انت تقول ذاك يابا سفيان ثم انصرف الى مكة فتجهز رسول الله صلعم وأخفى أمره وأخذ بالأنقاب وقال اللهم خذ على ابصارهم فلا يرونى الا بغتة فلما اجمع المسير كتب حاطب بن ابى بلتعة الى قريش يخبرهم بذلك فبعث رسول الله صلعم على بن ابى طالب والمقداد بن عمرو فأخذا رسوله وكتابه فجاءا به الى رسول الله صلعم وبعث رسول الله صلعم الى من حوله من العرب فجلبهم أسلم وغفار ومزينة وجهينة وأشجع وسليم فمنهم من وافاه بالمدينة ومنهم من لحقه بالطريق فكان المسلمون فى غزوة الفتح عشرة آلاف واستخلف رسول الله صلعم على المدينة عبد الله ابن ام مكتوم وخرج يوم الاربعاء لعشر ليال خلون من شهر رمضان بعد العصر فلما انتهى الى الصلصل قدم أمامه الزبير بن العوام فى مائتين من المسلمين ونادى منادى رسول الله صلعم من احب ان يفطر فليفطر ومن احب ان يصوم فليصم ثم سار فلما كان بقديد عقد الألوية والرايات ودفعها الى القبائل ثم نزل مر الظهران عشاء فأمر اصحابه فأوقدوا عشرة آلاف نار ولم يبلغ قريشا مسيره وهم مغتمون لما يخافون من غزوه اياهم فبعثوا ابا سفيان بن حرب يتحسب الاخبار وقالوا ان لقيت محمدا فخذ لنا منه أمانا فخرج ابو سفيان بن حرب وحكيم بن حزام وبديل بن ورقاء فلما رأوا العسكر افزعهم

وقد استعمل رسول الله صلّعم تلك الليلة على الحرس عمر بن الخطّاب فسمع العبّاس بن عبد المطّلب صوت ابى سفيان فقال ابا حنظلة فقال لبّيك فما وَراءك فقال هذا رسول الله فى عشرة آلاف فأسلِمْ ثكلتْك امُّك وعشيرتُك فأجاره وخرج به وبصاحبيه حتّى ادخلهم على رسول الله صلّعم فأسلموا وجعل لابى سفيان انّ من دخل داره فهو آمِنٌ ومن اغلق بابَه فهو آمِنٌ ثمّ دخل رسول الله صلّعم مكّة فى كتيبته الخضراء وهو على ناقته القَصْواء بين ابى بكر وأُسيد بن حُضير وقد حُبس ابو سفيان فرأى ما لا قِبَلَ له به فقال يابا الفضل لقد اصبح مُلْك ابن اخيك عظيما فقال العبّاس ويحك انّه ليس بمُلْك ولكنّها نبوّة قال فنَعَمْ وكانت راية رسول الله صلّعم يومئذ مع سعد ابن عُبادة فبلغه عنه فى قريش كلامٌ وتَواعُدٌ لهم فاخذها منه فدفعها الى ابنه قيس بن سعد وأمر رسول الله صلّعم سَعْدَ بن عُبادة ان يدخل من كَداء والزبير من كُدًى وخالد بن الوليد من الليط ودخل رسول الله صلّعم من أَذاخِر ونهى عن القتال وامر بقتل ستّة نفر واربع نسوة عِكْرمة ابن ابى جهل وهبّار بن الاسود وعبد الله بن سعد بن ابى سَرْح ومِقْيَس ابن صبابة الليثى والحُويرث بن نُقيذ وعبد الله بن هلال بن خَطَل الأَدْرَمى وهند بنت عُتْبة وسارة مولاة عمرو بن هاشم وقَرْتنا وقريبة فقتل منهم ابن خَطَل والحُويرث بن نُقيذ ومِقْيَس بن صبابة وكلّ الجنود لم يلقوا جَمْعًا غير خالد لقيه صَفْوان بن اميّة وسُهيل بن عمرو وعكرمة بن ابى جهل فى جمع من قريش بالخَنْدَمَة فمنعوه من الدخول وشهروا السلاح ورموا بالنبل فصاح خالد فى اصحابه وقاتلهم فقتل اربعة وعشرين رجلا من قريش واربعة نفر من هُذيل وانهزموا اقبحَ الانهزام فلمّا ظهر رسول الله صلّعم على ثنيّة أَذاخِر رأى البارقة فقال أَلَمْ أَنْهَ عن القتال فقيل خالد قوتل فقاتل فقال قضاء الله خيرٌ وقُتل من المسلمين رجلان اخطأا الطريق احدهما كُرْز ابن جابر الفِهْرى وخالد الأَشْقر الخُزاعى وضُربت لرسول الله صلّعم قبّة من أَدَم بالحَجُون فمضى الزبير بن العوّام برايته حتّى ركزها عندها وجاء رسول الله صلّعم فدخلها فقيل له الا تنزل منزلك فقال وهل ترك عَقيلٌ لنا منزلاً ودخل النبىّ صلّعم مكّة عنوةً فأسلم الناس طائعين وكارهين وطاف رسول الله صلّعم بالبيت على راحلته وحولَ الكعبة ثلاثمائة وستّون صَنَما فجعل

كلما مرّ بصنم منها يُشير اليه بقضيب في يده ويقول جَآءَ ٱلْحَقُّ وَزَهَقَ ٱلْبَاطِلُ إِنَّ ٱلْبَاطِلَ كَانَ زَهُوقًا فيقع الصنم لوجهه وكان اعظمها هُبَل وهو وِجاهَ الكعبة ثمّ جاء الى المقام وهو لاصق بالكعبة فصلّى خلفه ركعتين ثمّ جلس ناحيةً من المسجد وأرسل بلالا الى عثمان بن طلحة ان يأتي بمفتاح الكعبة فجاء به عثمان فقبضه رسول الله صلعم وفتح الباب ودخل الكعبة فصلّى فيها ركعتين وخرج فأخذ بعضادتي الباب والمفتاح معه وقد لُبِطَ بالناس حول الكعبة فخطب الناسَ يومئذ ودعا عثمان بن طلحة فدفع اليه المفتاح وقال خذوها يا بني ابي طلحة تالدةً خالدةً لا ينزعها منكم احد الّا ظالم ودفع السقاية الى العبّاس بن عبد المطّلب وقال اعطيتكم ما ترزأكم ولا ترزؤنها ثمّ بعث رسول الله صلعم تميم بن اسد الخزاعي فجدّد انصاب الحَرَم وكانت الظهر فاذّن بلال فوق ظهر الكعبة وقال رسول الله صلعم لا تُغْزَى قريش بعد هذا اليوم الى يوم القيامة يعني على الكفر ووقف رسول الله صلعم بالحَزْوَرَة وقال انّك لخيرُ ارض الله واحبُّ ارض الله الىّ يعني مكّة ولولا انّي أُخرجتُ منك ما خرجتُ وبثّ رسول الله صلعم السّرايا الى الاصنام التي حول الكعبة فكسرها منها العُزّى ومَناة وسُواع وبُوانة وذو الكَفَّيْن فنادى مناديه بمكّة من كان يؤمن بالله واليوم الآخر فلا يدع في بيته صنما الّا كسره ولمّا كان من الغد من يوم الفتح خطب رسول الله صلعم بعد الظهر فقال انّ الله قد حرّم مكّة يوم خلق السموات والارض فهي حرام الى يوم القيامة ولم تحلّ لي الّا ساعةً من نهار ثمّ رجعتْ كحرمتها بالأمس فليبلّغ شاهدُكم غائبَكم ولا يحلّ لنا من غنائمها شيء وفتحها يوم الجمعة لعشر بقين من شهر رمضان واقام بها رسول الله صلعم خمس عشرة ليلة يصلّي ركعتين ثمّ خرج الى حُنين واستعمل على مكّة عَتّاب بن أُسيد يصلّي بهم ومُعاذ بن جَبَل يعلّمهم السُنَنَ والفقه ن

اخبرنا محمد بن عُبيد الطنافسي آنا محمد بن اسحاق عن محمد بن شهاب عن عُبيد الله بن عبد الله بن عتبة عن ابن عبّاس * قال خرج رسول الله صلعم في عشر مضين من رمضان عام الفتح من المدينة فصام حتّى اذا كان بالكديد افطر فكانوا يرون انه الآخر من امر رسول الله صلعم ن

اخبرنا يعقوب بن ابراهيم الزهري عن ابيه عن صالح بن

كيسان عن ابن شهاب انّ عُبيد الله بن عبد الله اخبره انّ ابن عبّاس خبره * انّ رسول الله صلّعم خرج عام الفتح فى رمضان فصام حتّى اذا كان بالكَديد واجتمع الناس اليه اخذ قَعْبًا فشرب منه ثمّ قال ايّها الناس من قَبِلَ الرخصة فانّ رسول الله صلّعم قد قبلها ومن صام فانّ رسول الله صلّعم قد صام فكانوا يتبعون الاحدث فالاحدث من امره ويرون المُحْكَمَ الناسخ **ن** اخبرنا هاشم بن القاسم نا ليث بن سعد حدّثنى ابن شهاب عن عبيد الله بن عبد الله بن عُتبة بن مسعود عن ابن عبّاس انّه اخبره * ان رسول الله صلّعم خرج عام الفتح فى شهر رمضان فصام حتّى بلغ الكَديد ثمّ افطر وكان اصحاب رسول الله صلّعم يتبعون الاحدث فالاحدث من امره **ن** اخبرنا الضحّاك بن مَخْلد ابو عاصم النَبيل عن سعيد بن عبد العزيز التَنُوخى نا عَطيّة بن قيس عن قَزَعَة عن ابى سعيد الخُدْرى قال * أَذَنَنا رسول الله صلّعم لليلتين خلتا من شهر رمضان فخرجنا ونحن صُوّام حتّى اذا بلغنا الكَديدَ امرنا رسول الله صلّعم بالفطر فاصبحنا شَرْجَيْن منّا الصائم ومنّا المُفْطِر حتّى اذا بلغنا مرَّ الظَّهْران أَعْلَمَنا انّا نَلْقى العدوّ وامرنا بالفِطْر **ن** واخبرنا هشام ابو الوليد الطَيالسى نا شعبة واخبرنا مسلم ابن ابراهيم عن هشام الدَسْتَوائى قالا نا قتادة عن ابى نَضْرة عن ابى سعيد الخُدْرى قال * خرجنا مع رسول الله صلّعم حين فتحنا مكّة لثمان عشرة او سبع عشرة من رمضان فصام بعضنا وأفطر بعضنا فلم يعِبْ المفطر على الصائم ولا الصائم على المفطر **ن** اخبرنا هاشم بن القاسم انا شعبة عن الحكم عن مِقْسَم عن ابن عبّاس قال * صام رسول الله صلّعم يوم فتح مكّة حتّى اتى قُدَيدًا فأُتى بقَدَح من لبن فأفطر وامر الناس ان يفطروا **ن** اخبرنا طَلْق بن غَنّام النَخَعى نا عبد الرحمن بن جُريس الجعفى حدّثنى حمّاد عن ابراهيم * انّ رسول الله صلّعم افتتح مكّة فى عشر من رمضان وهو صائم مسافر مجاهدٌ **ن** اخبرنا يزيد بن هارون عن يحيى بن سعيد عن سعيد بن المسيّب * انّ رسول الله صلّعم خرج عام الفتح الى مكّة بثمانية آلاف او عشرة آلاف وخرج من اهل مكّة بألفين الى حُنين **ن** اخبرنا عمر بن سعد ابو داود الحَفَرى عن يعقوب القُمّى عن جعفر بن ابى المغيرة عن ابن أَبْزَى قال * دخل النبىّ صلّعم مكّة فى عشرة آلاف **ن**

اخبرنا محمد بن اسماعيل بن ابى فُديك عن كثير بن عبد الله عن ابيه عن جدّه انّه قال * غزونا مع رسول الله صلعم عام الفتح ونحن الف ونيّف يعنى قومه مُزينة ففتح الله له مكّة وحُنين ن

اخبرنا معن بن عيسى وشبابة بن سَوّار وموسى بن داود قالوا نا مالك بن انس عن ابن شهاب عن انس بن مالك قال * دخل رسول الله صلعم مكّة عام الفتح وعلى رأسه المِغْفَر ثمّ نزعه قال معن وموسى بن داود فى حديثهما فجاء رجل فقال يا رسول الله ابن خَطَل متعلّق بأستار الكعبة فقال رسول الله صلعم اقتلوه قال معن فى حديثه قال مالك ولم يكن رسول الله صلعم يومئذ مُحْرِمًا ن

اخبرنا اسماعيل بن أَبان الورّاق نا ابو أُويس حدّثنى الزهرى انّ انس بن مالك حدّثه * انّه رأى رسول الله صلعم عام الفتح وعلى رأسه المغفر فلمّا نزعه عن رأسه اتاه رجلٌ فقال يا رسول الله هذا ابن خَطَل متعلّق بأستار الكعبة فقال رسول الله صلعم اقتلوه حيث وجدتموه ن

اخبرنا الفَضْل ابن دُكين نا سفيان يعنى الثورى عن ابن جُريج عن رجل عن طاوس قال * لم يدخل رسول الله صلعم مكّة الّا مُحْرِمًا الّا يومَ الفتح دخل بغير إحرام ن

اخبرنا الفضل بن دُكين نا شريك عن عَمّار الدُهْنى عن ابى الزبير عن جابر قال * دخل النبىّ صلعم عام الفتح وعليه عِمامةٌ سوداء ن

حدّثنا عفّان بن مسلم وكثير بنُ هشام قالا نا حمّاد بن سَلمة عن ابى الزبير عن جابر * انّ رسول الله صلعم دخل يوم فتح مكّة وعليه عمامةٌ سوداء ن

اخبرنا عبد الله بن الزبير الحُميدى نا سفيان بن عُيينة عن هشام عن عروة عن ابيه عن عائشة * انّ رسول الله صلعم دخل يوم الفتح من اعلى مكّة وخرج من اسفل مكّة ن

اخبرنا سُويد بن سَعيد انا حَفْص بن مَيْسَرة ابو عمر الصَنْعانى عن هشام بن عروة عن ابيه عن عائشة * انّ رسول الله صلعم دخل عام الفتح من كَداء من الثنيّة التى بأعْلَى مكّة ن

اخبرنا اسماعيل بن عبد الله بن خالد السُكّرى نا يحيى بن سُليم الطائفى عن اسماعيل بن اميّة عن نافع عن ابن عمر * انّ رسول الله صلعم كان يدخل مكّة من الثنيّة العُلْيا ويخرج من الثنيّة السُفْلَى ن

اخبرنا هشام ابو الوليد الطَيالسى وشَبابة بن سوّار وهاشم بن القسم او عمرو بن الهَيْثَم ابو قَطَن قالوا نا شعبة عن عمرو بن دينار عن عُبيد بن

عُميـر قال * قال رسول الله صلّعم يوم فتح مكّـة لاصحابه انّ هذا يـوم قتال فأَفْطِروا قال شبابـة قال شعبـة لم يسمع عمرو بن دينار من عُبيد بن عُمير الّا ثلاثة احاديث ن اخبرنا عبد الوهّاب بن عطاء العِجْلى انا محمد ابن عمرو عن ابى سلمة ويحيى بن عبـد الرحمن بن حاطب قالا * لمّا كان يـوم فتح رسول الله صلّعم مكّة كان عبد الله ابن امّ مكتوم بين يديه وبين الصَفا والمَرْوة وهو يقول

يَا حَبَّذَا مَكَّـةُ مِنْ وَادِى ارضٌ بِـهَـا أَهْلِى وعُـوَّادِى
أَرْضٌ أَمْشِى بِها بِلا هَادِى أَرْضٌ بِهَـا تَـرْسَخُ أَوْتَـادِى ن

اخبرنا عفّان بن مسلم نا حمّـاد بـن سلمـة عن علىّ بن زيـد عن سعيـد بن المسيَّب * انّ رسـول الله صلّعم امـر بقتـل ابن ابى سَرْح يـوم الفتح وفَرْتَنـا وابن الزِبَعْرَى وابن خَطَل فأتاه ابـو بَـرْزَة وهو متعلّق بأَستار الكعبة فبقر بطنـه وكان رجل من الانصار قد نـذر إن رأى ابن ابى سَرْح ان يقتلـه فجاء عثمان وكان اخـاه من الرضاعـة فشفع له الى النبىّ صلّعم وقد اخذ الانصارى بقائم السيف ينتظر النبىّ متى يومِئُ اليه ان يقتله فشفع له عثمان حتّى تركـه ثمّ قال رسول الله صلّعم للانصارى هلّا وفيتَ بنذرك فقال يا رسول الله صلّعم وضعت يدى على قائم السيف انتظر متى تُومِئُ فاقتلـه فقال النبىّ صلّعم الايماء خيانـةٌ ليس لنبىّ ان يـومِئَ ن اخبرنا احمد بن الحجّاج الخُراسانى نا عبد الله بن المبارك انا مَعْمَـر عـن الزهرى عن بعض آل عمر بن الخطّاب قال * لمّا كان يـوم الفتح ورسول الله صلّعم بمكّـة ارسـل الى صَفْـوان بن اميّـة بـن خَلَف وإلى ابى سفيـان بن حـرب وإلى الحارث ابن هشام قال عمر قلت قـد امكن الله منهم أُعَرِّفهم بما صنعوا حتّى قال النبىّ صلّعم مثلى ومثلكم كما قال يوسف لاخوته لَا تَثْرِيبَ عَلَيْكُمُ ٱلْيَوْمَ يَغْفِرُ ٱللَّهُ لَكُمْ وَهُوَ أَرْحَمُ ٱلرَّاحِمِينَ قال عمر فانفضحتُ حياءً من رسـول الله صلّعم كراهيـةً لما كان منّى وقد قال لهم رسـول الله صلّعم ما قال ن اخبرنا اسماعيل بن عبد الكريم الصَنْعانى حدّثنى ابراهيم بن عَقيل ابن مَعْقِل عن ابيـه عن وَهْب عن جابـر * انّ النبىّ صلّعم امـر عمر بن الخطّاب زمن الفتح وهو بالبطحاء ان يأتى الكعبةَ فيَمْحُوَ كلّ صورة فيها ولم يدخلها النبىّ صلّعم حتّى مُحيت كلّ صورة فيها ن اخبرنا موسى بن

داود نا حمّاد بن سلمة عن عمرو بن دينار عن ابن عبّاس عن الفضل *
انّ النبىّ صلّعم دخل البيت فكان يسبّح ويكبّر ويدعو ولا يركع ن
اخبرنا خالد بن مخلد البجلى نا سليمن بن بلال حدّثنى عبد الرحمن
ابن الحرث بن عيّاش عن عمرو بن شُعيب عن ابيه عن جدّه قال *
جلس النبىّ صلّعم عام الفتح على دَرَج الكعبة فحمد الله وأثنى عليه وقال
فيما تكلّم به لا هجرة بعد الفتح ن اخبرنا موسى بن داود ابن لهيعة
عن الاعرج عن ابى هريرة قال * كان يومَ الفتح بمكّة دخانٌ وهو قول الله
عزّ وجلّ يَوْمَ تَأْتِى السَّمَاءُ بِدُخَانٍ مُبِينٍ ن اخبرنا هشام ابو الوليد
الطيالسى نا شعبة عن ابى إياس قال سمعت عبد الله بن المغفّل قال *
رأيت رسول الله صلّعم يوم فتح مكّة على ناقة وهو يسير ويقرأ سورة الفتح
ويرجّع ويقول لولا ان يجتمع الناس حولى لرجّعت كما رجّع ن اخبرنا
هاشم بن القاسم نا ابو معشر عن العبّاس بن عبد الله بن معْبد قال *
قال رسول الله صلّعم الغَدَ من يوم الفتح أَذْهِبوا عنكم عُبّيّة الجاهليّة وفخرها
بآبائها الناس كلّهم بنو آدم وآدم من تراب ن اخبرنا اسمعيل بن عبد
الكريم الصنْعانى نا ابراهيم بن عقيل بن مَعْقِل عن ابيه عن وهب بن
منبّه * قال سألت جابر بن عبد الله هل غنموا يوم الفتح شيئا قال لا ن
اخبرنا اسمعيل بن ابراهيم الاسدى عن علىّ بن زيد بن جُدعان عن ابى
نَضْرة عن عمران بن حُصين قال * شهدت مع النبىّ صلّعم الفتح فأقام بمكّة
ثمانى عشرة ليلة لا يصلّى الّا ركعتين ن اخبرنا الفضل بن دُكين نا
سفيان عن يحيى بن ابى اسحاق قال سمعت انس بن مالك قال * خرجنا
مع رسول الله صلّعم يَقْصُر حتّى اتى مكّة واقمنا بها عشرا يقصر حتّى
رجع ن اخبرنا يزيد بن هارون انا محمد بن اسحاق عن الزهرى عن
عبيد الله بن عبد الله بن عتبة قال * اقام رسول الله صلّعم عام الفتح
بمكّة خمس عشرة ليلة يقصر الصلاة حتّى سار الى حُنين ن اخبرنا الفضل
ابن دُكين نا المسعودى عن الحكم * انّ رسول الله صلّعم خرج فى رمضان
من المدينة لستّ مَضَيْن فسار سبعا يصلّى ركعتين حتّى قدم مكّة فأقام
بها نصف شهر يقصر الصلاة ثمّ خرج لليلتين بقيتا من شهر رمضان الى
حنين ن اخبرنا الفضل بن دُكين نا شريك عن عبد الرحمن بن الاصبهانى

عن عكرمة عن ابن عبّاس قال * اقام النبيّ صلّعم بمكّة بعد الفتح سبعة عشر يوما يصلّى ركعتين ن اخبرنا محمد بن حرب المكّى نا بكر بن مُضر عن جعفر بن ربيعة عن عِراك بن مالك * انّ النبيّ صلّعم صلّى بمكّة عام الفتح خمس عشرة ليلة يصلّى ركعتين ركعتين ن اخبرنا سليمان ابن حرب نا حمّاد بن سلمة عن علىّ بن زيد عن ابى نَضْرة عن عِمْران ابن حصين قال * اقام رسول الله صلّعم زمن الفتح بمكّة ثمانى عشرة يصلّى ركعتين ركعتين ن اخبرنا عفّان بن مسلم نا وُهيب نا عُمارة بن غَزِيّة نا الربيع بن سَبْرة الجُهَنى عن ابيه قال * خرجنا مع رسول الله صلّعم عام الفتح فأقام خمس عشرة من بين يوم وليلة ن اخبرنا كثير بن هشام نا الفُرات بن سليمان عن عبد الكريم بن مالك الجَزَرى عن مُجاهد عن مولاة لأُمّ هانئ * انّ رسول الله صلّعم حين فتح مكّة دعا باناءٍ فاغتسل ثمّ صلّى اربع ركعات ن اخبرنا يحيى بن عبّاد نا فُليح بن سليمان سمعت سعيد بن ابى سعيد المَقْبُرى قال اخبرنى ابو مُرّة مولى امّ هانئ انّ امّ هانئ اخبرته * انّها دخلت منزل رسول الله صلّعم يوم الفتح تُكلّمه فى رجل تستأمن له قالت فدخل رسول الله صلّعم وقد وقع الغبار على رأسه ولحيته فسُتر بثوب فاغتسل ثمّ خالف بين طَرَفَىْ ثوبه فصلّى الضُحى ثمانى ركعات ن اخبرنا هاشم بن القاسم نا ليث بن سعد حدّثنى يزيد بن ابى حبيب عن سعيد بن ابى هند انّ ابا مُرّة مولى عقيل بن ابى طالب اخبره انّ امّ هانئ بنت ابى طالب حدّثته *انّ رسول الله صلّعم ... لمّا كان عام الفتح فرّ اليها رجلان من بنى مخزوم فاجارَتْهما فدخل علىٌّ عليها فقال لأقتلنّهما قالت فلمّا سمعتُه يقول ذلك اتيت رسول الله صلّعم وهو بأعلى مكّة فلمّا رآنى رسول الله صلّعم رحّب بى وقال ما جاء بك يا امّ هانئ قلت يا نبىّ الله كنت قد آمنت رجلين من أَحْمائى فأراد علىٌّ قَتْلَهما فقال رسول الله صلّعم قد اجرنا من اجرتِ ثمّ قام رسول الله صلّعم الى غسله فسترته فاطمة بثوب ثمّ اخذ ثوبه فالتحف به ثمّ صلّى ثمانى ركعات سُبْحَةَ الضُحى ن اخبرنا ابو بكر بن محمد بن ابى مُرّة المكّى حدّثنى سعيد ابن سالم المكّى عن رجل قد سمّاه قال * استعمل رسول الله صلّعم على سوق مكّة حين افتتحها سَعيدَ بن سَعيد بن العاص بن اميّة فلمّا اراد

النبىّ صلعم ان يخرج الى الطائف خرج معه سعيد بن سعيد فاستُشهِد بالطائف ن اخبرنا ابو بكر بن محمد بن ابى مرّة حدّثنى مسلم بن خالد الزَنْجى عن ابن جُرَيج قال * لمّا خرج النبىّ صلعم الى الطائف فى عام الفتح استخلف على مكّة هُبيرة بن شِبْل بن العَجْلان الثقفى فلمّا رجع من الطائف وأراد الخروج الى المدينة استعمل عَتّاب بن أَسيد على مكّة وعلى الحجّ سنة ثمان ن اخبرنا محمد بن عُبيد حدّثنى زكريّاء بن ابى زائدة عن عامر قال قال الحارث بن مالك بن بَرْصاء * سمعتُ النبىّ صلعم يوم الفتح يقول لا تُغْزى بعدها الى يوم القيامة ن

سريّة خالد بن الوليد الى العُزّى

ثمّ سريّة خالد بن الوليد الى العُزّى لخمس ليال بقين من شهر رمضان سنة ثمان من مُهاجَر رسول الله صلعم ن قالوا بعث رسول الله صلعم حين فتح مكّة خالد بن الوليد الى العُزّى ليهدمها فخرج فى ثلاثين فارسا من اصحابه حتّى انتهوا اليها فهدمها ثمّ رجع الى رسول الله صلعم فأخبره فقال هل رأيتَ شيئا قال لا قال فانّك لم تهدمها فارجعْ اليها فاهدمْها فرجع خالد وهو متغيّظ فجرّد سيفه فخرجت اليه امرأة عريانة سوداء ناشرة الرأس فجعل السادن يصيح بها فضربها خالد فجزلها باثنين ورجع الى رسول الله صلعم فأخبره فقال نعمْ تلك العُزّى وقد يئستْ ان تُعْبَد ببلادكم ابدا وكانت بنخلة وكانت لقريش وجميع بنى كنانة وكانت اعظم اصنامهم وكان سَدَنتها بنو شيبان من بنى سُلَيم ن

سريّة عمرو بن العاص الى سُواع

ثمّ سريّة عمرو بن العاص الى سُواع فى شهر رمضان سنة ثمان من مُهاجَر رسول الله صلعم ن قالوا بعث النبىّ صلعم حين فتح مكّة عمرو بن العاص الى سُواع صنم هذيل ليهدمه قال عمرو فانتهيتُ اليه وعنده السادن فقال ما تريد قلت امرنى رسول الله صلعم ان اهدمه قال لا تقدر على ذلك قلتُ لِمَ قال تُمْنَع قلت حتّى الآن انت فى الباطل ويحك وهل يسمع او يُبْصِر قال فدنوت منه فكسرته وامرت اصحابى فهدموا بيت خزانته فلم

يجدوا فيه شيئا ثمّ قلت للسادن كيف رأيتَ قال اسلمتُ لله ن

سريّة سعد بن زيد الأَشْهَلى الى مَناة

ثمّ سريّة سعد بن زيد الاشهلى الى مناة فى شهر رمضان سنة ثمان من مُهاجَر رسول الله صلعم ن قالوا بعث رسول الله صلعم حين فتح مكّة سعد بن زيد الاشهلى الى مَناة وكانت بالمُشَلَّل للاوس والخزرج وغسّان فلمّا كان يوم الفتح بعث رسول الله صلعم سعد بن زيد الاشهلى يهدمها فخرج فى عشرين فرسا حتّى انتهى اليها وعليها سادن فقال السادن ما تريد قال هَدْمَ مَناةَ قال انت وذاك فأقبل سعد يمشى اليها وتخرج اليه امرأة عُريانة سوداء ثائرة الرأس تدعو بالويل وتضرب صدرها فقال السادن مَناةُ دونَكِ بَعْضَ غَضَباتِكِ ويضربها سعد بن زيد الاشهلى وقتلها ويُقبل الى الصنم معه اصحابه فهدموه ولم يجدوا فى خزانتها شيئا وانصرف راجعا الى رسول الله صلعم وكان ذلك لستّ بقين من شهر رمضان ن

سريّة خالد بن الوليد الى بنى جَذيمة من كنانة وكانوا بأسفل مكّة

ثمّ سريّة خالد بن الوليد الى بنى جَذيمة من كنانة وكانوا بأسفل مكّة على ليلة ناحيةَ يَلَمْلَم فى شوّال سنة ثمان من مُهاجَر رسول الله صلعم وهو يوم الغُمَيْصاء ن قالوا لمّا رجع خالد بن الوليد من هَدْم العُزّى ورسول الله صلعم مقيم بمكّة بعثه الى بنى جَذيمة داعيا الى الاسلام ولم يبعثه مقاتلا فخرج فى ثلاثمائة وخمسين رجلا من المهاجرين والانصار وبنى سُليم فانتهى اليهم خالد فقال ما انتم قالوا مسلمون قد صلّينا وصدّقنا بمحمّد وبنينا المساجد فى ساحاتنا وأذّنّا فيها قال فما بالُ السلاح عليكم فقالوا انّ بيننا وبين قوم من العرب عداوة فخفنا ان تكونوا هم فأخذنا السلاح قال فضَعُوا السلاحَ قال فوضعوه فقال لهم استأسِروا فاستأسر القوم فأمر بعضهم فكتف بعضا وفرّقهم فى اصحابه فلمّا كان فى السَّحَر نادى خالد من كان معه أَسيرٌ فَلْيُدافّه والمُدافّة الاجْهاز عليه بالسيف فامّا بنو سُليم فقتلوا من كان فى ايديهم وامّا المهاجرون والانصار فأرسلوا اساراهم فبلغ النبىّ صلعم ما

صنع خالد فقال اللهمّ انّى ابرأ اليك ممّا صنع خالد وبعث علىّ بن ابى طالب فودى لهم قتلاهم وما ذهب منهم ثمّ انصرف الى رسول الله فأخبره ن اخبرنا العبّاس بن الفضل الازرق البصرى نا خالد بن يزيد الجَوْنى نا محمد بن اسحق عن ابن ابى حَدْرَد عن ابيه قال * كنت فى الخيل التى اغارت مع خالد بن الوليد على بنى جَذيمة يوم الغُميصاء فلحقنا رجلا منهم معه نسوة فجعل يقاتلنا عنهنّ ويقول

رَخِينَ أَذْيالَ الحِقَاء وَٱرْبَعَنْ   مَشْىَ حَيِيّاتٍ كَأَنْ لَمْ يُفْزَعَنْ
إِنْ يَمْنَعِ ٱلْقَوْمَ ثَلاثٌ تُمْنَعَنْ

قال فقاتل ثلاثا عنهنّ حتّى اصعدهنّ الجبل ن قال اذ لحقنا آخَرَ معه نسوة قال فجعل يقاتل عنهنّ ويقول

قَدْ عَلِمَتْ بَيْضاءُ حَمْرَاءُ الإِطِلْ   يَحُوزُهَا ذو ثَلَّةٍ وَذو إِبِلْ
لَأُغْنِيَنَّ ٱلْيَوْمَ ما أَغْنَى رَجُلْ

فقاتل عنهنّ حتّى اصعدهنّ الجبل ن قال اذ لحقنا آخَرَ معه نسوة فجعل يقاتل عنهنّ ويقول

قَدْ عَلِمَتْ بَيْضاءُ تُلْهِى العِرْسَا   لا تملأُ اللحيين منها نَبْسَا
لَأَضْرِبَنَّ ٱلْيَوْمَ ضَرْبًا وَعْسَا   ضَرْبَ المُذَيِّدِينَ المَخَاضَ القُعْسَا

فقاتل عنهنّ حتّى اصعدهنّ الجبل فقال خالد لا تتبعوهم ن اخبرنا العبّاس ابن الفضل نا سفيان بن عيينة حدّثنى عبد الملك بن نَوْفَل بن مُساحِق القرشى عن عبد الله بن عِصام المُزَنى عن ابيه قال * بعثنا رسول الله صلّعم يوم بطن نخلة فقال اقتلوا ما لم تسمعوا مؤذّنا او تروا مساجدا اذ لحقنا رجلا فقلنا له كافرٌ او مسلم فقال ان كنتُ كافرا فَمَهْ قلنا له ان كنت كافرا قتلناك قال دعونى اقضِ الى النسوان حاجةً قال اذ دنا الى امرأة منهنّ فقال اسلمى حُبَيْش على نَفَد العَيْش

أَرَيْتَكِ إِذْ طَالَبْتُكُمْ فَوَجَدْتُكُمْ   بِحَلْيَةَ أَوْ أَدْرَكْتُكُمْ بِالخَوَانِقِ
أَمَا كَانَ أَهْلًا أَنْ يُنَوَّلَ عَاشِقٌ   تَكَلَّفَ إِدْلاجَ السُّرَى وَالوَدَائِقِ
فَلا ذَنْبَ لِى قَدْ قُلْتُ إِذْ نَحْنُ جِيرَةٌ   أَثِيبِى بِوُدٍّ قَبْلَ إِحْدَى الصَّفَائِقِ
أَثِيبِى بِوُدٍّ قَبْلَ أَنْ تَشْحَطَ النَّوَى   وَيَنْأَى أَمِيرِى بِالحَبِيبِ المُفَارِقِ

فقالت نعم حُيّيتَ عشرا وسبعا وِتْرا وثمانيا تَتْرَى قال فقربناه فضربنا عنقه

قال فجاءت فجعلت ترشفه حتى ماتت عليه وقال سفيان واذا امرأة كثيرة النَّحْض يعنى اللحم ن

غزوة رسول الله صلعم الى حُنين وهى غزوة هَوازن

ثمّ غزوة رسول الله صلعم الى حُنين وهى غزوة هَوازن فى شوّال سنة ثمان من مُهاجَر رسول الله صلعم وحُنين وادٍ بينه وبين مكّة ثلاث ليال ن قالوا لمّا فتح رسول الله صلعم مكّة مشت اشراف هَوازن وثَقيف بعضها الى بعض وحشدوا وبغوا وجمع امرَهم مالك بن عوف النَّصْرى وهو يومئذ ابن ثلاثين سنة وأمرهم فجاؤا معهم بأموالهم ونسائهم وابنائهم حتى نزلوا بأَوْطاس وجعلت الامداد تأتيهم فأجمعوا المسير الى رسول الله صلعم فخرج اليهم رسول الله صلعم من مكّة يوم السبت لستّ ليال خلون من شوّال فى اثنى عشر الفا من المسلمين عشرة آلاف من اهل المدينة والفان من اهل مكّة فقال ابو بكر لا نُغْلَب اليومَ من قِلّةٍ وخرج مع رسول الله صلعم ناسٌ من المشركين كثيرٌ منهم صَفْوان بن اميّة وكان رسول الله صلعم استعار منه مائة درع بأَداتها فانتهى الى حُنين مَساءَ ليلة الثلثاء لعشر ليال خلون من شوّال فبعث مالك بن عوف ثلاثة نفر يأتونه بخبر اصحاب رسول الله صلعم فرجعوا اليه وقد تفرّقت اوصالُهم من الرُّعْب ووجّه رسول الله صلعم عبدَ الله بن ابى حَدْرَد الأَسْلَمى فدخل عسكرَهم فطاف به وجاء بخبرهم فلمّا كان من الليل عمد مالك بن عوف الى اصحابه فعبّأهم فى وادى حنين فأَوعز اليهم ان يحملوا على محمد وأصحابه حملةً واحدةً وعبّأ رسول الله صلعم اصحابه فى السَّحَر وصفّهم صفوفا ووضع الالوية والرايات فى اهلها مع المهاجرين لواء يحمله علىّ بن ابى طالب وراية يحملها سعد بن ابى وقّاص وراية يحملها عمر بن الخطّاب ولواء الخزرج يحمله حُباب بن المنذر ويقال لواء الخزرج الآخر مع سعد بن عُبادة ولواء الاوس مع أُسيد بن حُضير وفى كلّ بطن من الاوس والخزرج لواء او راية يحملها رجل منهم مُسمًّى وقبائل العرب فيهم الالوية والرايات يحملها قومٌ منهم مسمّون وكان رسول الله صلعم قد قدّم سُليمًا من يوم خرج من مكّة واستعمل عليهم خالد بن الوليد فلم يزل على مقدّمته حتى ورد الجِعْرانةَ وانحدر رسول الله صلعم فى وادى

الحُنين على تعبئة وركب بغلته البيضاء دُلْدُل ولبس دِرْعَيْن والمِغفر والبيضة فاستقبلهم من هوازن شيء لم يروا مثله قطّ من السَّواد والكثرة وذلك في غَبَش الصبح وخرجت الكتائب من مَضِيق الوادي وشِعْبه فحملوا حملة واحدةً وانكشفت الخيل خيل بني سُلَيم مولّيةً وتبعهم اهل مكّة وتبعهم الناس منهزمين فجعل رسول الله صلعم يقول يا انصارَ الله وانصارَ رسوله انا عبد الله ورسوله ورجع رسول الله صلعم الى العسكر وثاب اليه من انهزم وثبت معه يومئذ العبّاس بن عبد المطّلب وعليّ بن ابي طالب والفضل بن عبّاس وابو سفيان بن الحارث بن عبد المطّلب وربيعة بن الحارث بن عبد المطّلب وأبو بكر وعمر وأُسامة بن زيد في اناس من اهل بيته واصحابه وجعل يقول للعبّاس ناد يا معشرَ الانصار يا اصحاب السَّمُرة يا اصحاب سُورة البَقرة فنادى وكان صَيِّتا فاقبلوا كأنّهم الابل اذا حنّت على اولادها يقولون يا لَبَّيْك يا لَبَّيْك فحملوا على المشركين فأشرف رسول الله صلعم فنظر الى قتالهم فقال الآنَ حَمِيَ الوَطِيس أَنَا النَّبِيُّ لا كَذِبْ أَنَا ابنُ عَبْدِ المُطَّلِبْ ثمّ قال للعبّاس بن عبد المطّلب ناوِلْني حَصَيات فناوله حصيات من الارض ثمّ قال شاهَتِ الوجوه ورمى بها وجوه المشركين وقال انهزموا وربِّ الكعبة وقذف الله في قلوبهم الرُّعْب وانهزموا لا يلوي احد منهم على احد فأمر رسول الله صلعم ان يُقْتَل من قُدر عليه فحَنِق المسلمون عليهم يقتلونهم حتّى قتلوا الذُّرِّيّة فبلغ ذلك رسول الله صلعم فنهى عن قتل الذرّيّة وكان سيما الملائكة يومَ حنين عمائمُ حُمْرٌ قد ارخوها بين اكتافهم وقال رسول الله صلعم من قتل قتيلا له عليه بيّنةٌ فله سَلَبه وأمر رسول الله صلعم بطلب العدوّ فانتهى بعضهم الى الطائف وبعضهم نحو نخلة وتوجّه قوم منهم الى أَوْطاس فعقد رسول الله صلعم لابي عامر الأَشْعَري لواء ووجّهه في طلبهم وكان معه سَلَمة ابن الأَكْوَع فانتهى الى عسكرهم فاذا هم ممتنعون فقتل منهم ابو عامر تسعة مُبارَزةً ثمّ برز له العاشر مُعْلِمًا بعمامة صفراء فضرب ابا عامر فقتله واستخلف ابو عامر ابا موسى الاشعري فقاتلهم حتّى فتح الله عليه وقتل قاتل ابي عامر فقال رسول الله صلعم اللهمّ اغفر لابي عامر واجعله من أَعْلَى امّتي في الجنّة ودعا لابي موسى ايضا **ن** وقُتل من المسلمين ايضا أَيْمَن بن عُبَيد بن زيد الخزرجي وهو ابن امّ ايمن اخو أُسامة بن زيد لأمّه وسُراقة بن الحارث

ورُقَيم بن ثعلبة بن زيد بن لَوْذان واستحرّ القتال فى بنى نَصْر بن معاوية ثمّ فى بنى رِباب فقال عبد الله بن قيس وكان مسلما هلكت بنو رِباب وقال رسول الله صلّعم اللهمّ اجبرْ مصيبتهم ووقف مالك بن عوف على ثنيّة من الثنايا حتّى مضى ضُعفاء اصحابه وتتامّ آخرهم ثمّ هرب فتحصّن فى قصر بليّة ويقال دخل حصن ثقيف وأمر رسول الله صلّعم بالسبى والغنائم تُجْمَع فجُمع ذلك كلّه وحدروه الى الجِعْرانة فوُقف بها الى ان انصرف رسول الله صلّعم من الطائف وهم فى حظائرهم يستظلّون بها من الشمس وكان السبى ستّة آلاف رأس والابل اربعة وعشرين الف بعير والغنم اكثر من اربعين الف شاة واربعة آلاف اوقيّة فضّة فستأنى رسول الله صلّعم بالسبى ان يقدم عليه وَفْدُهم وبدأ بالاموال فقسمها وأعطى المؤلَّفة قلوبهم اوّلَ الناس فأعطى ابا سفيان بن حرب اربعين أُوقيّة ومائة من الابل قال ابنى يزيد قال اعطُوه اربعين اوقيّة ومائة من الابل قال ابنى معاوية قال اعطُوه اربعين اوقيّة ومائة من الابل وأعطى حَكيم بن حِزام مائة من الابل ثمّ سأله مائة اخرى فأعطاه ايّاها وأعطى النضر بن الحارث بن كَلَدة مائة من الابل واعطى أَسيد بن جارية الثَقفى مائة من الابل وأعطى العلاء بن حارثة الثقفى خمسين بعيرًا وأَعطى مَخْرَمة بن نَوْفل خمسين بعيرا واعطى الحارث ابن هشام مائة من الابل واعطى سعيد بن يربوع خمسين من الابل واعطى صَفْوانَ بن أُميّة مائة من الابل واعطى قيس بن عَدىّ مائة من الابل وأعطى عثمان بن وَهْب خمسين من الابل وأعطى سُهيل بن عمرو مائة من الابل واعطى حُويطب بن عبد العُزّى مائة من الابل وأعطى هشام بن عمرو العامرى خمسين من الابل واعطى الأَقْرَع بن حابِس التَميمى مائة من الابل واعطى عُيينة بن حِصْن مائة من الابل واعطى مالك بن عوف مائة من الابل واعطى العبّاس بن مِرْداس اربعين من الابل فقال فى ذلك شعرا فأعطاه مائة من الابل ويقال خمسين وأعطى ذلك كلّه من الخُمس وهو اثبت الاقاويل عندنا ثمّ امر زيد بن ثابت باحصاء الناس والغنائم ثمّ فضّها على الناس فكانت سهامهم لكلّ رجل اربعٌ من الابل واربعون شاة فان كان فارسا اخذ اثنى عشر من الابل وعشرين ومائة شاة وان كان معه اكثر من فرس لم يسهم له **ن** وقدم وَفْدُ هوازن على

النبيّ صلّعم وهم اربعة عشر رجلا ورأسهم زهير بن صُرَد وفيهم ابو بُرْقان عمّ رسول الله صلّعم من الرضاعة فسألوه ان يَمُنَّ عليهم بالسبى فقال ابناؤكم ونساؤكم احبّ اليكم ام اموالكم قالوا ما كنّا نعدل بالأَحْساب شيئا فقال امّا ما لى ولبنى عبد المطّلب فهو لكم وسأسأل لكم الناسَ فقال المهاجرون والانصار ما كان لنا فهو لرسول الله صلّعم فقال الأَقْرَع بن حابس امّا انا وبنو تميم فلا وقال عُيينة بن حِصْن امّا انا وبنو فَزارة فلا وقال العبّاس بن مِرْداس امّا انا وبنو سُليم فلا وقالت بنو سُليم ما كان لنا فهو لرسول الله صلّعم فقال العبّاس بن مِرْداس وهّنتمونى وقال رسول الله صلّعم انّ هؤلاء القوم جاؤوا مسلمين وقد كنت استأنيت بسبيهم وقد خيّرْتهم فلم يعدلوا بالابناء والنساء شيئا فمن كان عنده منهم شىء فطابت نفسه ان يردّه فسبيل ذلك ومن ابى فليردّ عليهم وليكن ذلك قَرْضا علينا ستّ فرائض من اوّل ما يفىء الله علينا قالوا رضينا وسلّمنا فردّوا عليهم نساءهم وابناءهم ولم يختلف منهم احدٌ غير عُيينة بن حصن فانّه ابى ان يردّ عجوزا صارت فى يده منهم ثمّ ردّها بعد ذلك ن وكان رسول الله صلّعم قد كسا السَبْىَ قُبْطيّةً قبطيّةً ن قالوا فلمّا رأت الانصار ما اعطى رسول الله صلّعم فى قريش والعرب تكلّموا فى ذلك فقال رسول الله صلّعم يا معشر الانصار الا ترضون ان يرجع الناس بالشاء والبعير وترجعون برسول الله الى رحالكم قالوا رضينا يا رسول الله بك حظًّا وقِسْمًا فقال رسول الله صلّعم اللهمّ ارحم الانصار وابناء الانصار وابناء ابناء الانصار وانصرف رسول الله صلّعم وتفرّقوا وكان رسول الله صلّعم انتهى الى الجِعْرانة ليلة الخميس لخمس ليال خلون من ذى القعدة فاقام بها ثلاث عشرة ليلة فلمّا اراد الانصراف الى المدينة خرج ليلة الاربعاء لاثنتى عشرة بقيت من ذى القعدة ليلا فأحرم بعُمرة ودخل مكّة فطاف وسعى وحلق رأسه ورجع الى الجعْرانة من ليلته كبائت ثمّ غدا يوم الخميس فانصرف الى المدينة فسلك فى وادى الجعْرانة حتّى خرج على سَرِف ثمّ اخذ الطريق الى مَرّ الظَّهْران ثمّ الى المدينة صلّعم ن اخبرنا الضحّاك بن مَخْلَد الشيبانى ابو عاصم النبيل انا عبد الله بن عبد الرحمن ابن يَعْلَى بن كعب الثقفى واخبرنى عبد الله بن عبّاس عن ابيه * انّ رسول الله صلّعم الى هوازن فى اثنى عشر الف فقتل منهم مثل ما قتل من

قريش يوم بدر وأخذ رسول الله صلعم ترابا من البَطْحاء فرمى به وجوهنا فانهزمنا ن اخبرنا محمد بن حميد العَبْدى عن معمر عن الزهرى عن كثير بن عبّاس بن عبد المطّلب عن ابيه قال *لمّا كان يوم حُنين التقى المسلمون والمشركون فولّى المسلمون يومئذ فلقد رأيت رسول الله وما معه احدٌ الّا ابو سفيان بن الحارث بن عبد المطّلب اخذ بغَرْز النبىّ صلعم والنبىّ ما يألو ما أَسْرع نحو المشركين قال فأتيته حتّى اخذت بلجامه وهو على بَغْلة له شَهْباء فقال يا عبّاس ناد يا اصحاب السَمُرة قال وكنت رجلًا صَيِّتًا فناديت بصوتى الاعلى اين اصحاب السَمُرة فأقبلوا كأنّهم الابل اذا حنّت الى اولادها يا لبّيك يا لبّيك يا لبّيك وأقبل المشركون فالتقوا هم والمسلمون ونادت الانصار يا معشر الانصار مرّتين ثمّ قصرت الدعوى فى بنى الحارث ابن الخزرج فنادوا يا بنى الحارث بن الخزرج فنظر النبىّ وهو على بغلته كالمتطاول الى قتالهم فقال هذا حين حمى الوَطِيس ثمّ اخذ بيده من الحصا فرماهم بها ثمّ قال انهزموا وربّ الكعبة قال فوالله ما زال امرهم مُدْبِرًا وحَدُّهم كَليلًا حتّى هزمهم الله فكأنّى انظر الى النبىّ صلعم يركض خلفهم على بغلة له ن قال الزهرى وأخبرنى ابن المسيّب *انّهم اصابوا يومئذ ستّة آلاف من السبى فجاءوا مسلمين بعد ذلك فقالوا يا نبىّ الله انت خير الناس وقد اخذت ابناءنا ونساءنا واموالنا فقال انّ عندى من ترون وانّ خيرَ القول اصدقُه فاختاروا منّى إمّا ذراريّكم ونساءكم وإمّا اموالكم قالوا ما كنّا نعدل بالاحساب شيئا فقام النبىّ صلعم خطيبا فقال انّ هؤلاء قد جاءوا مسلمين وانّا قد خيّرناهم بين الذراريّ والاموال فلم يعدلوا بالاحساب شيئا فمن كان عنده منهم شىء فطابت نفسه ان يردّه فسبيل ذلك ومن لا فليُعْطنا وَلْيَكُنْ قَرْضًا علينا حتّى نُصيب شيئا فنعطيه مكانه قالوا يا نبىّ الله قد رضينا وسلّمنا قال انّى لا ادرى لعلّ فيكم من لا يرضى فمروا عُرفاءكم يرفعون ذلك الينا فرفعت اليه العُرَفاء ان قد رضوا وسلّموا ن اخبرنا عفّان بن مسلم نا حمّاد بن سلمة نا يَعْلَى بن عطاء عن ابى همّام عن ابى عبد الرحمن الفهرى قال * كنّا مع رسول الله صلعم فى غزوة حُنين فسرنا فى يوم قائظ شديد الحَرِّ فنزلنا تحت ظلال الشجر فلمّا زالت الشمس لبستُ لامتى وركبت فرسى فانطلقت الى رسول الله صلعم وهو فى فُسطاطه

فقلت السلام عليك يا رسول الله ورحمة الله حان الرواح فقال أَجَلْ ثم قال يا بلال فثار من تحت سَمُرة كأنّ ظلّه ظلّ طائر فقال لبّيك وسَعْدَيْك وانا فداؤك قال أَسْرِجْ لى فرسى فأخرج سرجًا دفّتاه من لِيف ليس فيهما أَشَر ولا بَطَر قال فأسرج فركب وركبنا فصافقناهم عشيّتنا وليلتنا فتشامّت الخيلان فولّى المسلمون مدبرين كما قال الله فقال رسول الله صلعم يا عباد الله انا عبد الله ورسوله ثمّ قال يا معشر المهاجرين انا عبد الله ورسوله قال ثمّ اقتحم رسول الله صلعم عن فرسه فأخذ كفًّا من تراب فأخبرنى الذى كان ادنى اليه منّى انّه ضرب به وجوههم وقال شاهت الوجوه فهزمهم الله قال يَعْلَى بن عطاء فحدّثنى ابناؤهم عن ابائهم انّهم قالوا * لم يبق منّا احدٌ الّا امتلأت عيناه وفوه ترابًا وسمعنا صَلْصَلة بين السماء والارض كإمرار الحديد على الطَّسْت الجديد ن اخبرنا عفّان بن مسلم وعمرو بن عاصم الكلابى قالا نا همّام نا قتادة عن الحسن عن سَمُرة * انّ يوم حنين كان يومًا مَطيرًا قال فأمر رسول الله صلعم مناديًا فنادى انّ الصلاة فى الرِّحال ن اخبرنا عمرو بن عاصم نا هَمّام نا قتادة واخبرنا هاشم بن القاسم نا شعبة قال قتادة اخبرنى عن ابى المَليح عن ابيه قال * اصابنا مطرٌ بحُنين فأمر رسول الله صلعم مناديه فنادى انّ الصلاة فى الرحال ن واخبرنا عتّاب بن زياد نا عبد الله بن المبارك اخبرنى عبد الرحمن المسعودى عن القاسم عن عبد الله بن مسعود قالوا * نودى فى الناس يوم حُنين يا اصحاب سورة البقرة فأقبلوا بسيوفهم كأنّها الشُّهُب فهزم الله المشركين ن

سريّة الطُّفيل بن عمرو الدَّوسى الى ذى الكَفَّين

ثمّ سريّة الطُّفيل بن عمرو الدَّوْسى الى ذى الكَفَّين صنم عمرو بن حُمَمَة الدَّوْسى فى شوّال سنة ثمان من مُهاجَر رسول الله صلعم ن قالوا لمّا اراد رسول الله صلعم المسير الى الطائف بعث الطفيل بن عمرو الى ذى الكَفَّين صنم عمرو بن حُمَمَة الدَّوْسى يهدمه وامره ان يستمدّ قومه ويوافيه بالطائف فخرج سريعًا الى قومه فهدم ذا الكَفَّين وجعل يحشّ النار فى وجهه ويحرقه ويقول

يَا ذَا ٱلْكَفَيْنِ لَسْتُ مِنْ عُبَّادِكَا   مِيلَادُنَا أَقْدَمُ مِنْ مِيلَادِكَا
إِنِّى حَشَشْتُ ٱلنَّارَ فِى فُؤَادِكَا

قال وانحدر معه من قومه اربعمائة سراعًا فوافوا النبىّ صلعم بالطائف بعد مَقْدَمه بأربعة ايّام وقدم بدَبّابة ومَنْجَنِيق وقال يا معشر الازد من يحمل رايتكم فقال الطفيل من كان يحملها فى الجاهليّة النعمن بن بازية اللِهْبى قال أصبتم ن

غزوة رسول الله صلعم الطائف

ثمّ غزوة رسول الله صلعم الطائف فى شوّال سنة ثمان من مُهاجَره قالوا خرج رسول الله صلعم من حُنين يريد الطائف وقدّم خالدَ بن الوليد على مقدّمته وقد كانت ثقيف رَمُّوا حصنَهم وأدخلوا فيه ما يُصْلِحهم لسنة فلمّا انهزموا من أَوْطاس دخلوا حصنَهم واغلقوه عليهم وتهيّئوا للقتال وسار رسول الله صلعم فنزل قريبًا من حصن الطائف وعسكر هناك فرموا المسلمين بالنبل رَمْيًا شديدًا كأنّه رِجْل جَراد حتّى أُصيب ناس من المُسلمين بجراحة وقُتل منهم اثنا عشر رجلًا فيهم عبد الله بن ابى اميّة بن المغيرة وسعيد بن العاص ورُمى عبد الله بن ابى بكر الصدّيق يومئذ فاندمل الجرح ثمّ انتقض به بعد ذلك فمات منه فارتفع رسول الله صلعم الى موضع مسجد الطائف اليومَ وكان معه من نسائه امّ سلمة وزينب فضرب لهما قُبّتين وكان يصلّى بين القبّتين حصارَ الطائف كلّه فحاصرهم ثمانية عشر يوما ونصب عليهم المنجنيق ونثر الحَسَك سقبَيْن من عيدان حول الحصن فرمتهم ثقيف بالنبل فقُتل منهم رجال فأمر رسول الله صلعم بقطع اعنابهم وتحريقها فقطع المسلمون قطْعًا ذريعًا ثمّ سألوه ان يَدَعها لله وللرّحم فقال رسول الله صلعم فانّى أَدَعها لله وللرّحم ونادى منادى رسول الله صلعم أيُّما عبد نزل من الحصن وخرج الينا فهو حرٌّ فخرج منهم بضعة عشر رجلًا منهم ابو بَكْرة نزل فى بَكْرة فقيل ابو بكرة فأعتقهم رسول الله صلعم ودفع كلّ رجل منهم الى رجل من المسلمين يَمُونه فشقّ ذلك على اهل الطائف مشقّةً شديدة ولم يؤذن لرسول الله صلعم فى فتح الطائف واستشار رسول الله صلعم نَوْفل ابن مُعاوية الديلى فقال ما ترى فقال ثعلبٌ فى جُحْر ان اقمتَ عليه

اخذتَه وان تركته لم يضرّك فأمر رسول الله صلعم عمر بن الخطّاب فأذّن فى الناس بالرحيل فضجّ الناس من ذلك وقالوا نرحل ولم يُفْتَح علينا الطائف فقال رسول الله صلعم فاغدُوا على القتال فغدوا فاصابت المُسلمين جراحات فقال رسول الله صلعم انّا قافلون ان شاء الله فسُرّوا بذلك واذعنوا وجعلوا يرحلون ورسول الله صلعم يضحك وقال لهم رسول الله صلعم قُولُوا لا اله الّا الله وحده صدق وعده ونصر عبده وهزم الاحزاب وحده فلمّا ارتحلوا واستقلّوا قال قولوا آئبُونَ تائبون عابدون لربّنا حامدون وقيل يا رسول الله ادعُ الله على ثقيف فقال اللهُمّ اهدِ ثقيفًا وائتِ بهم ن اخبرنا عمرو بن عاصم الكلابى نا ابو الاشهب نا الحسن قال * حاصر رسول الله صلعم اهل الطائف قال فرُمِى رجل من فوق سورها فقُتل فأُتى عمر فقال يا نبىّ الله ادع على ثقيف قال انّ الله لم يأذن فى ثقيف قال فكيف نقتل فى قوم لم يأذن الله فيهم قال فارتحِلوا فارتحلوا ن اخبرنا قبيصة بن عقبة نا سفيان الثورى عن ثور بن يزيد عن مَكْحول * انّ النبىّ صلعم نصب المنجنيق على اهل الطائف اربعين يومًا ن اخبرنا نَصْر بن باب عن الحجّاج يعنى ابن أَرْطاة عن الحكم عن مِقْسَم عن ابن عبّاس قال * قال رسول الله صلعم يوم الطائف من خرج الينا من العَبيد فهو حُرّ فخرج عَبيد من عبيدهم فيهم ابو بَكْرة فأعتقهم رسول الله صلعم ن ثمّ بعث رسول الله صلعم المُصدّقين قالوا لمّا رأى رسول الله صلعم هلال المحرّم سنة تسع من مُهاجَره بعث المصدّقين يصدّقون العرب فبعث عُيينة بن حِصْن الى بنى تميم يصدّقهم وبعث بُريدة بن الحُصيب الى أَسْلَم وغِفار يصدّقهم ويقال كعب بن مالك وبعث عبّاد بن بشر الاشهلى الى سُليم ومُزينة ن وبعث رافع بن مَكيث الى جُهينة ن وبعث عمرو بن العاص الى بنى فَزارة ن وبعث الضحّاك بن سفيان الكلابى الى بنى كلاب ن وبعث بُسْر بن سفيان الكَعْبى الى بنى كعب ن وبعث ابن اللُتْبيّة الازدى الى بنى ذُبيان ن وبعث رجلًا من سعد هُذَيم على صدقاتهم وامر رسول الله صلعم مصدّقيه ان يأخذوا العفو منهم ويتوقّوا كرائم اموالهم ن

سريّة عُيينة بن حِصن الفَزارى الى بنى تميم
(وكانوا فيما بين السُّقْيا)

ثمّ سريّة عُيينة بن الحِصْن الفَزارى الى بنى تميم وكانوا فيما بين السُّقْيا وأرض بنى تميم وذلك فى المحرّم سنة تسع من مُهاجَر رسول الله صلعم ن قالوا بعث رسول الله صلعم عُيينة بن حِصْن الفَزارى الى بنى تميم فى خمسين فارسًا من العرب ليس فيهم مُهاجرىٌّ ولا أنصارىٌّ فكان يَسير الليلَ ويكمن النهار فهجم عليهم فى صَحْراء فدخلوا وسرحوا مواشيهم فلمّا رأوا الجمع ولّوا واخذ منهم احدَ عشر رجلًا ووجدوا فى المحلّة احدى عشرة امرأة وثلاثين صبيًّا فجلبهم الى المدينة فأمر بهم رسول الله صلعم فحُبسوا فى دار رَمْلة بنت الحارث فقدم فيهم عدّة من رُؤسائهم عُطارِد بن حاجب والزِبْرِقان بن بدر وقيس بن عاصم والأَقْرَع بن حابس وقيس بن الحارث ونُعيم بن سَعْد وعمرو بن الأَهْتَم ورباح ابن الحارث بن مُجاشع فلمّا رآوهم بكى اليهم النساء والذرارىّ فعجلوا فجاؤا الى باب النبىّ صلعم فنادوا يا محمد اخرجْ الينا فخرج رسول الله صلعم وأقام بلال الصلاة وتعلّقوا برسول الله صلعم يكلّمونه فوقف معهم ثمّ مضى فصلّى الظُهْر ثمّ جلس فى صَحْن المسجد فقدّموا عُطارِد بن حاجب فتكلّم وخطب فأمر رسول الله صلعم ثابت بن قيس بن شمّاس فأجابهم ونزل فيهم إِنَّ الَّذِينَ يُنَادُونَكَ مِنْ وَرَاءِ الْحُجُرَاتِ أَكْثَرُهُمْ لَا يَعْقِلُونَ فردّ عليهم رسول الله الأَسْرَى والسَّبْىَ ثمّ بعث رسول الله صلعم الوليد بن عُقبة بن ابى مُعيط الى بَلمُصْطَلِق من خُزاعة يُصَدِّقهم وكانوا قد اسلموا وبنوا المساجدَ فلمّا سمعوا بدُنُوّ الوليد خرج منهم عشرون رجلًا يتلقّونه بالجَزور والغنم فرحًا به فلمّا رآهم ولّى راجعًا الى المدينة فاخبر النبىّ صلعم انّهم لقوه بالسلاح يحولون بينه وبين الصدقة فهمّ رسول الله صلعم ان يبعث اليهم من يغزوهم وبلغ ذلك القومَ فقدم عليه الرَّكْبُ الذين لقوا الوليد فاخبروا النبىّ الخبر على وجهه فنزلت هذه الآية يا أَيُّهَا الَّذِينَ آمَنُوا إِنْ جَاءَكُمْ فَاسِقٌ بِنَبَإٍ فَتَبَيَّنُوا أَنْ تُصِيبُوا قَوْمًا بِجَهَالَةٍ الى اخر الآية فقرأ عليهم رسول الله صلعم القرآن وبعث معهم عَبّاد بن بشر يأخذ صَدَقات اموالهم ويعلّمهم شرائع الاسلام ويُقرئهم القرآن فلم يَعْدُ ما امره رسول الله صلعم ولم يضيّع حقّا واقام

عندهم عشرا ثم انصرف الى رسول الله صلعم راضيا ن

سرية قطبة بن عامر بن حديدة الى خثعم بناحية بيشة قريبا من تربة

ثم سريّة قطبة بن عمر بن حديدة الى خثعم بناحية بيشة قريب من تُرَبَة فى صفر سنة تسع من مُهاجَر رسول الله صلعم قالوا بعث رسول الله صلعم قطبة بن عمر بن حديدة فى عشرين رجلا الى حىّ من خثعم بناحية تَبالة وامره ان يشُنّ الغارة عليهم فخرجوا على عشرة ابعرة يعتقبونها فأخذوا رجلا فسألوه فاستعجم عليهم فجعل يصيح بالحاضر ويحذّرهم فضربوا عُنُقه ثم امهلوا حتى نام الحاضر فشنّوا عليهم الغارة فاقتتلوا قتالا شديدا حتى كثر الجرحى فى الفريقين جميعا وقتل قطبة بن عمر من قتل وساقوا النَعَم والشاء والنساء الى المدينة وجاء سيل أتىّ فحال بينهم وبينه فما يجدون اليه سبيلا وكانت سهمانهم اربعة أبعِرة اربعة ابعرة والبعير يُعْدَل بعشر من الغنم بعد ان اخرج الخمس ن

سرية الضحاك بن سفيان الكلابى الى بنى كلاب

ثم سريّة الضحاك بن سفيان الكلابى الى بنى كلاب فى شهر ربيع الاول سنة تسع من مُهاجَر رسول الله صلعم ن قالوا بعث رسول الله صلعم جيشا الى القُرطاء عليهم الضحاك بن سفيان بن عوف بن ابى بكر الكلابى ومعه الأصْيَد بن سَلمة بن قرط فلقوهم بالزُجّ زُجّ لاوة فدعوهم الى الاسلام فأبوا فقاتلوهم فهزموهم فلحق الأصْيَد اباه سلمة وسلمة على فرس له فى غدير بالزُجّ فدعا اباه الى الاسلام وأعطاه الامان فسبّه وسبّ دينه فضرب الأصْيَد عرقوبى فرس ابيه فلمّا وقع الفرس على عرقوبيه ارتكز سلمة على رمحه فى الماء ثم استمسك به حتى جاءه احدهم فقتله ولم يقتله ابنه ن

سرية علقمة بن مُجَزِّز المدلجى الى الحبشة

ثم سريّة علقمة بن مُجَزِّز المدلجى الى الحبشة فى شهر ربيع الآخر سنة تسع من مُهاجَر رسول الله صلعم ن قالوا بلغ رسول الله صلعم انّ ناسا

من الحبشة تراياهم اهل جُدّة فبعث اليهم عَلقمة بن مُجَزِّز فى ثلثمائة فانتهى الى جزيرة فى البحر وقد خاض اليهم البحر فهربوا منه فلمّا رجع تعجّل بعض القوم الى اهلهم فأذن لهم فتعجّل عبد الله بن حُذافة السَّهْمى فيهم فأمّره على من تعجّل وكانت فيه دُعابة فنزلوا ببعض الطريق وأوقدوا نارًا يصطلون عليها ويصطنعون فقال عزمتُ عليكم الّا تواثبتم فى هذه النار فقام بعض القوم فاحتجزوا حتّى ظنّ انّهم واثبون فيها فقال اجلسوا انّما كنت اضحك معكم فذكروا ذلك لرسول الله صلّعم فقال من امركم بمعصيةٍ فلا تطيعوه ن

سريّة على بن ابى طالب الى الفُلْس صَنَم طىّء ليهدمه

ثمّ سريّة علىّ بن ابى طالب رضى الله عنه الى الفُلْس صنم طىّء ليهدمه فى شهر ربيع الآخر سنة تسع من مُهاجَر رسول الله صلّعم ن قالوا بعث رسول الله صلّعم علىّ بن ابى طالب فى خمسين ومائة رجل من الانصار على مائة بَعير وخمسين فرسًا ومعه راية سوداء ولواء ابيض الى الفُلْس ليهدمه فشنّوا الغارةَ على محلّة آل حاتم مع الفجر فهدموا الفُلْسَ وخرّبوه وملّؤا ايديهم من السبى والنعم والشاء وفى السبى اخت عَدىّ بن حاتم وهرب عَدىّ الى الشأم ووُجد فى خزانة الفلس ثلاثة اسياف رَسُوب والمِخْذَم وسيف يقال له اليمانى وثلاثة ادراع واستعمل رسول الله صلّعم على السبى ابا قَتادة واستعمل على الماشية والرِّثّة عبد الله بن عَتيك فلمّا نزلوا رَكَك اقتسموا الغنائم وعزل للنبىّ صلّعم صَفيًّا رسوبًا والمِخْذَم ثمّ صار له بعدُ السيف الآخر وعزل الخمس وعزل آل حاتم فلم يقسمهم حتّى قدم بهم المدينة ن

سريّة عُكّاشة بن مِحْصَن الاسدى

الى الجِناب ارض عُذْرة وبَلىّ ن ثمّ سريّة عكّاشة بن محصن الاسدى الى الجِناب ارض عُذْرة وبَلىّ فى شهر ربيع الآخر سنة تسع من مُهاجَر رسول الله صلّعم ن

غزوة رسول الله صلّعم تبوك

ثمّ غزوة رسول الله صلّعم تبوك فى رجب سنة تسع من مُهاجَره ن

قالوا بلغ رسول الله صلعم ان الروم قد جمعت جموعًا كثيرة بالشأم وان هرقل قد رزق اصحابه لسنة وأجلبت معه لخم وجذام وعاملة وغسّان وقدّموا مقدّماتهم الى البلقاء فندب رسول الله صلعم الناس الى الخروج واعلمهم المكان الذى يريد ليتأهّبوا لذلك وبعث الى مكّة والى قبائل العرب يستنفرهم وذلك فى حرّ شديد وامرهم بالصدقة فحملوا صدقات كثيرة وقوّوا فى سبيل الله وجاء البكّاؤن وهم سبعة يستحملونه فقال لا أَجِدُ مَا أَحْمِلُكُمْ عَلَيْهِ تَوَلَّوْا وَأَعْيُنُهُمْ تَفِيضُ مِنَ ٱلدَّمْعِ حَزَنًا أَلَّا يَجِدُوا مَا يُنْفِقُونَ وهم سالم بن عُمير وهَرَمِىّ بن عمرو وعُلْبة بن زيد وابو لَيْلَى المازنى وعَمْرو بن عَنَمة وسَلَمة بن صخر والعِرْباض بن سارية ن وفى بعض الروايات من يقول انّ فيهم عبد الله بن المُغَفَّل ومَعْقِل بن يَسار ن وبعضهم يقولون البكّاؤن بنو مُقَرِّن السبعة وهم من مُزَينة وجاء ناس من المنافقين يستأذنون رسول الله صلعم فى التخلّف من غير عِلّة فأذن لهم وهم بضعة وثمانون رجلًا وجاء المعذّرون من الاعراب ليؤذن لهم فاعتذروا اليه فلم يعذرهم وهم اثنان وثمانون رجلا وكان عبد الله بن أُبَىّ بن سَلول قد عسكر على ثنيّة الوداع فى حلفائه من اليهود والمنافقين فكان يقال ليس عسكره بأقلّ العسكرين وكان رسول الله صلعم استخلف على عسكره ابا بكر الصدّيق يصلّى بالناس واستخلف رسول الله صلعم على المدينة محمد بن مسلمة وهو اثبت عندنا ممّن قال استخلف غيره فلمّا سار رسول الله صلعم تخلّف عبد الله ابن أُبَىّ ومن كان معه وتخلّف نفر من المسلمين من غير شكّ ولا ارتياب منهم كَعْب بن مالك وهلال بن رَبيع ومُرارة بن الرّبيع وابو خَيْثَمة السالمى وابو ذرّ الغِفارى وامر رسول الله صلعم كلّ بطن من الانصار والقبائل من العرب ان يتّخذوا لواء او راية ومضى لوجهه يسير بأصحابه حتّى قدم تبوك فى ثلاثين الفًا من الناس والخيل عشرة آلاف فرس فأقام بها عشرين ليلة يصلّى بها ركعتين ولحقه بها ابو خيثمة السالمى وابو ذرّ الغفارى وهرقل يومئذ بحمص فبعث رسول الله صلعم خالد بن الوليد فى اربعمائة وعشرين فرسًا فى رجب سنة تسع سريّة الى أُكَيْدِر بن عبد الملك بدُومة الجَنْدَل وبينها وبين المدينة خمس عشرة ليلة وكان أُكَيْدِر من كندة قد ملكهم وكان نصرانيًّا فانتهى اليه خالد وقد خرج من حصنه فى ليلة مقمرة

الى بقر يطاردها هو وأخوه حسّان فشدّت عليه خيل خالد بن الوليد فاستأسر اكيدر وامتنع اخوه حسّان وقاتل حتّى قُتل وهرب من كان معهما فدخل الحصن وأجار خالد اكيدرَ من القتل حتّى يأتى به رسولَ الله صلّعم على ان يفتح له دُومةَ الجَنْدل ففعل وصالحه على أَلْفَىْ بعيرٍ وثمانمائة رأس واربعمائة درع واربعمائة رمح فعزل للنبىّ صلّعم صفيًّا خالصًا ثمّ قسم الغنيمة فاخرج الخمس وكان للنبىّ صلّعم ثمّ قسم ما بقى بين اصحابه فصار لكلّ رجل منهم خمس فرائض ثمّ خرج خالد بن الوليد بأُكيدر وبأخيه مصاد وكان فى الحصن وبما صالحه عليه قافلا الى المدينة فقدم بأُكيدر على رسول الله صلّعم فأهدى له هديّة فصالحه على الجزية وحقن دمه ودم اخيه وخلّى سبيلهما وكتب له رسول الله صلّعم كتابا فيه امانهم وما صالحهم عليه وختمه يومئذ بظُفْره وكان رسول الله صلّعم استعمل على حَرَسه بتبوك عَبّاد بن بشر فكان يطوف فى اصحابه على العسكر ثمّ انصرف رسول الله صلّعم من تبوك ولم يلق كيدًا وقدم المدينة فى شهر رمضان سنة تسع فقال الحمد لله على ما رزقَنا فى سفرنا هذا من اجرٍ وحِسْبَة وجاءه من كان تخلّف عنه فحلفوا له فعذرهم واستغفر لهم وأَرْجَأَ امر كعب بن مالك وصاحبيه حتّى نزلت توبتهم بعدُ وجعل المسلمون يبيعون أَسْلِحَتهم ويقولون قد انقطع الجهاد فبلغ ذلك رسول الله صلّعم فنهاهم وقال لا تزال عصابةٌ من امّتى يجاهدون على الحقّ حتّى يخرج الدجّال **ن** اخبرنا عتّاب بن زياد انا عبد الله بن المبارك انا يونس عن الزهرى اخبرنى عبد الرحمن بن عبد الله بن كعب بن مالك قال * سمعت كعب بن مالك يقول كان رسول الله صلّعم قلّ ما يريد غزوة يغزوها الّا ورّى بغيرها حتّى كانت غزوة تبوك فغزاها رسول الله صلّعم فى حرّ شديد واستقبل سفرا بعيدا وغَزْوَ عدوٍّ كثيرٍ فجلّى للمسلمين امرهم ليتأهّبوا أُهْبَة عدوّهم واخبرهم بوجهه الذى يريده **ن** اخبرنا محمّد بن حميد العبدى عن مَعْمَر عن عبد الله بن محمّد بن عَقيل بن ابى طالب * فى قوله ٱلَّذِينَ ٱتَّبَعُوهُ فِى سَاعَةِ ٱلْعُسْرَةِ قال خرجوا فى غزوة تبوك الرجلانِ والثلاثة على بعير وخرجوا فى حرّ شديد فأصابهم يومًا عطش شديد حتّى جعلوا ينحرون ابلهم فيعصرون اكراشها ويشربون ماءها فكان ذلك عسرة من الماء وعسرة من الظَّهْر وعسرة من النَّفَقة **ن** اخبرنا

ابو عامر عبد الملك بن عمرو العَقَدى نا سليمان بن عبد الرحمن بن عبد الله بن حنظلة الغسيل حدّثنى ابنٌ لعبد الرحمن بن عبد الله او ابن لعبد الله بن عبد الرحمن بن كعب بن مالك عن ابيه عن جدّه * انّ النبىّ صلعم خرج الى غزوة تبوك يوم الخميس وكانت آخر غزوة غزاها وكان يستحبّ ان يخرج يوم الخميس ن اخبرنا عبد الله بن جعفر الرقّى نا عيسى بن يونس عن الأوزاعى عن يحيى بن ابى كثير قال * غزا رسول الله صلعم تبوك فاقام بها عشرين ليلة يصلّى بها صلاة المسافر ن اخبرنا محمد ابن عبد الله الانصارى نا حُميد الطويل عن انس بن مالك قال * رجعنا من غزوة تبوك فلمّا دنونا من المدينة قال رسول الله صلعم انّ بالمدينة اقوامًا ما سرتم مسيرًا ولا قطعتم واديًا الّا كانوا معكم قالوا يا رسول الله وهم بالمدينة قال نعمْ حَبَسَهُم العُذْرُ ن اخبرنا اسماعيل بن عبد الكريم الصَّنْعانى حدّثنى ابراهيم بن عقيل بن مَعْقِل عن ابيه عن وهب عن جابر قال سمعت النبىّ صلعم يقول فى غزوة تبوك بعد ان رجعنا الى المدينة * انّ بالمدينة اقواما ما سرتم من مسير ولا قطعتم واديًا الّا كانوا معكم حبسهم المرض ن

ثم حجّة ابى بكر الصدّيق

بالناس فى ذى الحجّة سنة تسع من مُهاجَر رسول الله صلعم ن قالوا استعمل رسول الله صلعم ابا بكر الصدّيق رضى الله عنه على الحجّ فخرج فى ثلاثمائة رجل من المدينة وبعث معه رسول الله صلعم بعشرين بدنة قلّدها واشعرها بيده عليها ناجية بن جُندب الأسْلمى وساق ابو بكر خمس بَدَنات فلمّا كان بالعَرْج لحقه علىّ بن ابى طالب رضى الله عنه على ناقة رسول الله صلعم القَصْواء فقال له ابو بكر استعملك رسول الله على الحجّ قال لا ولكن بعثنى اقرأ براءةً على الناس وانبذ الى كلّ ذى عهد عَهْدَه فمضى ابو بكر فحجّ بالناس وقرأ علىّ بن ابى طالب براءة على الناس يوم النحر عند الجَمْرة ونبذ الى كلّ ذى عهد عهده وقال لا يحجّ بعد العام مشركٌ ولا يطوف بالبيت عريانٌ ثمّ رجعا قافلين الى المدينة ن اخبرنا خالد بن خِداش نا عبد الله بن وهب انّ عمرو بن الحارث عن ابن شهاب عن حُميد بن عبد الرحمن عن ابى هريرة قال * بعثنى ابو بكر

الصدّيق فى الحجّة التى امّره عليها رسول الله صلّعم قبل حجّة الوداع فى رهط يؤذنون الناسَ يوم النحر ان لا يحجّ بعد العام مشركٌ ولا يطوف بالبيت عريانٌ فكان حُميد يقول يوم النحرة يوم الحجّ الاكبر من اجل حديث ابى هريرة ن

سريّة خالد بن الوليد الى بنى عبد المَدان بنَجْران

ثمّ سريّة خالد بن الوليد الى بنى عبد المَدان بنَجْران فى شهر ربيع الاوّل سنة عشر من مهاجر النبىّ صلّعم ن

سريّة علىّ بن ابى طالب رحمه الله الى اليمن يقال مرّتين

ثمّ سريّة علىّ بن ابى طالب الى اليمن يقال مرّتين احداهما فى شهر رمضان سنة عشر من مُهاجَر رسول الله صلّعم ن قالوا بعث رسول الله صلّعم عليّا الى اليمن وعقد له لواء وعمّمه بيده وقال امضِ ولا تلتفت فاذا نزلتَ بساحتهم فلا تقاتلهم حتّى يقاتلوك فخرج فى ثلاثمائة فارس وكانت اوّل خيل دخلت الى تلك البلاد وهى بلاد مَذْحِج ففرّق اصحابه فأتوا بنَهْب وغنائم ونساء واطفال ونَعَم وشاء وغير ذلك وجعل علىّ على الغنائم بُريدة ابن الحُصيب الأَسْلَمى فجمع اليه ما اصابوا ثمّ لقى جَمْعَهم فدعاهم الى الاسلام فأَبوا ورموا بالنَبْل والحجارة فصَفّ اصحابه ودفع لواءه الى مسعود بن سِنان السُلَمى ثمّ حمل عليهم علىّ باصحابه فقتل منهم عشرين رجلا فتفرّقوا وانهزموا فكفّ عن طَلَبهم ثمّ دعاهم الى الاسلام فأسرعوا وأجابوا وبايعه نفرٌ من رؤسائهم على الاسلام وقالوا نحن على من وراءنا من قومنا وهذه صدقاتنا فخُذْ منها حقّ الله وجمع علىّ الغنائم فجزّأها على خمسة اجزاء فكتب فى سهم منها لله واقرع عليها فخرج اوّل السهام سهم الخُمْس وقسم عَلِىّ على اصحابه بقيّة المَغْنَم ثمّ قفل فوافى النبىّ صلّعم بمكّة قد قدمها للحجّ سنة عشر ن

ذكر عُمْرة النبىّ صلّعم

اخبرنا هَوْذة بن خليفة واحمد بن عبد الله بن يونس وشهاب بن عبّاد العبدى قالوا نا داود بن عبد الرحمن العطّار عن عمرو بن دينار عن

عكرمة عن ابن عبّاس قال * اعتمر رسول الله صلّعم اربع عُمَر عمرة الحديبية وهى عُمْرة الحصْر وعمرة القضاء من قبل وعمرة الجِعْرانة والرابعة التى مع حجّته ن اخبرنا احمد بن اسحق الحَضْرمى نا وُهيب نا عبد الله بن عمر بن خُثيم عن سعيد بن جُبير * انّ رسول الله صلّعم اعتمر عمرة الحديبية فى ذى القعدة واعتمر عامَ صالح قريشا فى ذى القعدة واعتمر مرجِعَه من الطائف فى ذى القعدة من الجِعْرانة ن اخبرنا حجّاج بن نُصير نا ابو بكر يعنى الهُذَلى عن عكرمة قال * اعتمر رسول الله صلّعم ثلاث عُمَرٍ فى ذى القعدة قبل ان يحجّ ن اخبرنا موسى بن داود الضبّى انا عبد الله بن المُؤمّل عن ابن ابى مُليكة قال * اعتمر النبىّ صلّعم اربع عُمَر كلّها فى ذى القعدة ن اخبرنا الفضل بن دُكين نا زكريّاء بن ابى زائدة عن عامر قال * لم يعتمر رسول الله صلّعم عمرةً الّا فى ذى القعدة ن اخبرنا قَبيصة بن عقبة نا سفيان يعنى الثورى عن ابن جُريج عن عطاء قال * عُمَرُ النبىّ كلّها فى ذى القعدة ن اخبرنا عفّان بن مسلم وهشام ابو الوليد الطَّيالسى وعمرو بن عاصم الكلابى قالوا نا همّام عن قتادة قال * قلت لانس بن مالك كم اعتمر رسول الله صلّعم قال اربعا عمرته التى صَدّه فيها المشركون عن البيت من الحديبية فى ذى القعدة وعمرته ايضا من العام المُقبل حين صالحوه فى ذى القعدة وعمرته حين قسم غنيمة حُنين من الجِعْرانة فى ذى القعدة وعمرته مع حجّته ن اخبرنا محمد بن سابق نا ابراهيم بن طَهْمان عن ابى الزبير عن عتبة مولى ابن عبّاس انّه قال * لمّا قدم رسول الله صلّعم من الطائف نزل الجعرانة فقسم بها الغنائم ثمّ اعتمر منها وذلك لليلتين بقيتا من شوّال ن اخبرنا احمد بن عبد الله بن يونس عن داود بن عبد الرحمن عن ابن جريج عن مُزاحم عن عبد العزيز بن عبد الله عن مُحرّش الكعبى عذا قال * قال اعتمر رسول الله صلّعم ليلا من الجعرانة ثمّ رجع كبائت قال فلذلك خَفيت عمرته على كثير من الناس قال داود عامَ الفتح ن اخبرنا موسى بن داود نا ابن لَهيعة عن عيّاش بن عبد الرحمن عن محمد بن جعفر * انّ النبىّ صلّعم اعتمر من الجِعْرانة وقال اعتمر منها سبعون نبيّا ن اخبرنا محمد بن الصبّاح نا عبد الرحمن بن ابى الزِناد عن هشام بن عروة عن ابيه عن

عائشة قالت * اعتمر رسول الله صلعم ثلاثا عمرة فى شوّال وعمرتين فى ذى القعدة **ن** اخبرنا محمد بن عبد الله الأسدى نا سفيان يعنى الثورى عن منصور عن ابراهيم قال *ما اعتمر رسول الله صلعم الّا مرّةً **ن** اخبرنا هُشيم نا المغيرة عن الشعبى * انّ رسول الله صلعم اتم فى عُمَرٍ ثلاثا **ن** اخبرنا هُشيم عن اسماعيل بن ابى خالد قال * قلت لعبد الله بن ابى أَوْفى أَدخل النبىّ البيتَ فى عُمَرِه قال لا **ن**

حجة الوداع

ثمّ حجّة رسول الله صلعم بالناس سنة عشر من مُهاجَره وهى التى يسمّى الناسُ حجّة الوَداع وكان المسلمون يسمّونها حجّة الاسلام **ن** قالوا اقام رسول الله صلعم بالمدينة عشر سنين يضحّى كلّ عامٍ ولا يحلّق ولا يقصّر ويغزو المغازى ولا يحجّ حتّى كان فى ذى القعدة سنة عشر من مُهاجَر رسول الله صلعم فأجمع الخروجَ الى الحجّ وآذن الناسَ بذلك فقدِمَ المدينةَ بشرٌ كثير يأتمّون برسول الله صلعم فى حجّته ولم يحجّ غيرها منذ تُنُبِّئَ الى ان توفّاه الله وكان ابن عبّاس يكره ان يقال حجّة الوداع ويقول حجّة الاسلام فخرج رسول الله صلعم من المدينة مغتسلا متدهّنا مترجّلا متجرّدا فى ثوبين صُحاريّين إزار ورِداء وذلك يوم السبت لخمس ليال بقين من ذى القعدة فصلّى الظهر بذى الحُليفة ركعتين واخرج معه نساءه كلّهنّ فى الهَوادِج واشعر هَدْيَه وقلّده ثمّ ركب ناقته فلمّا استوى عليها بالبَيْداء احرم من يومه ذلك وكان على هَدْيه ناجية بن جُنْدُب الأَسْلمى واختُلف علينا فيما اهلّ به فأهلُ المدينة يقولون اهلّ بالحجّ مُفْرِدًا وفى رواية غيرهم انّه قرن مع حجّته عمرةً وقال بعضهم دخل مكّة متمتّعا بعمرة ثمّ اضاف اليها حجّةً وفى كلّ رواية والله اعلم ومضى يسير المنازل ويؤُمّ اصحابه فى الصلوات فى مساجد له قد بناها الناس وعرفوا مواضعها وكان يوم الاثنين بمَرّ الظَّهْران فغربت له الشمس بسَرِف ثمّ اصبح فاغتسل ودخل مكّة نهارا وهو على راحلته القَصْواء فدخل من اعلى مكّة من كَداء حتّى انتهى الى باب بنى شَيْبة فلمّا رأى البيت رفع يديه فقال اللهمّ زِدْ هذا البيت تشريفًا وتعظيما وتكريمًا ومهابةً وزِدْ مَن عَظَّمَه ممّن حجّه واعتمره تشريفًا وتكريمًا ومهابةً

وتعظيمه وبرّا ن ثمّ بدأ فطاف بالبيت ورمل ثلاثة اشواط من الحجر الى الحجر وهو مضطبع بردائه ثمّ صلّى خلف المقام ركعتين ثمّ سعى بين الصفا والمروة على راحلته من فوره ذلك ن وكان قد اضطرب بالابطح فرجع الى منزله فلمّا كان قبل يوم التروية بيوم خطب بمكّة بعد الظهر ثمّ خرج يوم التروية الى منى فبات بها ثمّ غدا الى عرفات فوقف بالهضاب من عَرَفات وقال كلّ عرفة موقف الّا بطن عُرَنة فوقف على راحلته يدعو فلمّا غربت الشمس دفع فجعل يسير العَنَق فاذا وجد فَجْوةً نصّ حتّى جاء المُزْدَلفة فنزل قريبا من النار فصلّى المغرب والعشاء بأذان واقامتين ثمّ بات بها فلمّا كان في السحر اذن لاهل الضعف من الذرّيّة والنساء ان يأتوا منًى قبل حَطْمة الناس قال ابن عبّاس وجعل يلطح افخاذنا ويقول أُبَيْنِيّ لا ترموا حتّى تطلع الشمس يعنى جَمْرة العقبة فلمّا برق الفجر صلّى نبيّ الله صلّعم الصبح ثمّ ركب راحلته فوقف على قُزَح وقال كلّ المُزْدَلفة موقف الّا بطن مُحسِّر ثمّ دفع قبل طلوع الشمس فلمّا بلغ الى مُحسِّر اوضع ولم يزل يلبّى حتّى رمى جمرة العقبة ثمّ نحر البَدْن وحلق رأسه واخذ من شاربه وعَرَضَيْه وقلّم اظفاره وامر بشَعْره واظفاره ان تُدْفن ثمّ اصاب الطيب ولبس القميص ونادى مناديه بمنى انّها ايّام أكل وشُرْب وفي بعض الروايات وباءة وجعل يرمى الجمار في كلّ يوم عند زوال الشمس مثل حَصَى الخَذْف ثمّ خطب الغد من يوم النحر بعد الظهر على ناقته القصواء ثمّ صدر يوم الصَدَر الآخر وقال انّما هُنّ ثلاث يقيمهنّ المُهاجر بعد الصَدَر يعنى بمكّة ثمّ ودّع البيت وانصرف راجعًا الى المدينة صلّعم ن اخبرنا هُشيم بن بُشير انا حُميد الطويل اخبرنى بكر بن عبد الله المُزَنى قال سمعت انس بن مالك يحدّث قال * سمعت النبيّ صلّعم يلبّى بالحجّ والعمرة جميعًا قال فحدّثت بذلك ابن عمر قال فقال ابن عمر لبّى بالحجّ وحده قال فلقيت أنسًا فحدّثته بقول ابن عمر فقال انس ما يعدّوننا الّا صبيانا سمعت رسول الله صلّعم يقول لبّيك عمرةً وحجًّا معًا ن اخبرنا عبد الوهّاب بن عطاء نا محمد بن عمرو عن يحيى بن عبد الرحمن بن حاطب عن ابيه عن عائشة انّها قالت * خرجنا مع رسول الله صلّعم على ثلاثة انواع منّا من قرن بين عُمْرة وحجّ ومنّا من اهلّ بالحجّ ومنّا من

أَهلّ بعمرةٍ فأمّا من قرن بين عمرة وحجّ فانّه لا يحلّ حتّى يقضى المناسك كلّها وامّا من أَهلّ بحجّ فانّه لا يحلّ ممّا حرُم عليه حتّى يقضى المناسك ومن أَهلّ بعمرة فانّه اذا طاف وسعى حلّ من كلّ شىء حتّى يستقبل الحجّ **ن** اخبرنا عبد الوهّاب بن عطاء انا سعيد بن ابى عَرُوبة عن قتادة عن انس * انّ النبىّ صلعم صرخ بهما جميعًا **ن** اخبرنا عبد الوهّاب بن عطاء انا حُميد عن انس قال * لبّى رسول الله صلعم بعمرة وحجّة **ن** اخبرنا عفّان بن مسلم نا وُهيب نا ايّوب عن ابى قِلابة عن انس قال * صلّى رسول الله صلعم الظهر بالمدينة اربعًا ثمّ صلّى العصر بذى الحُليفة ركعتين وبات بها حتّى اصبح فلمّا انبعثت به راحلته سبّح وكبّر حتّى استوت به على البَيْداء قال فلمّا قدمنا مكّة امرهم رسول الله صلعم ان يحلّوا فلمّا كان يوم التروية اهلّوا بالحجّ ونحر رسول الله صلعم سبع بدنات بيده قيامًا وضحّى رسول الله صلعم بكَبْشين أَمْلَحَيْن اقرنَيْن **ن** اخبرنا عفّان نا وُهيب نا ايّوب عن السَدُوسى قال سمعت ابن عبّاس يقول * قدم رسول الله صلعم واصحابه لصبح رابعة مهلّين بالحجّ فأمرهم رسول الله صلعم ان يجعلوها عمرةً الّا من كان معه الهَدْىُ قال فلَبست القُمُص وسطعت المَجامِر ونُكحت النساء **ن** اخبرنا عفّان بن مسلم نا حمّاد بن سلمة انا قيس بن سعد عن عطاء عن جابر بن عبد الله قال * قدم رسول الله صلعم لاربع خلون من ذى الحجّة فلمّا طفنا بالبيت وبين الصفا والمَرْوة قال رسول الله صلعم اجعلوها عُمْرةً الّا من كان معه الهَدْىُ فلمّا كان يوم التروية اهلّوا بالحجّ فلمّا كان يوم النحر طافوا ولم يطوفوا بين الصفا والمَرْوة **ن** اخبرنا عمرو بن حَكّام بن ابى الوضّاح نا شُعبة عن ايّوب عن ابى العالية البرّاء عن ابن عبّاس قال * اهلّ رسول الله صلعم بالحجّ فقدم لاربع مضين من ذى الحجّة فصلّى بنا الصبح بالبَطْحاء ثمّ قال من شاء ان يجعلها عمرةً فليجعلْها **ن** اخبرنا الهيثم بن خارجة نا يحيى بن حمزة عن ابى وهب عن مَكْحول * انّه سئل كيف حجّ النبىّ صلعم ومن حجّ معه من اصحابه فقال حجّ رسول الله صلعم ومن حجّ معه من اصحابه معهم النساء والولدان قال مكحول تمتّعوا بالعمرة الى الحجّ فحلّوا فأُحلّ لهم ما يحلّ للحلال من النساء والطيب **ن** اخبرنا الهيثم بن خارجة نا يحيى بن حمزة عن

النعمان ان مكحولا حدّثه * انّ رسول الله صلّعم اهلّ بالعمرة والحجّ جميعًا ن اخبرنا خلف بن الوليد الأزدى نا يحيى بن زكريّاء بن ابى زائدة نا حجّاج عن الحسن بن سعد عن ابن عبّاس قال انبأنى ابو طلحة * انّ النبىّ صلّعم جمع بين حجّة وعمرة ن اخبرنا معن بن عيسى نا مالك ابن انس عن محمد بن عبد الرحمن بن نوفل عن عروة عن عائشة * انّ النبىّ صلّعم افرد بالحجّ ن اخبرنا معن بن عيسى ومُطَرِّف بن عبد الله عن مالك بن انس عن عبد الرحمن بن القاسم عن ابيه عن عائشة * انّ رسول الله صلّعم افرد بالحجّ ن اخبرنا مُطَرِّف بن عبد الله نا عبد العزيز بن ابى حازم عن جعفر بن محمد عن ابيه عن جابر بن عبد الله * انّ النبىّ صلّعم افرد الحجّ ن اخبرنا سعيد بن سليمن نا شَرِيك عن ابى اسحاق عن الضحّاك عن ابن عبّاس عن النبىّ صلّعم * انّه قال لبّيك اللهمّ لبّيك لبّيك لا شريك لك لبّيك انّ الحمد والنعمة لك والمُلْك لا شريك لك ن اخبرنا وكيع بن الجرّاح وهاشم بن القاسم الكنانى عن الربيع بن صَبيح عن يزيد بن أبان عن انس بن مالك قال * حجّ رسول الله صلّعم على رَحْلٍ رَثٍّ وقطيفة قال وكيع يستوى او لا يستوى اربعة دراهم قال هاشم بن القاسم اراها ثمن اربعة دراهم فلمّا توجّه قال اللهمّ حجّة لا رِئاء فيها ولا سُمْعة ن اخبرنا عبد الوهّاب بن عَطاء انا هشام بن ابى عبد الله عن قتادة عن ابى حسّان عن ابن عبّاس * انّ النبىّ صلّعم أهَلَّ بالحجّ عند الظهر من ذى الحُليفة ن اخبرنا محمد بن بكر البُرْسانى اخبرنى ابن جُريج اخبرنى جعفر بن محمد انّه سمع اباه محمد بن علىّ يحدّث انّه سمع جابر بن عبد الله يحدّث * انّ النبىّ صلّعم اهدى فى حجّته مائة بدنة وامر من كلّ بدنة ببَضْعة فجُعلت فى قِدْر فأكلا من لحمها وشربا من مَرَقها قلت من الذى اكل مع النبىّ صلّعم وشرب من المرق قال علىّ جعفر يقوله لى يعنى علىّ بن ابى طالب اكل مع النبىّ وشرب من المرق قال وجعفر يقوله لابن جُريج ن اخبرنا موسى ابن اسماعيل نا الوليد بن مسلم عن عمر بن ابى العاتكة عن علىّ بن يزيد عن القاسم عن ابى أُمامة عن من ابصر النبىّ صلّعم سائرًا الى منى وبلال الى جانبه وبيده بلال عودٌ عليه ثوبا وَشْىٍ يُظلّه من الشمس ن

اخبرنا الهيثم بن خارجة نا يحيى بن حمزة عن الاوزاعى عن يحيى بن ابى كثير * انّ جبريل اتى النبىّ صلعم فقال ارفعْ صوتك بالاهلال فانه شِعار الحجّ ن اخبرنا محمد بن عبد الله الأسدى عن سفيان الثورى عن عبد الله بن ابى لبيد اخبرنى المطّلب بن عبد الله بن حَنْطب عن خلّاد ابن السائب عن زيد بن خالد الجُهَنى قال * قال رسول الله صلعم اتانى جبريل فقال لى ارفعْ صوتك بالاهلال فانه من شِعار الحجّ ن اخبرنا الضحّاك ابن مَخْلد الشيبانى نا ابن جريج عن يحيى بن عُبيد عن ابيه عن عبد الله بن السائب قال * رأيت النبىّ صلعم يقول بين الركن اليمانى والحجر الاسود رَبَّنَا آتِنَا فِى ٱلدُّنْيَا حَسَنَةً وَفِى ٱلْآخِرَةِ حَسَنَةً وَقِنَا عَذَابَ ٱلنَّارِ ن اخبرنا هاشم بن القاسم نا المسعودى حدّثنى محمد بن علىّ عن أُسامة ابن زيد قال * صلّى رسول الله صلعم فى البيت ن اخبرنا محمد بن عمر انا موسى بن محمد بن ابراهيم عن ابيه عن ابى سَلمة بن عبد الرحمن عن اسامة بن زيد وأخبرنى محمد بن عمر انا ابن ابى ذئب عن الزُّهْرى عن عبيد الله بن عبد الله بن عمر عن ابيه * انّ رسول الله صلعم صلّى فى الكعبة ركعتين ن اخبرنا محمد بن عمر حدّثنى قيس عن يزيد بن ابى زياد عن مجاهد عن عبد الرحمن بن اميّة قال * سألت عمر كيف صنع رسول الله صلعم فى البيت قال صلّى ركعتين ن اخبرنا محمد بن عمر حدّثنى هشام بن سعد عن نافع عن ابن عمر قال * دخل رسول الله صلعم البيت هو وبلال وقال ابن عمر فسألت بلالا صلّى رسول الله صلعم فيه قال نعم فى مقدّم البيت بينه وبين الجدار ثلاثة أَذْرُعٍ ن اخبرنا محمد بن عمر حدّثنى سيف بن سليمان عن مُجاهد عن ابن عمر قال * اتيت فقيل لى هذا رسول الله قد دخل البيت قال فأقبلت فوجدته قد خرج ووجدتُ بلالا قائمًا عند الباب فسألتُه فقال صلّى رسول الله صلعم ركعتين ن اخبرنا محمد بن عمر نا عمر بن قيس عن الوليد بن عبد الله بن ابى مُغيث قال * لمّا اراد رسول الله صلعم ان يدخل الكعبة خلع نعليه ن اخبرنا محمد بن عمر نا شيبان بن عبد الرحمن عن جابر عن ابى يحيى عن قَزَعة عن عائشة قالت * سمعتُ رسول الله صلعم يقول يومًا ودخل البيت وعليه كآبة فقلت ما لك يا رسول الله فقال فعلت اليومَ

امراً ليتني لم اكن فعلته دخلت البيت ولعلّ الرجل من امّتي لا يقدر ان يدخله فينصرف وفي نفسه حَزازةٌ وانّما أُمِرنا بالطواف به ولم نُؤمَر بالدخول ن اخبرنا موسى بن داود نا نافع بن عمر عن ابن ابي مُليكة * انّ النبيّ صلّعم طاف قبل عرفة ن اخبرنا هاشم بن القسم الكناني نا شعبة عن بُكير بن عطاء اللَيْثي قال سمعت عبد الرحمن بن يَعْمَر قال * سمعت رسول الله صلّعم بعرفات قال الحجّ عرفات او يوم عرفة من ادرك ليلة جَمْع قبل الصبح فقد تمّ حجُّه وقال ايّام مِنًى ثلاثة فمن تعجّل في يومين فلا إثْمَ عليه ومن تأخّر فلا اثم عليه ن اخبرنا هاشم بن القاسم نا شعبة نا عبد الله بن ابي السَفَر قال سمعت الشعبي يحدّث عن عروة بن مضرّس ابن اوس بن حارثة بن لأُم قال * اتيت النبيّ صلّعم وهو بالمُزْدَلِفة فقلت يا رسول الله هل لي من حجّ فقال من صلّى الصلاة معنا هاهنا وقد شهد قبل ذلك عرفات ليلًا او نهارا فقد تمّ حجّه وقضى تَفَثه ن اخبرنا معن ابن عيسى نا مالك بن انس عن هشام بن عروة عن ابيه قال سُئل اسامة وانا جالس * كيف كان رسول الله صلّعم يسير في حجّة الوداع حين دفع قال كان يسير العنَق فاذا وجد فَجْوةً نَصّ ن اخبرنا هُشيم انا عبد الملك عن عطاء عن ابن عبّاس * انّ النبيّ صلّعم افاض من عرفات وردفه أُسامة وافاض من جَمْعٍ وردفه الفضل بن عبّاس قال ولبّى حتّى رمى جَمْرة العَقَبة ن اخبرنا محمّد بن بكر البُرْساني انا ابن جُريج اخبرني عطاء اخبرني ابن عبّاس * انّ النبيّ صلّعم اردف الفضل بن عبّاس قال عطاء فاخبرني ابن عبّاس انّ الفضل اخبره انّ النبيّ صلّعم لم يزل يُلبّي حتّى رمى جَمْرَة العَقَبة ن اخبرنا عبد الوهّاب بن عطاء اخبرني ابن جُريج عن ابي الزُبير عن ابي مَعْبَد مولى عبد الله بن عبّاس عن ابن عبّاس عن الفضل ابن عبّاس * انّ النبيّ صلّعم عشيّةَ عرفة وغداةَ جَمْع حين دفعوا قال عليهم السكينة وهو كافّ ناقته حتّى دخل مِنًى حين هبط من مُحسِّر فقال عليكم بحصَى الخَذْف الذي ترمون به الجمرة وأشار النبيّ صلّعم كما يخذف الانسان ن اخبرنا عبد الوهّاب بن عطاء انا ابن جُريج عن ابي الزبير عن جابر بن عبد الله قال * رأيت النبيّ صلّعم يرمي بمثل حَصَى الخَذْف ن اخبرنا عبد الوهّاب بن عطاء نا عوف عن زياد بن حُصين عن ابي العالية

الرياحى نا عبد الله بن عباس قال * قال لى رسول الله صلعم غداة العقبة القط لى فلقطت له حصى الخذف فلما وضعتهن فى يده قال نعم بامثال هؤلاء وايّاكم والغلوّ انما هلك من كان قبلكم بالغلوّ فى الدين ن واخبرنا محمد بن بكر البُرسانى وعبد الوهاب بن عطاء عن ابن جُريج قال واخبرنى ابو الزُبير انه سمع جابر بن عبد الله يقول * كان النبىّ صلعم يرمى يوم النحر ضُحًى واما ما بعد ذلك فبعد زوال الشمس ن اخبرنا محمد ابن عبد الله الانصارى نا ابن جُريج اخبرنى ابو الزبير انه سمع جابر بن عبد الله يقول * رأيت النبىّ صلعم يرمى على راحلته يوم النحر ويقول لنا خُذوا مناسككم فانى لا ادرى لعلّى لا احجّ بعد حجّتى هذه ن اخبرنى مطرّف بن عبد الله اليَسارى نا الزَنْجى ابن خالد عن جعفر بن محمد عن ابيه * انّ نبىّ الله صلعم كان يرمى الجمار ماشيًا ذاهبا وراجعا ن اخبرنا عفان بن مسلم نا همّام عن الحجّاج عن الحكم عن مِقْسَم عن ابن عبّاس * انّ النبىّ صلعم نحر ثم حلق ن اخبرنا محمد بن بكر البُرسانى نا ابن جُريج اخبرنى موسى بن عقبة عن نافع انّ ابن عمر اخبره * انّ النبىّ صلعم حلق رأسه فى حجّة الوداع ن اخبرنا احمد بن عبد الله بن يونس نا زهير نا موسى بن عقبة عن نافع عن ابن عمر * انّ رسول الله صلعم حلق رأسه فى حجّة الوداع ن اخبرنا سليمان بن حرب نا سليمان بن المغيرة عن ثابت عن انس قال * لقد رأيت رسول الله صلعم والحلّاق يحلقه وقد اطاف به اصحابه ما يريدون ان تقع شعرةٌ الّا فى يد رَجُلٍ ن اخبرنا عبد الوهّاب بن عطاء عن ابن جُريج اخبرنى ابن شهاب * انّ النبىّ صلعم افاض يوم النحر فغدا غُدُوًّا قبل ان تزول الشمس ثم رجع فصلّى الصلوات بمنًى قال ابن جريج وقال عطاء ومن افاض فليصلّ الظهر بمنًى قال وانّى لأُصلّى الظهر بمنًى قبل ان أُفيض والعصر بالطريق وكلّ ذلك اصنع ن اخبرنا عبد الوهّاب بن عطاء عن ابن جريج اخبرنى هشام بن حُجير وغيره عن طاوس قال * امر رسول الله صلعم اصحابه ان يُفيضوا نهارًا وافاض فى نسائه ليلا وطاف بالبيت على ناقته ثم جاء زمزم فقال ناوِلونى فنُوِلَ دَلْوًا فشرب منها ثم مضمض فمجّ فى الدلو ثم امر به فأُفرغ فى البئر يعنى زمزم ن اخبرنا عبد الوهّاب بن عطاء

عن ابن جُريج اخبرني عمرو بن مسلم انّ طاوسا حدّثه * انّ النبيّ صلعم طاف على راحلته **ن** اخبرنا عبد الوهّاب بن عطاء عن ابن جُريج اخبرني هشام بن حُجير انّه سمع طاوسا يزعم * انّ النبيّ صلعم اتى زمزم فقال ناولوني فنُوول دلوًا فشرب منها ثمّ مضمض في الدلو ثمّ امر بما في الدلو فأُفرغ في البئر ثمّ مشى الى السقاية سقاية النبيذ ليشرب فقال ابن عبّاس للعبّاس انّ هذا سانتْه الايدى منذ اليوم وفي البيت شرابٌ صافٍ فأبى النبيّ ان يشرب الّا منه فشرب منه قال وكان طاوس يقول الشُّرْبُ من النبيذ من تمام الحجّ **ن** اخبرنا عبد الوهّاب بن عطاء انا ابن جُريج اخبرني ابن طاوس عن ابيه * انّ رسول الله صلعم شرب من النبيذ ومن زمزم وقال لولا ان تكون سُنّةً نُزعتُ **ن** اخبرنا عبد الوهّاب بن عطاء عن ابن جُريج انا حسين بن عبد الله * انّ رجلًا نادى ابنَ عبّاس والناس حوله أَسُنّةً تبتغون بهذا النبيذ ام هو اهون عليكم من العسل واللبن فقال ابن عبّاس أتى النبيّ صلعم ومعه اصحابه من المهاجرين والانصار بعساس فيها النبيذ فلمّا شرب صلعم عجّل قبل ان يروى فرفع رأسه فقال احسنتم هكذا اصنعوا قال ابن عبّاس فرضاء رسول الله صلعم في ذلك احبّ الىّ من ان تسيل شِعابُها علينا عَسَلًا ولبنا **ن** اخبرنا عبد الوهّاب عن ابن جُريج عن عطاء * انّ النبيّ صلعم لمّا افاض نزع لنفسه بالدلو لم يَنْزِع معه احدٌ فشرب ثمّ افرغ ما بقى في الدلو في البئر وقال لولا ان يغلبكم الناس على سقايتكم لم ينزع منها احد غيرى قال فنزع هو نفسه الدلو التى شرب منها لم يُعِنه على نَزْعها احدٌ **ن** اخبرنا الحسن بن موسى الأَشْيَب حدّثنا زهير نا ابو اسحق حدّثني حارثة بن وهب الخزاعى وكانت امّه تحت عمر قال * صلّيت خلف رسول الله صلعم بمنًى والناس اكثر ما كانوا فصلّى بنا رسول الله صلعم ركعتين في حجّة الوداع **ن** اخبرنا عبد الوهّاب بن عطاء انا سعيد بن ابى عَروبة عن قتادة عن شَهْر بن حَوْشَب عن عبد الرحمن بن غَنْم عن عمرو بن خارجة قال * خطبنا رسول الله صلعم بمنًى وانّى لتحت جِران ناقته وهي تَقْصَع بجرّتها وانّ لُعابها ليسيل بين كتفيّ فقال انّ الله قسم لكلّ انسان نصيبه من الميراث فلا تجوز لوارث وصيّة الا وانّ الولد للفراش وللعاهر الحَجَر الا

ومن ادّعى الى غير ابيه او تولّى غير مواليه رغبةً عنهم فعليه لعنة الله والملائكة والناس اجمعين **ن** اخبرنا سليمان بن عبد الرحمن الدمشقى نا الوليد بن مسلم نا هشام بن الغاز اخبرنى نافع عن ابن عمر * انّ النبىّ صلعم وقف يوم النحر بين الجمرات فى الحجّة التى حجّ فقال للناس ايّ يوم هذا فقالوا يوم النحر قال فأىّ بلد هذا قالوا البلد الحرام قال فأىّ شهر هذا قالوا الشهر الحرام فقال هذا يوم الحجّ الاكبر فدماؤكم واموالكم وأعْراضكم عليكم حرام كحرمة هذا البلد فى هذا الشهر فى هذا اليوم ثمّ قال هل بلّغتُ قالوا نعمْ فطفق رسول الله صلعم يقول اللهمّ اشهد ثمّ ودّع الناسَ فقالوا هذه حجّة الوداع **ن** اخبرنا خلف بن الوليد الازدى نا يحيى بن زكريّاء بن ابى زائدة حدّثنى ابو مالك الأشجعى حدّثنى نُبيط ابن شَريط الاشجعى قال * انّى لَرَديفُ ابى فى حجّة الوداع اذ تكلّم النبىّ صلعم فقمت على عَجُز الراحلة ووضعت رجلىّ على عاتقَىْ ابى قال فسمعته يقول ايّ يوم احرَمُ قالوا هذا اليوم قال فأىّ شهر احرم قالوا هذا الشهر قال فأىّ بلد احرم قالوا هذا البلد قال فانّ دماءكم واموالكم عليكم حرام كحرمة يومكم هذا فى شهركم هذا فى بلدكم هذا هل بلّغتُ قالوا اللهمّ نعم قال اللهمّ اشهدْ اللهمّ اشهد اللهمّ اشهد **ن** اخبرنا يونس بن محمد المؤدّب نا ربيعة بن كلثوم بن جَبْر حدّثنى ابى عن ابى غاديَة رجل من اصحاب رسول الله صلعم قال * خطبنا رسول الله صلعم يوم العقبة قال يا ايّها الناس انّ دماءكم واموالكم حرام عليكم الى ان تلقوا ربّكم كحرمة يومكم هذا فى شهركم هذا فى بلدكم هذا الا هل بلّغتُ قال قلنا نعم قال اللهمّ اشهد الا لَا تَرْجِعُنَّ بعدى كُفّارا يضرب بعضكم رقابَ بعض **ن** اخبرنا سعيد بن سليمان نا ابو بكر بن عَيّاش عن ابى اسحاق حدّثنى يحيى ابن امّ الحصين والعَيْزار بن الحُريث عن امّ الحُصين قالت رأيت رسول الله صلعم عشيّة عرفة على بعير قائلا بردائه هكذا وأشار ابو بكر ألْقاه على عضده الايسر من تحت عضده واخرج عضدَه الايمن قالت فسمعته يقول * يا ايّها الناس اسمعوا وأطيعوا وان امر عليكم عَبْدٌ حَبَشىٌّ مُجَدَّعٌ اقام فيكم كتابَ الله **ن** اخبرنا سعيد بن سليمان نا عبد الله بن المبارك عن سَلمة ابن نُبيط عن ابيه قال * رأيت رسول الله صلعم يخطب يوم عرفة على

جمل احمر ن اخبرنا عبد الله بن عمر وابو معمر المنقرى حدّثنى عبد الوارث بن سعيد مولى بنى العنبر نا حُميد بن قيس المكى عن محمد ابن ابراهيم عن عبد الرحمن بن معاذ التيمى قال وكان من اصحاب رسول الله صلّعم قال * خطبنا رسول الله صلّعم ونحن بمنًى قال ففتحت اسماعنا حتّى ان كنّا لنسمع ما يقول ونحن فى منازلنا قال فطفق يعلّمهم مناسكهم حتّى بلغ الجمار فقال بحصى الخذف ووضع اصبعيه السبّابتين احداهما على الاخرى ثمّ امر المهاجرين ان ينزلوا فى مُقدَّم المسجد وامر الانصار ان ينزلوا من وراء المسجد ثمّ نزل الناس بعدُ ن واخبرنا محمد بن عبد الله الاسدى نا سفيان عن عاصم بن عُبيد الله عن عبد الرحمن بن زيد ابن الخطّاب عن ابيه قال * قال رسول الله صلّعم فى حجّة الوداع أرقّاءكم أرقّاءكم أطعموهم ممّا تأكلون واكسوهم ممّا تلبسون وان جاءوا بذنب لا تريدون ان تغفروه فبيعوا عباد الله ولا تعذّبوهم ن اخبرنا هاشم بن القاسم نا عكرمة بن عمّار حدّثنى الهِرْماس بن زياد الباهلى قال * كنت رِدْفَ ابى يوم الاضحى ونبىّ الله يخطب الناس على ناقته بمنًى ن اخبرنا هشام ابو الوليد الطيالسى نا عكرمة بن عمّار نا الهِرْماس بن زياد قال * انصرف رسول الله صلّعم وابى مُرْدِفى وراءه على جمل له وانا صبىّ صغير فرأيت النبىّ صلّعم يخطب الناس على ناقته العَضْباء يوم الاضحى بمنًى ن اخبرنا اسماعيل بن ابراهيم الاسدى عن ايّوب عن محمد عن ابى بَكْرة * انّ النبىّ صلّعم خطب فى حجّته فقال الا انّ الزمان قد استدار كهيئته يوم خلق الله السموات والارض السنة اثنا عشر شهرا منها اربعة حرم ثلاثة متواليات ذو القعدة وذو الحجّة والمحرّم ورجب مُضَر الذى بين جمدى وشعبان ثمّ قال اىّ يوم هذا قلنا الله ورسوله اعلم فسكت حتّى ظننّا انّه سيسمّيه بغير اسمه فقال اليس اليوم النحر قلنا بلى قال اىّ شهر هذا قلنا الله ورسوله اعلمُ قال فسكت حتّى ظننّا انّه سيسمّيه بغير اسمه قال اليس ذا الحجّة قلنا بلى قال اىّ بلد هذا قلنا الله ورسوله اعلم فسكت حتّى ظننّا انّه سيسمّيه بغير اسمه قال اليست البلدة الحرام قلنا بلى قال فانّ دماءكم واموالكم قال واحسبه قال واعراضكم عليكم حرام كحرمة يومكم هذا فى شهركم هذا فى بلدكم هذا وستلقون ربّكم فيسألكم عن

اعمالكم الا لا ترجعُنّ بعدى ضُلّالا يضرب بعضكم رقاب بعض الا هل بلّغتُ الا ليبلّغ الشاهدُ منكم الغائبَ فلعلّ بعضَ من يبلغه ان يكون أَوْعَى له من بعض من سمعه الا هل بلّغتُ ن قَالَ محمد قد كان ذاك قد كان بعض من بلغه أَوْعَى له من بعض مَن سمعه ن اخبرنا هشام ابو الوليد الطَيالسى نا ابو عَوانة عن ابى بشر عن مجاهد قال * حجّ ابو بكر ونادى علىّ بالاذان فى ذى القعدة قال فكانت الجاهليّة يحجّون فى كلّ شهر من شهور السنة عامَيْن فوافق حجّ نبىّ الله صلعم فى ذى الحجّة فقال هذا يومٌ استدار الزمان كهيئته يوم خلق الله السموات والارض ن قَالَ ابو بشر * انّ الناس لمّا تركوا الحقّ نسؤا الشهورَ ن اخبرنا يزيد بن هارون ومعن بن عيسى قالا نا ابن ابى ذِئْب عن الزهرى * انّ رسول الله صلعم بعث عبد الله بن حُذافة على راحلته ينهى عن صيامِ ايّام التشريق وقال انّهنّ ايّام اكلٍ وشربٍ وذكرٍ لله ن قَالَ معن فى حديثه * فانتهى المسلمون عن صومهنّ ن اخبرنا عبيد الله بن موسى العَبْسى نا اسرائيل عن جابر عن محمد بن علىّ عن بُديل بن وَرْقاء قال * امرنى رسول الله صلعم ايّامَ التشريق ان انادى هذه ايّام اكل وشرب فلا يصومنّ احدٌ ن اخبرنا اسماعيل بن ابراهيم الأَسَدى عن محمد بن اسحاق عن حَكيم بن حَكيم عن مسعود بن الحَكَم الزُرَقى عن امّه قالت * لكأنّى انظر الى علىّ على بَغْلة رسول الله صلعم البيضاء حين وقف على شعب الانصار وهو يقول يا ايّها الناس انّها ليست بأيّام صيام انّما هى ايّام اكل وشرب وذِكْرٍ ن اخبرنا اسماعيل بن ابراهيم الأَسَدى عن ابن جُريج اخبرنى عطاء عن جابر ابن عبد الله قال * اهللنا اصحاب النبىّ بالحجّ خالصًا ليس معه غيره خالصًا وحده فقدمنا مكّة صُبْحَ رابعة مضت من ذى الحجّة فأمرنا النبىّ صلعم ان نُحلّ فقال أَحِلّوا واجعلوها عُمْرةً فبلغه انّا نقول لمّا لم يكن بيننا وبين عرفة الّا خمس أَمَرَنا ان نُحلّ فنروح الى مِنًى ومَذاكيرُنا تقطُرُ من المَنِىّ فقام النبىّ صلعم فخطبنا فقال قد بلغنى الذى قلتم وانّى لأَبَرُّكم وأَتْقاكم ولولا الهَدْىُ لأحللت ولو كنتُ استقبلتُ من امرى ما استدبرتُ ما اهديتُ قال وقدم علىٌّ من اليمن فقال له بما اهللتَ قال بما اهلّ به النبىّ قال فأَهْدِ وامكث حرامًا كما انت قال وقال له سُراقة يا رسول الله

ارأيت عُمْرَتنا هذه الّتي لعامنا هذا او للأبد قال بل للأبد قال اسماعيل هذا او نحوه ن اخبرنا اسماعيل بن ابراهيم عن يحيى بن ابي اسحاق عن انس بن مالك قال * سمعت النبيّ صلّعم يقول لبّيك عمرةً وحجّا ن اخبرنا اسماعيل بن ابراهيم عن حُميد عن انس بن مالك قال * سمعت النبيّ صلّعم يقول لبّيك بعمرةٍ وحجّ ن واخبرنا اسماعيل بن ابراهيم عن داود بن ابي هند عن الشَّعْبي قال * نزلت على النبيّ صلّعم اَلْيَوْمَ أَكْمَلْتُ لَكُمْ دِينَكُمْ قال نزلت وهو واقفٌ بعرفة حين وقف موقف ابراهيم واضمحلّ الشِرْكُ وهُدمت منار الجاهليّة ولم يطف بالبيت عُرْيان ن اخبرنا اسماعيل ابن ابراهيم نا ليث يعني ابن ابي سُليم عن طاوس عن ابن عبّاس * انّ رسول الله صلّعم لبّى حتّى رمى الجمرة يوم النحر ن اخبرنا هاشم بن القاسم نا اسحاق بن سعيد بن عمرو بن سعيد بن العاص عن ابيه قال * صدرت مع ابن عمر يوم الصَّدَر فمرّت بنا رُفْقةٌ يمانية رِحالهم الادم وخُطُم ابلهم الجُرُر فقال عبد الله من احبّ ان ينظر الى رفقة وردت الحجّ العامَ برسول الله صلّعم واصحابه اذ قدموا في حجّة الوداع فلينظر الى هذه الرُّفْقة ن اخبرنا محمد بن عبد الله الاسدي وقبيصة بن عُقْبة قالا نا سفيان عن ليث عن طاوس عن ابن عبّاس * انّه كره ان يقول حجّة الوداع قال فقلت حجّة الاسلام قال نعم حجّة الاسلام ن اخبرنا الفضل ابن دُكين عن سفيان بن عُيينة عن ابراهيم بن مَيْسَرة قال * كان طاوس يكره ان يقول حجّة الوداع ويقول حجّة الاسلام ن اخبرنا الضحّاك بن مَخْلَد الشَّيْباني عن ابن جُريج اخبرني اسماعيل بن محمد بن سعد عن حُميد بن عبد الرحمن بن عوف عن السائب بن يزيد بن اخت نمر عن العَلاء بن الحَضْرَمي قال * قال رسول الله صلّعم يمكث المُهاجر بعد قضاء نُسكه ثلاثا ن اخبرنا هشام بن عبد الملك ابو الوليد الطيالسي وعمرو بن عاصم الكلابي قالا نا همّام نا قتادة قال قلت لانس * كم حجّة حجّ النبيّ صلّعم قال حجّة واحدة ن اخبرنا محمد بن عبد الله الأَسَدي نا سفيان عن ابن جُريج عن مُجاهد قال * حجّ رسول الله صلّعم حجّتين قبل ان يهاجر وبعد ما هاجر حجّةً ن اخبرنا اسماعيل بن ابراهيم الأَسَدي انا ابن عون عن ابراهيم عن الاسود عن امّ المؤمنين وعن القاسم

عن امّ المؤمنين قالا * قلت عائشة يا رسول الله يصدر الناس بنُسْكين واصدر بنسكٍ واحدٍ قال انظرى فاذا طَهُرْتِ فاخرجى الى التَنْعِيم فأهِلّى منه ثمّ القينا بجبل كذا وكذا قال اظنّه قال كذا ولكنّها على قدر نَصَبك او قال قدر نَفَقَتك او كما قال رسول الله صلّعم ن

سريّة أُسامة بن زيد بن حارثة

ثمّ سريّة أُسامة بن زيد بن حارثة الى اهل أُبْنَى وهى ارض السَراة ناحية البَلْقاء ن قالوا لمّا كان يوم الاثنين لاربع ليال بقين من صفر سنة احدى عشرة من مُهاجَر رسول الله صلّعم امر رسول الله صلّعم الناس بالتهيّؤ لغزو الروم فلمّا كان من الغَد دعا أُسامة بن زيد فقال سِرْ الى موضع مَقْتل ابيك فأَوْطِئْهم الخيلَ فقد ولّيتك هذا الجيش فأَغِرْ صباحًا على اهل أُبْنَى وحَرِّقْ عليهم وأَسْرِع السير تَسْبِقْ الاخبار فان ظفّرك الله فَأَقْلِلْ اللُبْثَ فيهم وخُذْ معك الأَدِلّاء وقدّم العيون والطلائع أَمامك فلمّا كان يوم الاربعاء بُدِئَ برسول الله صلّعم فحُمَّ وصُدِعَ فلمّا اصبح يوم الخميس عقد لاسامة لواءً بيده ثمّ قال اغزُ بسم الله فى سبيل الله فقاتل من كفر بالله فخرج بلوائه معقودا فدفعه الى بُرَيدة بن الحُصَيب الأَسْلَمى وعسكر بالجُرْف فلم يبق احدٌ من وجوه المهاجرين الاوّلين والانصار الّا انتدب فى تلك الغزوة فيهم ابو بكر الصدّيق وعمر بن الخطّاب وابو عُبيدة بن الجرّاح وسعد بن ابى وقّاص وسعيد بن زيد وقتادة بن النعمان وسلمة بن اسلم بن حَريش فتكلّم قوم وقالوا يستعمل هذا الغلامَ على المهاجرين الاوّلين فغضب رسول الله صلّعم غضبًا شديدا فخرج وقد عصب على رأسه عصابةً وعليه قطيفةٌ فصعد المنبر فحمد الله وأَثنى عليه ثمّ قال امّا بعد ايّها الناس فما مقالةٌ بَلَغَتْنى عن بعضكم فى تأميرى اسامة ولئن طعنتم فى إمارتى اسامة لقد طعنتم فى امارتى اباه من قبله وأَيمِ الله ان كان للامارة لَخليقا وانّ ابنه من بعده لَخليق للامارة وان كان لَمِن أَحَبِّ الناس الىّ وانّهما لَمَخِيلان لكلّ خير واستوصوا به خيرًا فانّه من خياركم ثمّ نزل فدخل بيته وذلك يوم السبت لعشر خلون من ربيع الاوّل وجاء المسلمون الذين يخرجون مع اسامة يودّعون رسولَ الله صلّعم ويمضون الى العسكر بالجُرْف وثَقُل رسول الله صلّعم

فجعل يقول أَنْفِذوا بَعْثَ اسامة فلمّا كان يوم الاحد اشتدّ برسول الله صلّعم وَجَعه فدخل أُسامة من مُعَسْكَرِه والنبىّ مغمور وهو اليوم الذى لدّوه فيه فطأطأ أسامة فقبّله ورسول الله صلّعم لا يتكلّم فجعل يرفع يديه الى السماء ثمّ يضعهما على اسامة قال فعرفتُ انّه يدعو لى ورجع اسامة الى مُعَسْكَره ثمّ دخل يوم الاثنين وأصبح رسول الله صلّعم مفيقًا صلوات الله عليه وبركاته فقال له اغدُ على بركة الله فودّعه اسامة وخرج الى معسكره فأمر الناس بالرّحيل فبينا هو يريد الركوب اذا رسول امّه امّ أَيْمَن قد جاءه يقول انّ رسول الله يموت فأقبل وأقبل معه عمر وأبو عُبيدة فانتهوا الى رسول الله صلّعم وهو يموت فتُوفّى صلّى الله عليه صلاة يُحبّها ويرضاها حين زاغت الشمس يوم الاثنين لاثنتى عشرة ليلة خلت من شهر ربيع الاوّل ودخل المسلمون الذين عسكروا بالجُرْف الى المدينة ودخل بُرَيدة بن الحُصيب بلواء اسامة معقودًا حتّى اتى به باب رسول الله صلّعم فغرزه عنده فلمّا بُويع لابى بكر امر بُرَيدةَ بن الحُصيب باللواء الى بيت اسامة ليمضى لوجهه فمضى به بُريدة الى معسكرهم الاوّل فلمّا ارتدّت العرب كُلّم ابو بكر فى حَبْس اسامة فأبى وكلّم ابو بكر اسامة فى عمر ان يأذن له فى التخلّف ففعل فلمّا كان هلال شهر ربيع الآخر سنة احدى عشرة خرج اسامة فسار الى اهل أُبْنَى عشرين ليلة فشنّ عليهم الغارة وكان شعارهم يا منصور أَمِتْ فقتل من اشرف له وسبى من قدر عليه وحرّق فى طوائفها بالنار وحرّق منازلهم وحُروثهم ونخلهم فصارت أعاصير من الدَخاخين وأَجالَ الخيلَ فى عَرَصاتهم واقاموا يومهم ذلك فى تعبئة ما اصابوا من الغنائم وكان اسامة على فرس ابيه سَبْحة وقتل قاتلَ ابيه فى الغارة وأَسْهم للفرس سهمَيْن ولصاحبه سهمًا واخذ لنفسه مثل ذلك فلمّا امسى امر الناسَ بالرّحيل ثمّ أَغَذَّ السَّيْرَ فوردوا وادى القُرَى فى تسع ليال ثمّ بعث بشيرا الى المدينة يخبر بسلامتهم ثمّ قصد بعدُ فى السير فسار الى المدينة ستّا وما اصيب من المسلمين احد وخرج ابو بكر فى المهاجرين واهل المدينة يتلقّونهم سرورا بسلامتهم ودخل على فرس ابيه سَبْحة واللواء أَمامه يحمله بُريدة بن الحُصيب حتّى انتهى الى المسجد فدخل فصلّى ركعتين ثمّ انصرف الى بيته وبلغ هرقل وهو بحِمْصَ ما صنع أُسامة فبعث رابطة يكونون بالبَلْقاء فلم تزل هناك حتّى قدمت البعوث الى الشأم فى خلافة ابى بكر وعمر ن